KB235032

애들아! 너는
어떤 나라에서
살고 싶니?

애들아! 너는
어떤 나라에서
살고 싶니?

애들아! 너는 **어떤 나라**에서 살고 싶니?

신호재 지음

이담 Books

서 문

지금 한국사회에서 하루 세끼를 걱정하는 사람은 많지 않지만 뒤죽박죽된 근·현대사를 걱정하는 지성인은 의외로 많다. 이런 부류의 많은 사람이 사회적인 스트레스 때문에 우울증에 걸린 것 같다. 한국에서의 삶이 스트레스가 많은 건 사회가 불합리한 이유가 가장 크다. 스트레스를 풀고 우울증에 걸리지 않으려고 소주잔을 기울인다. 그리고 절규한다. 그러나 개선의 기회가 있다고 믿었을 때는 우울하지 않다.

이 글을 쓰는 목적은 대한민국 공동체가 좀 더 나은 사회와 국가로 나가기 위한 지침서가 감히 되고자 함이다. 앞으로 21세기를 살아가면서 우리 국민이 세계를 향해 웅비하기 위해서는 우리가 가지고 있는 기질을 파악하고, 고쳐야 할 의식구조와 개선해야 할 문화습관을 골라낼 필요가 있다. 한국인의 기질을 탐구하고, 기질에서 유래하는 의식구조 중 고쳐야 할 부분을 찾고, 개선해야 할 문화습관을 짚어보는 것은 기본이라 생각한다. 졸작이지만 나름대로 분석했다.

제2부에서는 평소 생각했던 문제를 정리 기록한 것이다. 그 외에도 무수히 많은 논제들이 있겠으나 가슴에 와 닿았던 문제점 중 앞으로 꾸준히 논의해야 될 사항 중에서 나름 선정했다. 부족한 점이 있으리라 사료된다.

끝으로 이 책이 나오기까지 물심양면으로 도와준 이정주·김성진·조내형 사장에게 감사드리며, 편집을 맡아준 한국학술정보(주) 직원에게 고마움을 느낀다.

나는 꽃이다.
어떠한 역경과 고난 속에서도 반드시 피어날 것이다.
무봉산 기슭에서

愚公移山

제3장 개선해야 할 문화습관

제2부 나의 시론 22題

제1부

한국인의 기질, 의식구조, 문화습관

제1장 한국인의 기질

기질이란 무엇인가? 기질이란 성격보다 더 고치기 어려운 성격 이전의 고유한 특질이다. 그리고 그것은 의식구조와 구별돼야 한다. 기질이 가슴이라면 의식구조는 머리다. 그러나 한 민족이 갖고 있는 기질과 의식구조를 구분하기란 쉽지 않다. 서로 연관성을 가지고 있기 때문이다. 기질이 의식구조를 형성하고 의식구조가 문화습관으로 나타나지만 반대로 오랜 문화습관이 의식구조를 변화시키고 기질에 영향을 주기 때문이다.

한 겨레의 기질을 쓴다는 건 참으로 어렵다. 적어도 한 겨레의 50% 이상이 갖고 있는 특질을 객관적인 눈으로 봐야 하기 때문이다. 그러나 그보다도 더 어려운 것은 시대에 따라 상황에 따라 사람들이 변한다는 것이다. 모든 것은 끊임없이 변하기 때문이다. 그래서 심리학자들은 원형기질이란 없다고 말하지만 역사학자들은 오랜 세월 동안 살아오면서 우리만이 가지고 있는 고유한 특질이 있다고 믿는다.

1. 우리가 본 우리의 기질

본격적인 우리 겨레의 기질론이 시작된 건 구한말부터라고 생각된다. 갑신정변 실패의 원인을 지도층의 무능과 자질부족, 신의의 결여로 본 박영효로부터 '민족개조론'의 이광수, '동포에게 보내는 글'의 안창호, 육당 최남선, 최현배 선생에 이르기까지 공통으로 지적하는 겨레의 단점은 단결력 부족과 의타성, 도덕성과 공공(질서)의식의 결여 등으로 압축할 수 있다. 물론 좋은 점은 어질고 착하고 너그러우며 인내심이 많고 낙천적이란 점을 들고 있으나 대체로 부정적인 단어가 태반을 이룬다. 당시 시대상과 자신의 입장에서 바라본 특히 남성 위주의 분석 때문이 아닌가 한다. 해방 후로도 우리 겨레의 기질과 의식구조에 관해서 수많은 교수와 심리학자들이 연구 분석했지만 한마디로 일목요연한 맛은 적었다. 일일이 열거하기에 지면이 부족할 정도다. 우리가 얼른 떠올리기 어려운 단어도 등장하는 것은 그만큼 한 겨레의 기질을 분석하는 것이 쉽지 않기 때문이다. 다만 모두가 공감할 수 있는 낱말은 유교주의에 따른 체면과 형식, 장유유서로부터 나오는 수직적 인간관계와 권위주의, 온순함에서 우러나는 한, 정이 많아서 흘러넘치는 온정주의, 배타성과 파벌, 순종적, 감정적, 비합리적 등이라 하겠다.

얼마 전에는 IMF를 몰고 온 또 그것을 빨리 극복하게 하기도 한 우리의 조급성과 냄비근성이 우리의 대표적 기질이라고 하는가 하면 월드컵 응원에서 보여준 신바람도 포저티브한 우리의 기질이라고 했다.

또 사상의학에서는 한국인의 체질을 태음인, 소양인, 소음인, 태양인 순으로 분류하기도 한다. 인터넷을 찾아보면 유목민의 기질과 농경민의 기질을 함께 갖고 있다고 분석한 분이 있는데 필자가 보기엔 비교적 잘 파악한 것 같다.

동국대 윤명철 교수는 우리의 원형기질은 정중동(靜中動)이라고 표현한다. 원래 탐험과 모험심 있는 민족이었으나 조선시대 들어와 유교사상을 주입함으로써 정중동으로 변했다고 이야기한다. 부정적 측면은 자의식이 강해 대세를 따르려 하고 근대 시민의식이 부족한 점이라고 지적한다. 반면 연세대 황상민 심리학교수는 사람의 원형기질이란 없다고 한다. 환경에 적응하다 보면 생성되는 것이지 원래 정해진 기질이란 없다는 것이다. 그러나 두 분 다 대한민국을 바꿀 수 있는 긍정에너지를 위해서는 각자의 개성이 존중받는 대한민국 공동체를 만들어야 한다고 강조한다. 정말 이렇게 됐으면 좋겠다.

2. 외국인이 본 한국인의 기질

약 1세기 전 외국인이 본 한국인의 기질은 다음과 같은 것이었다. 세브란스병원을 세운 알렌은 '조선견문기'에서 남을 잘 믿고 낙천적이며 예의 바르고 호기심이 많다고 했다. 언더우드 부인의 '조선견문록'에는 낙천적이며 감정적이고 인정 많고 친절하며 너그러움이 있다고 표현했다. 한 러시아 장교는 온순하고 선량하고 순종적이며 평화를 사랑하는 민족이라고 했다. 질서의식 또한 높다고 했다.

반면 당시 시대상을 비판한 나쁜 측면을 지적한 글도 있다. 영국 여성 버드 비숍(1831~1904)은 1세기 전의 조선을 신랄하게 비판했다. 고위층은 외제물건이 많았고 한국 관리는 썩을 대로 썩었다. 게다가 수탈과 횡령 때문에 아랫사람은 무기력하고 의욕이 없었으며 저항할 줄 몰랐다. 1893년 한국을 방문한 영국의 정치인 조지 카슨도 부패가 만연되어 있고 독립심이 없었으며 쇠약할 대로 쇠약해져 있었다고 표현했다. 미국인 선교사 헐버트는 당시 관찰사 자리가 50,000달러, 현감 자리는 500달러면 사고팔 수 있었으며 아전은 이런 일을 도맡아 했는데 그들의 횡포는 때리는 시어미보다 말리는 시누이가 더 미운 꼴이었다고 했다. 당시 서양인의 백인 우월주의와 조선의 말기적 현상이 복합된 표현이겠지만 뭔가 그런 속성이 있기에 나타난 현상이므로 겸허히 받아들여 개선해야 할 것이다.

그러던 한국인의 기질을 1세기가 지난 요즘 외국인이 달리 표현하고 있다. 융통성과 인간미가 넘치는 나라, 가무를 잘하고 낙천적이며 역동적인 나라, 인간관계가 일의 많은 부분을 결정짓는 나라, 지금까지 쌓였던 한과 울분을 한꺼번에 폭발하는 나라, 교육열이 센 나라 등으로 표현하고 있다. 특히 우리보다 더 한국인이 된 인요한(연세대 세브란스병원) 소장은 '그놈의 정 때문에'라고 한국인의 정을 서양인의 합리적 사고로는 이해할 수 없는 특이한 기질이라고 말한다.

3. 종합

모두들 요즘 와서 한국인의 기질은 역동성에 있다고 이야기한다. 빨간 머리띠를 두르고 자기주장을 관철시키려는 성난 표정의 근로자들(왜 꼭 빨간색인지? 6·25 때 빨간 완장이나 초등학교 때 본 반공 포스터에 나오는 빨간색이 연상되어 섬뜩함을 준다), 물대포와 곤봉으로 시위대를 진압하는 경찰, 해머를 휘두르고 최루탄을 터뜨리는 국회의원, 자극적인 언어, 선동적인 문구, 진정한 보수도 진정한 진보도 아닌 것 같은데 서로 좌파니 우파니 편 가르며 싸우는 것 등을 보면 정말 역동적이라 하지 않을 수 없다.

그런가 하면 긍정적인 면도 많다. 어떤 외국인 말하기를 강제 동원된 것 같다는 월드컵 응원의 열기, 금 모으기, 그리고 무엇보다 짧은 시간에 이뤄낸 경제개발과 민주화 등 환경에 금방 적응하는 좋은 점 또한 많은 게 역동성이다. 요즘 세태를 보면 정말 그렇게 느껴진다.

한마디로 잘라 말할 수 없는 게 기질이지만 그래도 종합해보면, 남의 나라를 한 번도 침략해본 적 없는 온순하고, 정 많고, 평화를 사랑하며 천(932?) 번이나 되는 외침 속에서도 굴하지 않는 은근과 끈기를 가진 민족이라 할 수 있다. 삼강오륜과 예의범절을 기반으로 저항할 줄 모르고 순종하니 한이 쌓이면서도 직접 표현하지 못하고 수동(受動)공격으로 해소해온 겨레라고 말할 수 있다. 그것을 가무로 잊어버리려는 내성이 한편으로는 성급하고 감정적이며 비합리적 본성으로 작동해왔다고 표현할 수 있겠다. 그러나 정이 많아 남의 어려움을 외면하지 못하고 품앗이를 하는 공동체의식이 강한 민족이다.

한편 백의민족으로서 공자주의(confucianism) 아래 외형을 신경 쓰고 체면을 중시하니 실용보다는 명분을 위해 싸우는 당파성이 생겨난 것은 아닐까? 질서의식이 있다는 사람과 없다는 사람이 있는데 그것은 외국인들이 종적 질서는 있는데 횡적 질서가 없음을 잘못 파악한 소리 같다. 즉 제3자와 관련된 수평사회의 횡적 질서는 부족하다는 뜻이다.

한·중·일 3국을 비교하면 뚜렷하지는 않지만 우리의 기질이 좀 더 쉽게 다가온다. 유교로 무장한 한국인은 중국인보다 공동체의식이 강하고, 토론하기를 좋아하며 쉽게 흥분하고 사람과 깊게 사귄다고 표현한 중국과 일본의 르포작가가 있다. 필자의 견지에서 보면 가정과 사회를 조화시키는 측면에서, 가족 간의 유대가 일본보다 훨씬 끈끈하지만 중국을 따라가지는 못하는 것 같다. 중국인의 패밀리의식과 일본인의 대화(大和)사상에 비하면 그렇다는 말이다. 그러나 우리는 중국의 대륙성 기질과 일본의 해양성 기질을 두루 갖추고 있어 보다 폭넓게 발전할 소지가 많다 하겠다.

4. 결론 - 이제 정리해보자(12가지)

그렇다면 여러 사람이 여러 목소리를 내는 한국인의 기질은 무엇이며 고쳐야 할 의식구조는 무엇인가? 나름대로 열거해보고자 한다. 물론 어떤 것이 정말 우리의 특성이고 기질인지 잣대로 금 긋듯이 할 수는 없지만 지적하고 싶은 것은 과거의 선각자나 현대의 학자들도 기질과 의식구조와 문화습관을 혼용하고 있다는 점이다. 이를 혼용하거나 구분하지 못함으로써 발생하는 수많은 단어가 머리를 혼동케 한다.

결론부터 이야기하면 우리의 기질은 한마디로 농경기질과 유목민기질이 믹스되어 있다고 본다. 그러나 통일신라 이후 이미 천 년도 넘는 세월 속에서 유목민기질은 많이 죽어버렸고 대신 고려, 조선을 거치면서 농경기질은 강하게 우리의 체질로 자리 잡았다. 좀 더 구체적으로 표현하자면 농경시대를 대표하는 선비기질이 유목민시대를 대표하는 전사기질보다 우세하다는 점이다. 농경기질은 정(靜)이고 유목민기질은 동(動)이라면 정중동이 우리의 기질이다. 그리고 두 기질이 융합되어 나타나는 제3의 기질도 있다. 그것을 필자는 대강철저나 모래알 근성이라고 생각한다. 그 외 달리 표현되는 수많은 단어는 우리의 기질이라기보다 환경에 따른 문화습관이며 교육으로 바꿀 수 있고 시대가 변하면 자연스레 바뀔 수 있는 속성들이다.

미흡하지만 유목민기질과 농경기질을 나름대로 분석해 풀어보고 싶다.

유목민기질	농경기질
낙천적-신바람	선비기질-숭문숭덕, 명분과 형식
개척적-호기심	양반 · 상놈기질-우리끼리, 의리, 체면과 내숭
감정적-비합리적	정
역동적-빨리빨리	은근 끈기
화끈-냄비근성	온순한

유목민기질은 한마디로 화끈하고 뒤끝이 없으며 냄비근성을 가져온다. 농경기질의 온순함과 다정함은 은근히 한으로 쌓인다. 그리고 두 기질이 융합되면 **대강철저와 모래알기질**이 나타난다. 그래서 우리의 기질은 좀 복합적이다.

가. 유목민기질-動

1) 역동성

첫째로 꼽히는 우리의 기질이다. 일본도 중국도 이런 기질은 쉽게 찾아볼 수 없다. 김대중 정부 당시 국가이미지제고위원회는 2002년 월드컵을 맞아 '다이내믹 코리아'를 앞세워 대대적인 국가홍보에 나

섰는데 아마도 그때부터 역동적이란 낱말은 우리의 기질을 나타내는 대표단어로 자리 잡은 것이 아닌가 한다. 낱말을 만들어서 그렇게 됐다는 소리는 물론 아니다. 2002 월드컵의 열기는 웬만한 국민이라면 다 기억하고 있을 것이다. 정말 재미있고 신나는 나날이었다. 날이면 날마다 싸우는 정치판도 눈에 들어오지 않았고, 무슨 마적 결사대마냥 머리에 빨간 띠를 두르고 넥타이 맨 사람과 탁자 하나를 사이에 두고 마치 건널 수 없는 루비콘 강처럼 대치하고 있는 노사분규도 잊어버렸다. 대한민국이라는 네 박자를 목이 터져라 외쳐댔던 그 맛은 마음속에 쌓인 울분을 한꺼번에 쏟아내고야 말겠다는 겨레의 외침처럼 들렸다. 이제 우리도 당당히 세계 속의 한국으로 발돋움하겠다는 의지의 표현이었는지 모른다. 세계 4위 바로 그것이었다. 조용한 은둔의 나라 조선에서 이제 적극적이고 활동적인 대한민국이 되었다. 소극적이고 폐쇄적이며 배타성 강한 나라에서 세계를 향해 발돋움하는 호기심 많고 개척정신이 강한 나라가 되었다.

그렇다. 역동성은 키워가야 할 좋은 기질이다. 그러나 역동성 속에는 동전의 양면처럼 가속되면 빨리빨리 조급함 등으로 변질될 수 있는 부정적 측면이 있음을 주의해야 한다.

2) 감정적, 비합리적

일상생활을 하다 보면 자신이 참 감정적이라는 사실을 깨닫게 된다. 조목조목 따지는 경우란 거의 없다. 설혹 그렇게 따져도 상대가 받아들이는 경우는 더욱 없다. 자신도 모르게 확 달아올랐다 금방 식는 조급성과 화끈한 기질이 합쳐 놓은 결과다. 대외협상을 하는 경우도 마찬가지 같다. 예를 들어 독도문제에 대한 일본의 대응을 보라.

그들은 언제부터인가 꾸준하게 독도문제를 체계적으로 대처해왔다. 세계지도에는 동해를 일본해로 표기하는 경우가 많다. 그래서 지금 세계 여론을 보면 일본의 땅을 우리가 무단 점령하고 있는 것 같다. 일본은 당당하게 국제사법재판소로 가자고 한다. 올해도 외교백서에는 독도를 '다케시마'로 기록하고 있다.

모든 일을 치밀한 장기계획 없이 그때그때 감정적으로 대처하고 곧 잊고 마는 정서 때문에 일어나는 일이다. 법과 제도도 비합리적인 것이 많지만 그 적용 또한 감정적인 경우가 허다하다.

3) 낙천적 - 가무

'화무는 십일홍이요 달도 차면 기우나니 노세 노세 젊어 노세' 하는 노랫가락이 예전에는 흔하게 들렸다. 낙천적인 우리의 기질을 대변한다. 한국인의 특성을 신명과 신바람이라고 규정한 사람이 많은 것도 이 때문이다. 가무를 즐기며 놀기를 좋아한다. 농악놀이는 대표적이다. 우리 국민이 한(恨)이 서려 있는 겨레라고 생각되지만 그 한마저 가무로 달래 온 것 같다. 캐나다 일부지역에서 찬송가로 사용되는 아리랑은 그 대표적 예다. 외국인도 우리의 음악에 대한 찬사를 아끼지 않는다. 줄리아드 음대에 단연 한국학생이 많고 유럽의 무대에서도 두각을 나타내는 음악가가 많은 점으로 미루어 가무를 잘하는 국민임에 틀림없다. 손바닥 치는 율동과 딱 들어맞는 '대~한민국'이라는 박자는 가히 우리 모두가 엔터테이너 같다. 요즘 세계를 휩쓰는 K-Pop 열풍은 우리의 가무를 한마디로 대변한다. 엔터테인먼트는 단순한 연예오락을 넘어 공동체에 즐거움과 기쁨을 주는 행위다.

4) 개척적 - 호기심

‘개척적’이라는 낱말은 과연 우리 국민의 기질과 맞는 말일까? 통일신라시대 이전에는 모르겠지만 그 이후의 역사를 보면 그런 흔적을 찾아보기 어렵다. 그런데도 우리 민족의 기질 속에 개척정신이 들어 있다고 말하는 사람이 많다. 개척정신은 호기심과 모험심을 바탕으로 한다. 우리의 역사 속에 호기심을 키워주고 모험을 즐기는 흔적이 많았는지 알 수 없지만 이제부터라도 잃어버렸던 개척정신을 길러야 한다. (예를 들어 호기심 많은 아이를 이상한 눈으로 보고 순화시키려고 하는 정형화된 태도는 버려야 한다.) 이조 오백 년 유교에 의해 개척정신과 호기심은 싹이 많이 잘렸다고 보는 것이 맞다.

5) 화끈

서양 사람들은 물론 일본인, 중국인들이 거의 먹지 않는 음식을 우리는 즐긴다. 고추와 마늘이다. 우리가 좋아하는 고추와 마늘은 매운 맛으로 먹는다. 고추의 원산지는 남미. 스페인 원정대가 유럽에 그 맛을 전하고 우리나라에는 임진왜란 때 일본을 통하여(최근 그렇지 않다는 설도 있음) 들어왔다고 하지만 일본 사람은 잘 먹지 않는다. 고추를 먹으면 얼큰하고 매콤하고 달콤하기까지 하다. 마늘도 다른 나라 사람은 잘 먹지 못하는 우리나라 대표 식품이다. 얼얼하고 탁 쏘며 마늘 특유의 냄새가 이어진, 효능이 매우 좋다고 알려져 있는데도 세계 사람은 거의 먹지 않는다. 마늘의 원산지는 이집트 또는 중앙아시아로 추정되며 마늘과 쑥을 먹고 여인이 된 곰과 하늘의 아들 환웅 사이에 태어난 단군신화의 내력으로 보아 우리나라에 전래된 시기도 꽤 오래된 것 같다. 어쨌든 둘 다 화끈한 맛으로 먹는다.

음식을 가지고 그 나라의 기질이나 민족성을 말할 수 있다. 먹는 것이야말로 평생 일어나는 일이기 때문에 어떤 맛을 좋아하는가는 그 민족의 기호와 품성과 연관된다. 반대로 그러한 기질이 있기에 그런 음식을 좋아하는지 모르지만 결국 이런 것이 그 민족의 기질로 이어진다.

보통 일본 음식은 담백하고 모양과 색깔이 좋은 편이다. 중국 음식은 기름에 튀기는 게 많고 같은 국수라도 일본이나 우리처럼 국물이 없다. 두 나라 음식 다 맵거나 짜지 않는 건 공통이다. 거기에 비해 우리는 짭조름하고 자극성이 많다. 우리의 기질은 맵고 짜고 자극적이고 화끈하다. 그러나 시원한 국물 없이는 밥을 잘 먹을 수 없는 너그러운 면도 많다. 외강내유 같다.

나. 농경기질-靜

1) 정(情)

예전 달동네 사람들은 정이 많다고들 했다. 하찮은 것이라도 서로 챙겨주는 잔정을 두고 이른 말일 것이다. 나에게도 잔정 많은 친구들이 여럿 있다. 그들은 나를 위해서 이 얘기 저 얘기를 일러준다. 반갑고 고마운데 계속 듣고 있으려면 피곤할 때도 있다. 이야기할 기회도 주지 않으면서 덤덤하게 듣고 있으면 무심하다고 한다. 정이 없다고 한다. 너무 신경 써주는 것이 어쩔 때는 부담스럽기까지 하다는 외국인의 말이 실감 난다. 심지어 간섭이라고까지 표현하는 외국인도 있다.

모르는 사람도 짧은 시간에 친구로 금방 받아들이는 마음, 신경 쓰지 않아도 될 사소한 부분을 잘 챙겨주는 마음, 지나가는 행객에게 없는 밥 한 덩이라도 더 주고 싶은 마음, 뭔가 한마디라도 더 나누고 싶은 마음을 두고 우리는 잔정이 많다고 하는 것일 게다. 무소식이 희소식이라면 그것은 잔정이 아니다. 잔정이 신경 쓰지 않아도 될 소소한 부분을 챙겨주고 그냥 뭔가를 못 줘서 서운하고 안달하는 것이라면 인정이 많다는 것은 동류이지만 상황에 따라 차이가 있다. 인정이 많다는 것은 잔인하거나 냉정하지 못해 남의 잘못을 용서하고 관용을 베푸는 일면을 가지고 있다. 생계형 사면을 많이 하는 것을 보면 인정 많은 국가다.

2) 은근과 끈기

끈기는 악바리 기질이다. 올림픽에서 우리의 미시 아줌마들이 악착같이 뛰는 핸드볼 경기는 우리 겨레가 정말 끈기 있는 국민이라는 것을 확연히 느끼게 한다. '우생순'(우리 생애 최고의 순간)이라는 영화까지 나올 정도다. 칠전팔기의 고시생, 사전오기의 권투선수 등에서 우리는 끈기를 볼 수 있다. 60대 해녀들의 물밑 자맥질에서도 나는 그것을 본다. 천 번의 외침 속에서도 꿋꿋이 살아남아 버티는 기질은 우리 겨레의 특성이다. 동화되지 않고 우리 것을 지키며 휘어질망정 꺾이지 않고 인내하는 속성은 무시할 수 없는 우리의 기질이다. 밟아도 죽지 않고 다시 살아난다. 민초다. 많은 외침 속에서도 우리 것을 잃지 않고 살아온 민족은 세계에서 우리밖에 없다고 한다. 이스라엘과 견주는 대목이다. 그런데 그들이 과연 은근함이 있을까? 직접적인 표현을 하지 않고 비칠락 말락 에둘러 표현하는 것 말이다. 그것은 다른 나라에는 없는 것 같다. 점잖지 못하게 어찌 막말로 표현한단 말인가?

중국인에게도 이런 은근과 끈기 기질은 없는 것 같다. 가문을 위해 대를 이어 복수하려는 마음은 몰라도 악바리 기질은 없다. 작고 예쁘게 그러나 '진검승부' 매정하게 단칼로 자르는 일본인에게도 이런 기질은 없다. 거기에 비해 '그냥'은 우리가 흔히 쓰는 외국인이 얼른 이해하지 못하는 대표적인 단어다. 은근함의 표현이다.

3) 온순함과 한(恨)

온순하고 평화를 사랑하는 단적인 예는 한 번도 외침을 해보지 않았다는 데서도 찾을 수 있다. 중국의 고서에도 평화를 사랑하는 순종적인 백성이란 글귀가 나온다. 네 가지 혈액형으로 사람을 판단하는, 별로 맞지 않는 장면을 자주 등장시키는 매스컴을 봐도 우리 겨레는 O형이 많지 않다. 사회면을 장식하는 무지막지한 사건들이 가끔 등장하지만 그것은 사이코일 뿐 서양보다 과격하거나 잔인한 면이 적다. 그런데 온순함과 은근함이 겹쳐 가슴속에 한이 쌓인다. 한은 자기 생각을 표현하지 못하거나 뜻을 펴지 못해 마음속에 쌓인 응어리를 말한다. 응어리는 화병을 가져온다. 억울함이나 분노를 당하고도 속 시원히 풀지 못해 쌓이는 경우가 대부분이다. 덧붙여 그놈의 잔정 때문에도 한은 기인한다. 잔정을 주고받지 못해 서운하고, 쌓인 한은 쌓인 만큼 더 정을 주는 더미의 연속인 것 같다.

양반과 상놈 사이에서 갈등은 쌓이고, 적자와 서자 사이에서 울분은 터지고, 본처와 시앗 사이에서 질투는 자라고, 당쟁과 음모로 누명은 벗겨지지 않고, 전쟁과 포화로 삶은 절망상태에 빠지고 등의 이유로 우리는 한이 쌓였다. 한은 가슴앓이를 하게 한다. 오래되면 뚜렷하게 무엇 때문인지 끄집어낼 수도 없는 한이 쌓이고 쌓이면 우리만이

가지고 있는 독특한 화병이 생긴다. 가슴이 답답하고 숨쉬기가 어렵다. 응어리가 오랜 억압 끝에 우울로 변하는 것이 그 원인이다. 당연히 폭발시켜야 하는데 폭발시키지 못했다.

살아남기 위한 습관적 자기방어 수단은 수동공격, 투사, 동일시, 반동형식 등 간접적으로 나타난다. 해학이 발달한 이유다. 한의 해소를 이렇게 적는 이유는 현실의 삶에서 나타나는 자기방어 수단도 기질을 알 수 있는 중요한 요소이기 때문이다.

4) 선비기질

모르긴 몰라도 대표적인 선비기질에는 크게 두 가지가 있다. 숭문숭덕과 명분(원칙, 형식)이다. 명분과 신념을 지키는 걸 지조라 한다.

예로부터 우리 겨레는 책을 가까이했고 덕을 숭상했다. 병인양요 때 강화도를 점령한 프랑스 장교의 눈에 부러운 것이 하나 있었는데 '시골 방에서 책 읽는 소리'였다고 한다. 특히 조선시대 사농공상, 선비기질은 학문을 숭상하게 했다. 지금도 인간 판단의 척도를 은근히 학벌로 한다. 따라서 자신에 대한 판단의 수위를 높이기 위해서라도 교육에 올인할 수밖에 없다. 가히 태생적이다.

덕을 숭상하는 마음 또한 선비기질에서 유래한다고 볼 수 있다. 예부터 선비는 덕을 흠모했고 유교는 그것을 부채질했다. 중국의 사서삼경과 명심보감을 삶에서 자주 리바이벌하는 것은 그것을 나타낸다.

둘째, 그러면서도 우리는 명분과 형식을 매우 중요시하는 겨레 같다. 실용보다는 겉치레를 따지고 모양새를 중시한다. 일례로 공무원을 상대로 일을 하다 보면 내용보다 형식이 맞아야 하고 실질보다 명분이 중요함을 느낀다. 과거 공무원은 3불타령에 빠졌다. 전례가 없다.

법령에 없다. 예산이 없다가 그것이다.

실생활에서 명분과 실리는 항상 부딪치는 문제점 중의 하나다. 이조시대 많은 당파와 사화는 명분과 실리 속에 싹텄다. 명분을 위해서 싸우는 지조를 높이 샀다. 예(禮)를 너무 강조한 나머지 의식(儀式)주의를 고집하는 예학은 조선시대 사화를 일으킨 주범이다. '모로 가도 서울만 가면 된다'는 경구는 이런 의식주의적 사고에 대한 실용적 사고의 반발이다.

5) 양반·상놈기질

아직도 나는 양반·상놈기질이 생활 속에 깊이 뿌리박혀 있음을 보고 깜짝깜짝 놀란다. 특히 정치에서 그것을 느낀다. 양반·상놈으로부터 나오는 기질에는 '우리끼리, 체면과 내숭, 의리'가 깃들어 있다.

첫째, 우리만큼 '우리'라는 단어를 많이 쓰는 나라는 없을 것이다. 말을 배우기 시작한지 얼마 되지 않아 우리라는 말을 사용한다. 우리라는 카테고리, 그것은 공동을 나타내는 단어다. 아는 사이에서만 사용하는 집합개념이다. 특히 혈연, 지연, 학연 등이 같을 때 우리는 아주 자연스럽게 사용한다. 그러나 우리는 '우리'에서 그치고 우리를 떠난 사람은 우리가 아니다. 우리의 개념을 넓혀 모르는 이웃이나 소속 공동체를 벗어난 대한민국 공동체로 승화시키지 못한다. 반대로 해석하면 우리가 아닌 사람은 모두 남이라는 소리다. 그래서 배타성이 생기고 정파가 생기고 편 가르기가 시작된다. 무슨 뚱딴지같은 소리냐고 하겠지만 필자가 '우리'를 우리의 기질로 보는 이유는 아무 생각 없이 우리라는 단어를 사용할 때는 몰랐지만 어색할 만큼 많이 사용하는 그 연유를 외국과 비교하기 시작하면서부터다. 우리 속에는 뭔

가 우리만이 가지고 있는 친화감이 숨어 있다. 왜 우리만 우리라는
단어를 상대편의 허락 없이 사용할까? 우리는 우리이기 때문이다. 그
외에는 다른 이유를 얼른 발견하지 못한다. 별 생각 없이 나오는 것
이 바로 기질이기 때문에 '우리'는 우리의 기질이다. 양반은 양반대로
살라 하고 우리는 우리끼리 놀자. 니캉 내캉 살자. 우리가 남이가.

> * 이부영 외(1984), '한국인 성격의 심리학적 고찰'에 보면 한국인
> 의 '우리'라는 의식은 국민적 일체감을 높이는 긍정적 역할을 하지
> 만 그 뒤편에는 이기주의, 배타주의, 파벌의식, 족벌주의가 도사리
> 고 있다고 표현되어 있다(한국인의 성공 DNA, 111쪽).

둘째, 체면과 내숭은 양반기질에서 나온다고 본다. 체면과 내숭은
서로 상관관계를 갖고 있다. 내숭과 속마음을 구별하지 못하는 고지
식한 사람도 의외로 많다. 처음 우리의 문화를 접하는 외국인은 십중
팔구 깜박한다. 내숭이 다반사 되면 얼굴색 하나 변하지 않고 거짓말
을 한다. 진실과 도덕성이 결여된 내숭이 습관화되면 사기, 위증, 무
고로 발전할 소지를 갖고 있다. 우리의 사기, 위증, 무고죄는 옆 나라
일본의 수십 배에 달한다. 인구와 대비하면 수백 배다. 그래서 지나
친 내숭과 체면은 삼가는 것이 좋다. 학교생활을 하면서 내숭 떠는
학생을 쉽게 만나고 소형차가 우리나라에서 판매에 성공하지 못하
는 이유도 같은 맥락이다. 중형차 같은 소형차가 필요하다. 경제 이
전의 문제다.

우리의 내숭과 체면이 일본의 다테마에(겉으로 내세우는 명분)와
혼네(속마음)와 어떻게 다를까? 한때 몹시 궁금했다. 속과 겉이 다르
긴 마찬가지인데 뭔가 다른 결과를 가져오는 것 같아서다. 며칠을 두

고 생각하다 내린 결론은 우리의 내숭과 체면은 나를 위한 제스처이고 일본의 혼네와 다테마에는 상대를 배려한 제스처가 아닌가 하는 생각에 이르렀다. 자기중심인가 상대방 중심인가 차이다. 일본의 한 르포작가가 일본의 이중성이 더 무섭다고 했듯이 우리의 이중성은 어찌 보면 단순한 것이다.

셋째, 의리의 돌쇠는 상놈기질이라고 봐야 맞다. 서양영화를 보면 의리라는 속성을 찾기 어렵다. 특히 돈 앞에 의리는 하나도 없다. 그러나 우리는 좀 다르다. 주위에서 '의리 빼면 시체'다 하는 말을 곧잘 듣는다. 전향과 변절은 우리 국민이 가장 싫어하는 단어다. 어떤 사람과 사귈 때도 친해짐은 곧 의리를 전제로 한다. 의리에 대한 배신은 단교를 뜻한다. 비록 옳지 않은 일을 공모하더라도 의리를 저버리는 것은 곧 죽음을 뜻한다. 의리는 옳고 그름이라는 가치 위에 있다. 정의보다, 진실보다 더 상위에 있는 가치니 우리 시대 최고의 덕목 같다. 따라서 의리도 빼놓을 수 없는 우리의 기질이다.

다. 융합기질

요즘에는 뭐든 단독으로 하기 어렵다. 백지장도 맞들면 낫듯 독불장군은 갈수록 살아가기 힘들다. 기술도 그렇고 제품도 그렇다. 융합하지 않으면 뛰어날 수 없다. 학문도 종합적으로 다뤄야 한다. 따라서 유목민기질과 농경기질이 융합하면 더 좋은 기질이 나와야 한다. 그런데 비판적 측면만 바라봐서일까? 유목민기질과 농경기질이 융합되면 '모래알기질'과 '대강 철저'라는 잘못된 기질을 양생하는 것 같다. 앞으로 더 좋은 기질을 쌓고 기르는 것은 우리의 책무다.

1) 모래알기질

바이칼 호수에서 몽고와 만주를 거쳐 한반도까지 내려온 유목민기질의 말발굽이 농경기질의 쟁기에 깎이면 모래알기질로 변할 수 있다고 필자는 생각한다. 해방 후 미군은 우리 민족을 모래알 같다고 했다. 하나하나는 매우 강하나 손으로 쥐려면 사이사이로 빠져나가는 속성이 있다고 했다. 개인적으로 보면 대단히 똑똑하나 전체가 모이면 우후죽순 중구난방이다. 개개인 애국심이 없는 것도 아니나 사회 전체로 보면 약하다. 애국애족을 부르짖으면서 해외이민이 많은 점은 반한 감정을 갖고 있지 않은 외국인도 지적한다. 우리 국민의 분열하는 속성은 '뭉치면 살고 흩어지면 끝이라'고 안중근 의사가 지적했다. '한두 개의 나뭇가지는 누구나 쉽게 꺾을 수 있지만 한 덩어리로 뭉친 나뭇가지는 그 누구도 꺾지 못할 것'이라고 했다. 일본군을 상대로 싸워야 할 만주 벌판에서 우리 겨레가 하나로 뭉치지 못한 데 따른 통렬한 지적이었다.

역사의 흥망성쇠를 봐도 일치단결하면 감히 다른 나라가 넘보지 못했고 내분이 있는 나라는 쉽게 정복당했다. 각자 똑똑하면 모래알은 될지언정 돌덩이 같은 힘이 샘솟지 못한다. 콘크리트를 만들 수 있는 석회석이 필요하다. 그것이 국가 지도자다. 지도자의 리더십은 국민으로 하여금 협동과 협업을 가능케 한다. 협동과 협업은 전체를 강하게 한다.

2) 대강 철저

자연환경은 인간생활에 중요한 영향을 미친다. 특히 국토의 넓이가 의식에 미치는 영향은 크다. 일본의 국토는 바다에 둘러싸여 있으며 지진이 많이 일어난다. 일본은 철저히 하지 않으면 안 되고 땅덩이가 넓어 멀리까지 가야 하는 중국은 대강대강 하지 않을 수 없다. 중간인 대강 철저는 한국 몫이다. 특히 지정학적 위치가 그렇다. 제품을 봐도 그렇고 건축을 봐도 그런 느낌이 든다. 중국은 장대하고 무뚝뚝하다. 우리의 건축과 공예품이 섬세하다고 하나 필자가 보기엔 선이 아름다울 뿐 일본의 건축과 제품이 더 섬세하고 정교한 것 같다. 두 개의 장점을 살리고 기르는 것은 여간 좋다. 그래야만 생존한다.

어느 날 갑자기 출근시간에 성수대교가 무너졌다. 수십 명이 죽었다. 단순하게 무너졌다고 표현하기엔 뭔가 부족한 느낌이다. 그런가 했더니 삼풍백화점이 무너지고 수백 명이 매몰됐다. 육해공 3면에서 크고 작은 사고가 잇따랐다. 일제강점기에 지어 놓은 건축물도 지금까지 성성이 버티고 있는데 이게 웬 날벼락인가? 얼마나 대강 철저했으면 이런 대형사고가 일어난단 말인가? 한심하기 그지없었다. 우리는 이런 예를 흔히 보거나 겪는다. 세밀한 사전 계획 없이 시작하여 대충대충 처리할 때가 많다. 장기간 변하지 않을 지속성과 일관성이 부족하다. 그때그때 필요하면 고치고 안 되면 다시 허물고 쌓기를 여러 번 반복한다. 조금 늦으면 뭘 꾸물대느냐고 한다. 기다리지 못한다. 군대에서도 그렇고 사회에서도 그렇다. 좋게 말하면 너무 기민하여 정신이 없다.

세계에서 제일 높은 빌딩을 최단시간 내에 짓는다는 자랑스러운 소리를 들으면 어쩐지 불안하다. 혹 저러다 안전성에 문제가 생기면 어쩌나 오금이 저린다. 고속도로 건설이나 조그만 요철을 다스리지 못하는 도로포장도 좀 더 완벽했으면 좋겠다. 0.7mm의 너트 때문에 일어난 KTX의 탈선도 마찬가지다. 내용을 뜯어보면 하찮은 것을 대강 철저히 해서다. 일단 하고 고치면 된다는 생각을 나로서는 받아들이기 어렵다. 혹자는 먹고살기 위해서라지만 먹고살 일감은 연구하면 항상 생기기 마련이다. 국가 100년 대계를 고려해서 하는 말이다.

대강 철저히는 자주 옮겨 다녀야 하는 유목민기질과 정착하는 것이 몸에 밴 농경기질이 잘못 융합하는 데서 나오는 것 같다. 조급함 때문에 대강 철저히 하는 일은 없는지 살펴봐야 한다.

결론으로 우리는 유목민기질의 장점인 전사기질과 농경기질의 장점인 선비기질을 되살려야 한다. 두 기질은 얼핏 상충하는 것 같지만 그렇지 않다. 전사기질은 개척적이고 호기심이 강하며 역동적이고 용감한 기질이다. 선비기질은 한마디로 불의와 타협할 줄 모르고 의(義)를 위해서 목숨을 바치는 꼿꼿한 기질이다. 두 기질의 성공적 융합은 우리 겨레를 글로벌 리더의 반열에 올려놓을 것이다.

※ 팔도기질론

우리 겨레의 기질에 관한 최초의 논쟁은 조선 초 정도전의 8도 기질론이 아닌가 한다. 조선의 개국공신 정도전이 조선팔도의 기질이라고 쓴 4자성어를 적어보면 다음과 같다.

함경도 - 泥田鬪狗 이전투구

평안도 - 猛虎出林 맹호출림

황해도 - 石田耕牛 석전경우

강원도 - 巖下老佛 엄하노불

경기도 - 鏡中美人 경중미인

충청도 - 淸風明月 청풍명월

경상도 - 泰山峻嶺 태산준령

전라도 - 風前細柳 풍전세류

500년을 흐른 조선 말 흥선대원군 이하응도 같은 생각이었다는데 필자가 보기엔 정도전의 팔도기질론은 대체로 자연환경과 지세를 보고 지은 것 같다. 쓸데없는 논쟁을 불러올 수 있으므로 해석과 판단은 각자에게 맡기고 필자가 느낀 남한 3도의 특질을 감히 적어 본다 (뭇매를 맞을지도 모르겠다).

전라도 - 감성적(예술), 반골기질, 즉흥적, 술수가 적고 속내를 금방
        드러냄.
경상도 - 이성적(학문), 외교적, 적극적, 경우에 따라 조작도 불사.
충청도 - 멍청한 듯 실속이 있고 속내를 드러내지 않음. 은근 내숭.

어떤 사람은 경상도 사람이 무뚝뚝하고 전라도 사람은 살살거린다고 하나 이는 겉만 보고 하는 소리다. 오히려 전라도 사람은 배타적인 면이 있고 경상도 사람은 셋만 모이면 동네가 시끄럽다. 그런데 내가 궁금하게 생각하는 것은 만약 한국인의 기질이 유목민기질과 선비기질을 합쳐 놓은 정중동(靜中動)이라고 가정할 때 그 안에 있는 전라도, 경상도, 충청도 기질과 어떤 연관을 갖고 설명할 수 있는가 하는 점이다. 3도의 기질은 마이크로 측면에서는 다를 수 있어도 전부를 합한 매크로 측면에서는 한국인의 기질을 갖고 있다고 말할 수

있어야 되는데 얼른 특성과 기질이 믹스되지 않는다. 미시 경제학이 그대로 거시 경제학에 적용될 수 없는 것처럼 기질 속에 특성이 부분 집합으로 설명이 가능하지 않은 것 같다. 물론 약간의 억지를 부리면 대충 맞지만 아직 뚜렷한 주장을 못 하겠다. 그래서 지금까지 나름대로 분석한 기질론은 학문적인 기초로 삼기에는 좀 더 정진을 요한다.

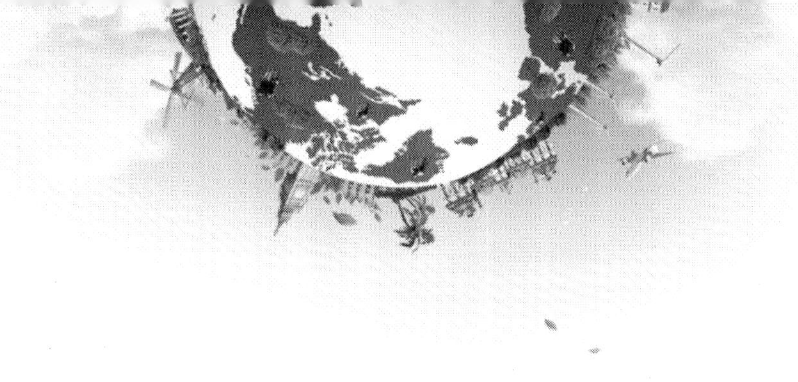

제2장 고쳐야 할 의식구조

유목민기질과 농경기질에서 우러나오는 의식구조는 복합적이지만 우리가 지향해야 할 바는 전사기질과 선비기질이다. 장점을 살리고 좋은 점을 개발하여 지속시키는 것은 여간 좋다. 그중에서 문제가 있다고 생각되는 12개 정도를 나름대로 선정해보았다. 공감되는 부분이 있으면 좋겠다.

> 종적 질서, 목소리 큰 사람이 이긴다, 뒤끝이 없다(냄비근성), 남에게 피해주지 마라, 공사구별, 이분법적 사고(회색은 없다, 편 가르기), 개성부족(자의식), 사대주의와 노예근성(상놈기질과 양반기질), 남 탓(팔자 탓), 시기와 질투(가문의 영광), 개인의 사회화(연고주의, 온정주의, 가족이기주의), 근대 시민의식 결여(관여의식, 공동체의식, 공공질서)

1. 종적 질서

공자와 맹자가 강조한 삼강오륜과 충효사상은 이미 우리 생활에 뿌리박혀 있는 윤리도덕이다. 이조 오백년 동안 흘러내려 온 이 사상이 알게 모르게 배어 우리의 행동양식을 규제하고 제약한다. 삼강오륜을 뜯어보면 한마디로 장유유서다. 이 장유유서가 우리 몸에 배어 우리의 의식구조를 형성하고 있다. 근대화의 물결과 함께 일본에서는 이미 사라진지 오래다. 장유유서는 좋은 점도 있으나 눈여겨봐야 할 점이 많다. 예전에는 상사라는 이유로, 단지 어른이라는 이유로 면책 받는 경우가 많았고 희생과 봉사, 섬김의 자세보다 대접과 권위가 앞서는 경우가 많았다. 떠받듦과 지시 위주다(부정부패가 더 싹트기 쉽다). 인권과 권익도 장유유서다. 장유유서에 따른 위계질서, 진정한 리더십은 아니다. 폐해는 또 있다. 영재성이 일찍 시드는 한국문화는 종적 질서의 폐해 중의 하나다. 교육열 높은 것과는 무관하다. 일찍이 느낀 그런 감정을 20년 동안 미국과 프랑스에서 살다온 연세대 양 교수가 신문에 기고했다. "유교전통이 지배하는 문화가 탁월한 능력을 일찍 시들게 만든다. 개인의 튀는 행동이 용납되지 않고 위계질서가 우선하며 겸손과 절제가 미덕으로 받아들여지다 보니 철이 들수록 개성은 두루뭉술하게 깎여지고 표현이 생명인 음악에서 동양적인 미덕이 마이너스 요인으로 작용한다." 비근한 예로 히딩크 감독이 제일 먼저 취한 조치가 선후배를 따지지 않고 서로 잘 어울리게 분위기를 만든 점이다(골문 처리를 잘하던 친구가 갑자기 못하는 것도 심리적 이유를 따져보면 선배를 겸양으로 모시지 않으면 안 되는 종적 질서 일 때가 많을 것 같다). 다시 말하면 횡적 질서에서는 수평에서 튀어

오를 수 있으나 종적 질서에서는 옆으로 삐져나오기 어렵다.

이조 오백년 동안 종적 질서는 어느 나라보다 잘 지켜져 왔다. 국민의 질서의식이 높다는 외국인과 그렇지 않다는 외국인이 있는데 이는 종적 질서는 어느 나라보다 높으나 횡적 질서는 그렇지 못하다는 사실을 간과하고 있기 때문이다.

2. 목소리 큰 사람이 이긴다

젊은 층은 잘 모르겠으나 지금의 오육십 대는 밖에서 맞고 오면 집에서 혼나고 야단맞는 경우가 대부분이었다. '가만히 당하지 말고 너도 큰소리치면 되잖아!' 잘못되면 아빠가 모든 것을 책임진다고 했다. 집안마다 다르겠지만 어렸을 때 꽤 많이 들었던 소리다. 맘에 안 들었지만, 우리 사회에서 살아가려면 일단은 목소리를 높여야 한다. 평가를 받거나 오해가 생겼을 때는 꼭 목소리를 내야 한다. 설혹 잘못했더라도 일단은 우기고 봐야 한다. 그렇지 않으면 오해를 받거나 누명을 쓰고 만다. 일제강점기를 살아온 분들에게서 나는 몇 번 들은 적이 있다. 일본의 보통 사람들은 경우가 밝고 자신이 잘못했을 때 우기지 않는다고 했다. 우리는 어떤가? 일단 우기고 본다. 양식(良識)의 문제지만 권위에 약하다는 말도 된다. 허세가 통한다. 그래서 한국인은 시끄럽다.

20여 년 전 자동차를 몬지 3개월도 안 됐을 때 이야기다. 옆에서 끼어드는 차를 피하지 못하고 부딪쳤다. 교통사고가 난 것이다. 아뿔싸, 그런데 상대방은 직진하는 나를 보고 큰소리친다. 규정을 모르면 가

만있으라느니 자기는 법대를 나와 법을 잘 아는데 피해보상 하라느니 고래고래 소리 지른다. 어이가 없었지만 마음이 약한 나는 하도 큰소리로 우기니 혹 내가 잘못 알고 있는 건 아닌가 하는 자책이 생겨 바보처럼 가만히 있는데 마침 구세주처럼 경찰이 나타났다. 그는 잘 됐다는 듯이 해결되지 못한 문제를 따졌다. 경찰도 해결의 실마리가 보이지 않자 우리를 경찰서로 연행했다. 경찰서로 가는 와중에도 그는 쉬지 않고 목소리를 높였다. 내가 누군데 함부로 연행하느냐, 법조계에 누구누구를 알고 있으며 당신을 가만두지 않겠다, 경찰이 이것도 모르느냐는 등 계속 우겨댔다. 경찰서로 들어간 나는 간단한 조서를 꾸미고 나왔는데 오후에 그자가 나타나 나에게 아양을 떠는 것이다. 자기도 내가 근무하는 업계에 누구누구를 알고 있고 어찌어찌해서 그렇게 됐는데 합의서에 도장 좀 찍어달라는 것이었다. 속으론 이런 인간이 있나, 이런 인간들 쳐 죽이고 싶었지만 몇 번 망설이다 합의 도장을 찍어주고 말았다. 함부로 합의 도장을 찍어주지 말고 애를 좀 먹이라는 경찰의 말을 듣지 않고 간단히 합의도장을 찍어준 게 바보인 줄 알면서도 이런 인간들을 혼내주려는 독한 마음보다 아예 이런 인간들하고 상종하고 싶지 않은 마음이 더 강해 합의 도장을 찍어준 적이 있다. 참 어처구니없었지만 종종 만나는 속상한 경우였다. 언제나 그렇지만 작금의 세태를 봐도 큰소리부터 친다.

3. 뒤끝이 없다(냄비근성)

세상을 살다보면 남의 기분 상하든 말든 실컷 할 소리 다해놓고,

뒤끝 없으니 앞으로 잘해 보자고 말하는 인간이 있다. 가끔 그런 인간처럼 나도 뻔뻔해 봤으면 좋겠다고 생각할 때가 많다. 그러나 정말 100% 뒤끝 없는 인간이 있을까? 어떤 이는 뒤끝이 없어 좋다고 하지만 왠지 나는 그 말이 싫다. 공격자만 좋고 피해자는 사과하기 싫은데 친화하라고 이게 말이 되는가? 마치 뒤끝을 가지면 안 되는 것처럼, 치사하고 나쁜 사람인 것처럼 말한다. 자랑스럽게까지 말하는 그 자체가 나는 가증스럽게까지 들린다. 왜냐하면 앙갚음을 하는 게 당연하지 않은가? 그래야 공평하다는 말이다.

그런데 뒤끝 없는 기질이 우리 겨레한테 있는 것 같다. 낙천적이어서 그럴까? 그 때 뿐이다. 정묘호란을 당하고 병자호란이 일어나고 임진왜란을 당하고 정유재란이 일어나고 급기야는 나라를 빼앗기는 사태까지 촉발된 것이다. 잊지 않고 꽁하는 사람을 개인적으론 옹졸하게 보는 경향이 있는데 얼른 이해가 안 간다. 그럴수록 역사의 아픔도 잊게 되고 똑같은 실수를 저지르게 된다. 역사의 아픔까지 들먹이지 않더라도 오늘의 현실에서 그런 대중들을 자주 보게 된다. 만약 100% 뒤끝이 없다면 그건 기억력 제로의 인간이다. 나쁜 건 잊더라도 귀감이 될 만한 일은 잊어서는 안 된다. 우리는 뒤끝을 가져야 한다. 그래야 재탕, 삼탕하지 않는다. 잘못했다는 말도 어렵지 않게 하고 또 그것을 받아들이는 마음도 쉬 나오는 건 바람직하지 않다. 다만 감정적으로 잊지 않는 것과 이성적으로 대처하는 것은 차이가 있다. 뒤끝이 없다고 말하는 것은 이성적으로 대처를 잘하자는 점을 지적하고 싶은 거다.

4. 남에게 피해주지 마라

주차장에서 조금의 공간이 모자라 차를 대지 못하고 빙빙 돌 때의 심정은 화가 치민다. 어쩜 저렇게 남은 조금도 배려하지 않고 자기하고 싶은 대로 주차했을까? 건널목에 버젓이 주차해 발길로 차버리고 싶은 차량과 같다. 지금은 그런 일이 많이 줄었지만 예전엔 남의 집을 살면서 마음대로 벽에 못을 박는 일이 허다했는데 만약 이런 사람이 일본에서 산다면 집주인과 곧바로 언쟁으로 연결될 것이라고 쓴 글을 본 적이 있다. 이사 갈 때 깨끗이 치우지 않는다고 한국서 11년을 살다간 미국 여자도 말했다. 으레 남도 어길 수 있고 나도 좀 어길 수 있고 그러니 큰 잘못을 저질렀다고 생각지도 않으며 설혹 잘못을 저지르고도 고개 하나 숙이지 않고 목뼈가 빳빳한 사회다.

극단적인 예로 일본은 부부간에도 따로 이불을 쓴다. 문화의 차이라고 하기엔 뭔가 다르다는 느낌을 받는다. 이건 이기주의가 아니다. 각자 편리하게 남에게 피해주지 않고 그러면서도 전체적인 일에는 상대방의 동의를 구하는 또 자기주장이나 개성을 크게 내세우지 않아도 잘 돌아가는 그런 사회가 그립다. 정당하게 즐기는 일이라도 상대에게 위화감을 조성하거나 피해를 주는 일이라면 삼가는 사회를 꿈꾸고 싶다. 공공장소에서 애 기죽지 말라고 놔기르기를 예사처럼 하는 부모를 보면 그것을 느낀다. 고시가 안 돼도 좋으니 남에게 피해주지 말라는 어느 일본 여자의 모성이 생각난다. 남에게 뒤지지 않으려는 경쟁의식만 있지 자신의 언행이 남에게 피해를 주고 있다는 사실을 모른다. 남에게 도움은 못될망정 피해는 주지 말아야 한다는 자식교육이 필요하다.

5. 공사(公私)구별

　공사를 구별해야 할 것 중 가장 중요한 것은 돈이다. 네 돈, 내 돈 구분하는 것도 중요하지만 공(公) 돈과 사(私) 돈을 구분하는 것은 대단히 중요하다고 생각한다. 옛말에 나라 것은 먹어도 임자가 없다고 했던가? 조상님도 봐 준다고 했던가? 예전에 비해 줄고는 있지만 나라 돈을 내 돈처럼 사용해도 아무런 죄의식이나 가책이 없다. 공 돈과 사 돈을 구별하는 것은 개인 간의 거래가 아니다. 여러 사람과의 거래다. 그런데 이를 어기는 사람이 너무 많은 것 같다. 오히려 그렇게 할 수 있는 지위에 있다는 것을 자랑스럽게 여기고 옆에서 보는 사람도 이를 부러워한다.

　예산안 처리를 보고 느끼는 한 가지는 정치인들은 참 좋겠다는 생각이다. 몇 조, 몇 천억 단위의 돈을 뉘 집 애 다루듯 한다. 필요하면 몇 조씩 갖다 붙이고 흥정하면 또 몇 천억씩 깎아낸다. 예산안에 관심조차 없는 국민이 많지만 서민들이 볼 땐 입이 딱 벌어진다. 소시민 입장에서 보면 낭비가 심하고 불요불급한 돈을 선심 쓰듯 사용한다. 꼭 필요한 만큼만 예산은 책정되지 않는 것 같다. 사람이 하는 일이라 그렇다 치자. 그러나 내 돈도 아닌데 하는 생각은 없는지 따져 봐야 한다. 지금은 조그만 예산낭비도 혈세라고 떠들긴 하지만 내용을 보면 별로 진전된 것이 없는 것 같다.

　공사를 구별해야 하는 것은 돈만이 아니다. 근 30여 년 전 일본에 사시는 고모를 마중하러 김포공항에 나간 적이 있다. 일제강점기에 일본으로 건너가 처음 모국 방문하는 것이었기에 여러 식구들이 나갔다. 직장에는 물론 외출하겠다고 말했다. 그런데 공항에서 처음 만

난 고모는 어떻게 근무시간에 나왔느냐고 놀라 물으셨던 기억이 생생하다. 지금도 우리나라에서는 개인적으로 급한 일이 생기면 외출할 수 있고 모자란 시간은 보충할 수도 있다고 생각하는데 일본에서 일하시는 고모는 얼른 이해가 가지 않으셨던 모양이다. 당시 내 상사분은 심할 때는 출근도장만 찍고 온종일 볼일을 보고 다음 날 아침에 출근할 때도 있었다. 일단 제 시간에 출근만 하면 자리 비는 것에 대해서 너그러운 풍토였다. 차라리 그럴 바엔 늦게 출근하더라도 오래 일하면 더 낫지 않을까 나름대로 강변하고 싶었지만 출근을 우선시하는 분위기라 용두사미가 통했다. 사(私)적인 전화를 많이 하는 것도 마찬가지였다. 현재 국회의원의 근무상태를 보면 더욱 실감이 나는 것 같다. 한 시대의 자화상은 알게 모르게 머릿속에 박혀 다음 세대에도 전달된다.

6. 이분법적 사고(회색은 없다)

이분법적 사고에 관한 글은 많다. 흑 아니면 백을 요구하는 글도 많지만 회색에 대한 꺼림을 표현한 글도 많다. 색깔에 대한 잘못된 교육 탓일까? 우리는 중간이 없다. 모두들 중간이 되는 걸 싫어하고 그것을 회색분자로 몬다. 말로만 중용이 좋다고 하지 정작 중용이라는 걸 모른다. '아는 사람에게는 너무 친절하고 모르는 사람에게는 너무 불친절한' 우리의 태도가 외국인의 시각에서 지적받은 바 있었는데 중용을 취하지 않고 편 가르기를 좋아하는 데서 연유하지 않을까 생각해본 적이 있다. 우리 편이 아니면 다 남이니까 편 가르기는 자연 배타적이 된다. 대선 때마다 써먹는 '우리가 남이가'는 대표적 문구다. 그리고 그것을 즐기는 국민 또한 많은 것 같다.

우리가 편 가르기를 좋아한 게 언제부터일까? 조선의 4색 당파때부터일까? 당리당략에 휩쓸려 쓸데없는 명분 쌓기에 패를 가르고 줄을 서는 것이다. 요즘의 좌파와 우파, 진보와 보수라고 서로 색깔론을 들고 나와 상대를 그렇게 단정 지어버리는 것도 마찬가지다. 지금도 언론매체를 보면 편 가르기가 계속되고 있다. 현 정부 들어 잃어버린 10년이라고 강조하는 것도 어떤 면에서 보면 이분법적 사고와 차별화하고 싶은 편 가르기다. 4색 당파의 후예여서 그럴까? 아니면 양반과 상놈의 반열에 익숙해서일까? 회색도 하나의 색깔인데…

7. 사대주의와 노예근성(양반기질과 상놈기질)

사대주의는 양반기질 중 부정적 측면의 하나라 할 수 있고, 노예근성은 상놈기질 중 부정적 측면의 하나라 할 수 있다. 잘못된 양반기질과 분별력 없는 상놈기질에서 사대주의와 노예근성은 유래한다. 양반과 상놈기질은 대칭성을 갖지만 사대주의와 노예근성은 엎어치면 같은 맥락이다.

노예란 자기 책임하에 자주적으로 하지 못하고 시키는 대로 한다. 주인의식이 없고 굴종적이다. 자기비하가 심해 당연히 누려야 할 권리를 박탈당하면서도 고마워하게 만드는 심리다. 일제 36년을 거치면서 강제로 주입까지 되었으니 심화되었다고 할 수 있다. 구한말 외국인이 표현하기를 허약하고 잘못된 임금 밑에서 저항할 줄 모르는 한국인을 보고 순종적이라고 말한 것은 다른 말로 하면 노예근성을 표현한 것이다. 가장 살기 좋은 쉬운 삶은 훌륭한 지도자 밑에 노예처럼 사는 것이라는 역설이 통한다. 긍정적인 측면에서 상놈기질을 논하면 저항하고 개혁하고 변해야 한다는 것을 가르친다. 동학혁명은 그중의 하나다.

과거 3공화국 시절 기아와 절망으로부터 국민을 건져내 살만하게 해줬다는 점 때문에 작금에 박정희 대통령의 개발독재도 높게 평가받는다. 그분이 출세 지향적이고 야심가였다고 하더라도 다른 분이 통치했더라면 그만큼 했을까 하는 데는 대부분 동의하지 않는 분위기다. 심지어 우리 국민은 그렇게 하지 않으면 안 되니까 그렇게 하길 오히려 잘 했다는 당위론을 들먹인다. '우리 국민은 때려야 말을 듣지 좋은 말로 해서는 안 돼' 지금도 가끔 이렇게 이야기하는 나이든 세대를 본다. 그래서 꽤 많은 서민들은 꼼짝 마 시대인 박정희 시대나 전두환 시대를 그리워하기도 한다. 이때의 국민성이 바로 노예근성이다. 정말 우리는 노예근성을 갖고 있는가? 아니면 보통 인간이라면 그 정도의 노예근성은 있기 마련인가? 저항하지 못하고 큰 것에 순종하는 사대주의와 강자에겐 약하고 약자에겐 강한 노예근성은 근저(根底)에 가정과 사회에서 폭력과 강압이 난무하는 이유도 된다.

반면 '일본이 200년은 갈 줄 알았다. 인도에서 영국이 그랬듯이' 친일을 할 수밖에 없었다는 유명한 시인의 말은 우리의 무저항 정신과 사대주의를 대변한다.

통일신라 때부터 고려의 김부식을 거쳐 조선 오백년까지 우리는 중국을 상국으로 모시는 사대교린(事大交隣) 외교를 펼쳐왔다. 13세기 몽고의 칭기즈칸이 고작 수만의 병력으로 세계를 정복하고, 우리의 피가 흐르는 누루하치가 17세기 중국을 지배하고, 일본이 중국과 러시아를 이기고 미국을 상대로 전쟁을 치를 때까지 우리의 사대교린은 큰 변화가 없었다.

큰 것에 의존하려는 심리는 인간의 본성이지만 사대교린은 개인에게도 큰 영향을 미쳐 자주와 자존을 버리고 항상 큰 쪽에 줄 서게 했다. 자기 분수를 알고 '아직'이라는 단어를 즐겨 사용한다. 위에서부터 아래까지 '아직은 때가 아니다'고 매번 이야기한다. 그렇게 자위하면서 중기계획도 제대로 실천하지 못하고 세월을 보내왔다. 그 다음 세대도 '아직'이라는 똑같은 단어로 이천 년을 살아온 것은 아닐까? 지금도 그렇다. 전시작전통제권 환수를 반대하거나 연기하는 것도 같은 유에 속하는 문제가 아닐까.

물론 현실을 직시하고 감안해야 한다. 하지만 언제 어디서나 현실은 크게 변하지 않았다. 저울질 외교의 중요성은 실감하지만 한반도의 지정학적 위치가 허브가 되게 하는 좋은 방법은 없을까?

8. 남 탓(팔자 탓)

천주교의 '내 탓이로소이다'의 경귀를 차에다 부치고 다녔던 한때를 기억한다. 좋은 사회 캠페인이었는데 요즘은 시들해졌는지 찾아볼 수 없다. 지금도 한창 싸우고 있는 모든 사회 현안에 대해서 자기 탓이라고 생각하면 언쟁도 훨씬 줄어들고 해결책도 쉽게 나오련만 모두들 남 탓만 하는 것 같다. 우리는 남 탓만 하는 게 아니다. 더 많이 하는 게 팔자 탓이다. 안 되면 조상 탓이라는 말을 흔히 듣는다. 노무현 대통령의 '운명이다'의 4글자는 팔자 탓을 생각케 한다.

어차피 살다 보면 팔자 탓으로 돌리는 게 가장 좋은 위안거리다. 숙명론적 인생관이랄까. 그러면서도 탓해야 하는 당위론적인 경우가 많은 데 그중 하나가 물가 탓이 아닌가 한다. 우리는 물건을 살 때 적정가인지 아닌지 별로 생각해보지 않는다. 하기야 일일이 시위할 수도 없는 거지만 그래도 원칙대로 이야기하면 적정한 가격인지 근거부터 따져야 하는데 원인과 과정을 따지면 좀생이 같다고 한다. 왜 그렇게 가격책정은 되어야 하는 건지에 대해서는 파악하려고 하지 않는다. 왜 오르는가는 따지지 않고 물가가 올랐으니 임금은 당연히 인상되어야 한다고 투쟁한다(최근에야 생긴 K-컨슈머리포트의 활동을 기대해본다).

그 사이 다른 것에 비해 상대적으로 덜 오른 너무 사소한 예를 들어 안 됐지만 자장면 한 그릇에 3,000원에서 4,000원(물론 이보다 훨씬 비싼 자장면이 많이 있고 지금은 4,000원 하는 자장면도 별로 없지만)으로 10년 만에 올랐는데 과연 적정하게 올랐는지 따지는 사람이 없다. 재료비의 상승이 원인이라면(2008년 7월 20kg 밀가루 한 포대에 13,000원에서 27,000원으로 올랐고 식용유가 16,500원에서 38,000원으로 상승했기 때문에 올린 거라면) 국제 원자재가의 상승에 따른 재료비의 인상은 적정한지, 인건비와 지대(地代)는 올라도 되는 건지, 적정이윤은 어느 정도가 적절한지 사회적 공감대가 없다는 것이다. 인위적 가격통제와 정부의 개입은 더 큰 혼란을 야기한다는 것쯤은 익히 안다. 그러나 수요와 공급이 가격을 결정한다는 시장가격 이론은 개인한테는 즉, 마이크로적으로는 맞지 않다. 담합을 염두에 두지 않은 '보이지 않는 손'이 가격을 적정하게 해결해준다고 생각하면 이는 어불성설이다. 현실적으로도 그렇게 증명해 보이는 논문이 많다. 보이지 않는 손은 이윤을 증대시키고자 하는 인간의 욕심 때문에 담합을 불러와 씀씀이와 돈의 규모와 인플레만 키운다.

효용성이 큰 자장면보다 한 잔의 커피 값이나 명품을 예로 들면 더 말할 것도 없다. 기름 값, 통신비, 각종 수수료 등 작금의 강제적인 가격하락을 유도하는 분위기는 자유자본주의하에서는 생각해볼 수 없는 현상이지만 그래도 뭔가 아쉽다. 계획경제를 하지 않으면서도 대략 사회적으로 받아들일 수 있는 적정이윤의 가이드라인이 있다면 훨씬 탄력적으로 정책운용이 가능할 텐데…… 이상(理想)일까? 다른 나라는 어떤지 모르겠다.

9. 개성부족(자의식)

체면문화 때문일까? 서열을 매기는 경쟁사회 때문일까? 우리는 자의식이 강하고 개성이 부족하다.

명분과 허례허식에 치우쳐 실리와 실속을 뒷전에 두는 태도와 겉으론 형식, 예의, 체면을 따지나 속으론 돈, 권력, 출세를 지향하는 내숭은 유교의 가르침과 인간의 본성 사이에서 유래한 이중성 때문일까? 형식과 명분 때문에 생기는 이중성의 밑바닥엔 두꺼운 체면문화가 깔려 있다. 썩 달갑지 않은 일을 하는 것도, 남의 눈을 의식하는 것도 다 체면 때문이다. 형식과 체면을 중시하니 작게는 내숭, 크게는 이중성을 띠게 되고 실리보다 명분을 앞세우니 외형을 중시한다. 예(禮)가 지나쳐 허례허식을 내세운다. 서양 사람에게서 흔히 볼 수 없는 현상이다. 남의 집을 방문할 때도 빈손으로 가면 안 되고 남이 보내니 내 자식도 학원에 안 보낼 수 없다는 학부모가 많다. 뒤질 수 없다는 경쟁심도 있지만 남과 외형을 맞추려는 심리다. 자존심하고는 다른 차원이다. 이런 심리는 현대에 와서는 남과 같아지려고 하는 동류성, 동조화로 연결된다. 요즘 좀 달라졌지만 두드러진 예 중의 하나가 같은 시간에 같은 종류의 프로그램을 하는 방송국이다. 또 있다. 당신은 중산층이라고 생각하느냐는 질문에 예전엔 대개가 중산층이라고 답했다. 요즘은 45%가 빈곤층이라고 답한다. 내가 보기엔 예전엔 중산층 같지 않은 데도 중산층이라고 답했고 지금은 빈곤층 같지 않은데도 빈곤층에 속한다고 한다. 대세를 따르고 그 속에 자신을 숨기고 싶어 한다. 개성이 없다. 남의 눈치를 살피는 체면문화는 나만 소외될 수 없다는 동류화 현상을 가져와 쉽게 유행을 타기도 한다. 한번 바람 타면 돈 벌기도 쉽다. 요즘 같으면 외제 유모차, 등산복 노스페이스 등이다. 서양에서는 소수의 상류층만이 소비하는 최고의 사치품이나 고가품이 우리나라에서 많이 팔리는 성향은 상류층과 동류화하려는 욕구 때문이고 쫓아오는 중산층을 뿌리치려는 상류층은 차별화하려는 욕구를 가지고 있다. 그래서 우리나라는 테스트 마켓이다. 좋고 나쁘고를 떠나 최고를 향해 동류화해 가는 것이다. 이러한 성향 때문에 개성이 없어진다. 심해지면 주관 없이 부화뇌동하는 경우가 다반사다. 심지어 남이 데모하면 자신도 시위에 참가해야 되지 않나 하는 경향마저 있다. 동류화가 심하면 획일화가 된다. 모두가 한 방향으로 간다. 마치 맨 앞 동물이 가는 곳으로 뒤따라가듯이 모두들 쫓아간다. 남 따라 장에 간다는 식이다. 동류화, 동조화, 동질화는 획일화를 가져오고 창조성을 말살한다. 개성을 살리고 자신만의 독특한 스타일을 찾는 것은 오히려 강한 사회가 된다. 다원화 시대이기 때문이다. 좀더 주관과 개성이 필요한 시대다.

* 황상민 교수는 남에게 잘 보이고 싶은 긍정적 마음과 자포자기
하거나 체념하는 자신감이 결여된 부정적 측면이 공존한다고 분석
한다. 이중성이라기보다 한국인의 두 얼굴이라고 표현한다.

10. 시기와 질투(가문의 영광)

사촌이 땅을 사면 배가 아프다는 말이 원래 우리의 기질을 나타내
는 말이 아니라고 하나 우리의 의식구조 안에 남아 있는 게 통념이다.
아는 사람이 좋은 일을 겪으면 특히 유대인은 자신의 세력권이 강해
지는 것으로 생각하여 좋아한다고 한다. 사촌이 땅을 사면 반대로 우
리는 시기와 질투를 느낀다. 그 이유는 가문의 영광과 관계있는 것
같다. 혈연문화와 대가족제도는 개인의 합리주의나 의식이 끼어들 여
지를 적게 만든다. 사촌은 땅을 사는 데 왜 나라고 못 사냐, 집안끼리
경쟁하는 거다. 모두들 부동산 투자를 하는 데 왜 나라고 못하냐, 뱁
새가 황새를 쫓아가려는 심리다. 결혼식장을 잡는 것도 장례식장을
정하는 것도 비슷한 심리가 작용하고 있다. 지난 10여 년간 '가문의
영광'이란 영화와 드라마가 히트를 치는 것을 보면 코미디이든 아니
든 모두들 가문의 영광에 관심이 많다.

11. 개인의 사회화(온정주의, 연고주의, 가족이기주의)

가. 온정주의와 연고주의

우리는 정이 많다. 인정에 이끌리는 온정주의다. 아는 사람과 부딪힐 때 체면은 안면으로 바뀌고 뿌리칠 수 없다. 거기에 연고주의가 한몫 더한다. 혈연, 지연, 학연이 같으면 어쩐지 봐주고 싶다. 안면 때문에 하지 않아야 할 일을 하는 경우가 많다. 그래서 시간과 비용을 써가며 안면을 계속 쌓는다. 당사자한테는 좋은 일이나 다른 사람한테는 기회를 그만큼 박탈하는 것이 된다. 공정하지 못하다. 중국에서 중시하는 콴시(關係)만큼은 아니나 한국도 인간관계가 일의 성사를 70%쯤 좌우한다고 평하는 서양 기업인이 있다.

우리 사회에서 연고주의, 온정주의를 끊고 안면을 바꾸는 것은 의리 없는 행위가 된다. 비록 그것이 대의를 위해 소를 희생하고 국가와 민족을 위하는 일일지라도 조직을 떠나거나 신세를 저버리는 행위는 용서하지 못한다.

나. 가족이기주의

이상하게 들릴지 모르나 모든 일을 가족의 이익에만 초점을 맞추고 처신하는 경우다. 가정이라는 제도가 나쁘다는 이야긴 아니다. 가정이란 좋은 제도다. 그러나 가족이기주의는 공동체를 무너뜨릴 수 있는 위험성을 내포하고 있다. 동양 3국을 상대적으로 비교하면 중국은 모든 일에 가족이 우선하고 일본은 사회의 안녕과 질서가 가족보다 우선하는 것 같다. 지진과 원전사고에 대처하는 그들의 모습을 보면 안다. 우리는 중간 같다. 물론 주체의식은 각자가 가질 수 있다.

개인의 사회화에 관련된 위 세 가지는 개인을 단순히 조그만 조직에 얽매이는 구성원으로 볼 게 아니라 대한민국 공동체의 일원으로 보는 시각이 바탕에 깔려 있어야 긍정적 효력을 발휘한다. 한 가족의 일원, 한 조직의 일원, 한 집단의 일원으로 보는 데 그칠 게 아니라 대한민국의 일원으로 보는 시각이 필요하다. 한 개인이기 전에 대한민국 사회의 일원이라는 개인의 사회화가 우선해야 한다.

12. 시민의식(관여의식, 공동체의식, 공공질서)

가. 관여의식

남의 일에 참견하고 싶은 심리다. 자기 일에 남이 참견하는 건 싫어하면서 남의 일에는 관심이 많다. 주위에서 나쁜 일이 발생하지 않도록 관여하는 건 필요하고 장려할 일이나 정작 큰일에는 방관하면서 주변의 사소한 일에는 습관적으로 끼어들어 분쟁을 일으킨다. 옆사람이 무엇을 하든 나하고 상관없는 일이다 하고 무관심한 것도 잘못이지만 제3자에게 피해를 주지 않는다면 남의 일에 관여하는 것은 좋지 않다. 개인 대 개인의 범위를 넓혀 사회로 눈을 돌리면 가정이라는 제도가 무너진다고 걱정하는 간통법이라든지, 살아가면서 겪어야 하는 온갖 수모는 무시하고 생명 자체의 존귀함만을 따지는 낙태

방지법이라든지, 공해(公害) 많은 세상 죽는 것도 맘대로 못 하게 막는 안락사라든지 당사자끼리 또는 본인이 해결해야 할 문제인데도 공권력이 간섭하고 관여하는 일이 우리 사회에는 한두 가지가 아닌 것 같다.

나. 공동체의식

공동체의식은 서로 한 배를 타고 있다는 마음가짐이다. 관여의식이 2인칭과 관계된 일이라면 공동체의식은 3인칭과 관련된 문제다. 공동체의식은 너와 나는 물론 제3자에게도 관심을 갖고 배려하는 행위다. 단순히 자신이 살고 있는 작은 공동체뿐 아니라 우리가 살고 있는 한반도 전역에서 서로에게 무관심하지 않는 것이다. 정신적으로 물질적으로 대한민국에 살고 있는 모든 사람과 관계가 있다고 생각하고 문화적으로 경제적으로 네트워크를 형성하는 것이다. 한반도 공동체의식을 갖지 않으면 대한민국은 유구한 역사 속에 독자적인 위치를 확보하여 영구 보전하기가 쉽지 않다. 지정학적 리스크가 있는 한반도에서 이것은 당위에 가까운 명제다. 열강의 각축장이 되지 않고 그들을 리드하는 허브가 되기 위해서는 한반도 공동체의식은 필수불가결한 요소다. 개인의 목소리가 허공의 메아리가 되지 않는 한반도 공동체의식이 필요하다.

다. 공공질서

시민의식이란 개인의 인권을 존중하지만 사회질서를 우선하는 의식이다. 공중도덕은 물론 준법, 상식이 통하는 사회다. 다른 말로 하면 횡적 질서다. 횡적 질서는 무엇인가? 집단이나 사회의 수평 질서를 말한다. 그것은 공공질서에 해당한다. 공공질서에는 여러 가지가 있다. 대표적인 것이 공중도덕과 만인 평등사상이다.

서양에서는 봉건사회가 무너지고 산업사회를 통과하면서 정치적으로는 시민사회를 거쳤다. 지금의 민주주의는 그런 과정 속에서 숙성되었고 시민의식이 싹텄다. 근대 시민사회로 접어드는 동안 서양도 큰 혼란을 겪었다. 신흥 상공부자가 탄생하면서 사회질서는 혼란했고 양극화는 심화됐다. 작금의 우리와 비교가 안 되었다. 그런 혼란과 혼동이 사회민주주의를 싹트게 했고 수정자본주의를 가져왔고 복지국가를 지향하게 했다. 그런 과정 없이 누리는 자유자본민주주의는 자칫 위험을 내포한다. 유시민은 남이 가져다준 후불제 민주주의라고 표현한다. 서양 선진국처럼 현금카드 사용비율을 높여야 하듯이 우리도 하루빨리 신용카드를 정리하고 후불제의 빚을 갚아야 한다.

마지막으로 덧붙이고 싶은 것은 선진국 특히 동북아 3국의 기질과 의식구조, 문화습관의 차이를 연구할 필요가 있다. 개선을 위해서다.

* 아주 추상적이나마 나름대로 느낀 동북아 3국의 의식구조를 훑어보면,

일본 – 이성적이고 계획적이다. 우리보다 덜 감정적이다. 할복할 만큼 잔인하다기보다 냉정하고 깔끔하다. 개인보다 전체를 중시한다. 대화사상은 그걸 뜻한다. 겉으론 친절하고 예절 바르지만(다테마에) 진짜 속마음이 따로 있어(혼네) 외유내강이라고 할 수 있다. 천황을 상징하는 국화와 사무라이를 상징하는 칼이 공존한다. 상

당히 이중적이면서 현실적응형 같다. 전후 일본의 부흥에서도 그랬던 것 같다.

중국 – 상대에 대한 의심이 많은 편이나 일단 믿으면 오래간다. 콴시(關係)는 그걸 뜻한다. 체면과 안면을 중시한다. 손님 대접을 잘하고 선물을 잊지 않는다. 그러나 자존심을 깔고 뭉개는 것은 못 참는다. 돈을 밝히는 장사꾼 기질이 많고 속물스런 근성이 있다. 위증죄, 사기죄, 무고죄가 우리보다 훨씬 많을 것 같다. 그러나 묵직하게 밀고 나가는 대륙성 기질 또한 있다.

한국 – 역동성, 냄비근성, 빨리빨리, 조급함, 신바람이 있으나 인정 많고 순종적이다. 그러나 우리라는 단어 속에 은연중 테두리가 있어 집단 배타적이다. 한(恨)과 정(情)이 많지만 가무로 잊으려는 낙천성도 가지고 있다. 외강내유라 할 수 있다. 에둘러 표현하는 은근함과 끈기, 선비정신의 지조 또한 있다. 한마디로 중국의 대륙성 기질과 일본의 섬나라 근성을 공유하고 있다고 본다. 좋은 점을 기르고 나쁜 점을 버리면 이보다 좋을 수 없다. 바라는 바 우리라는 테두리를 넓혀 대한민국, 더 나아가 한반도 공동체의식으로 확산할 필요가 있다.

제3장 개선해야 할 문화습관

문화란 무엇인가? 문화란 한마디로 우리의 일상생활이다. 협의로는 예술이나 대중문화를 떠올리지만 광의로는 우리가 가지고 있는 모든 것, 어떻게 생각하고 어떻게 행동하는가 하는 정신적 활동까지 일컫는다. 여기서 우리라고 하는 개념은 지역, 종족, 세대, 행정이나 정치권력이 미치는 범위를 가리킨다. 기질이나 의식구조가 추상적인 것이라면 문화는 그것이 나타나는 현상이라고 봐야 한다. 사전에서는 인간이 사회구성원으로서 획득한 능력 또는 습관의 총체라고 되어 있다.

기술은 저만치 앞서가고 있는데 그것을 이용하는 우리의 가치, 의식, 교육과 윤리가 따라가지 못하는 현상을 문화적 지체(cultural lag)라고 한다. 인터넷에서 일어나고 있는 갑론을박, 충돌과 갈등(명예훼손과 모욕죄 등)이 그것을 말해주고 있다. 미국 공공정책연구소(Demos) 수석연구원 데이비드 갤러헌은 속임수 문화(cheating culture)라는 단어를 소개하고 있다. 철학 없는 물질주의 사회에서 정직은 이상에 불과하고, 모두가 가담하는 속임수는 갈수록 강해지고 처벌은 미미해지는 현대사회의 속성이다. 신자유주의는 이를 자극하고 경쟁을 유도한다. 자유경쟁은 필요하나 결과를 중시하는 풍조는 기존의 사회규범을 공격한다. 따라서 여러 가치가 균형을 이루는 믿음과 신뢰를 주는 새로운 사회계약론이 필요하다.

　문화는 한 개인이 사회구성원으로서 어떻게 행동해야 하는가를 가르쳐준다. 문화가 다르면 사고방식이 다르고 말하는 것도 다르고 행동하는 것도 다르다. 동화되기란 쉽지 않고 동화되기 위해서는 많은 시간을 요한다. 그래서 동일한 문화를 갖는 것은 중요하다. 나는 우리 국민 모두가 훌륭한 문화를 가졌으면 하고 바라지만 많은 시간을 요하리란 것을 안다. 현재 우리가 갖고 있는 문화 중에서 바꿀 것은 바꾸고 살릴 것은 살려야 사회가 발전된다. 정치, 경제 아무리 떠들어도 사회는 잘 바뀌지 않는다. 공감이 될지 모르겠으나 이제 경제는 그만 살려도 된다. 우리 사회는 너무 경제에 치우쳐 있다. 경제에 비하면 다른 여러 면에서 너무 뒤처져 있다. 앞으로는 문화를 바꿔야 사회가 변하고 경제가 발전하고 행복하다. 몇 년 전 '부자 만들기 펀드'나 '부자 아빠'가 대유행을 했듯이 새로운 문화 만들기 열풍이 불었으면 한다. 이제부터는 문화다. 그런 의미에서 나름대로 선정한 개선해야 할 대표적 문화습관 12가지는 문화 측면에서 바라본 나의 견해다. 이 졸저가 거기에 보탬이 되기를 바란다.

1. 교육열

우리나라에서 교육은 언제나 화두다. 내가 중학교를 입학하던 50년 전에도 그랬고 그 후에도 그랬고 지금도 마찬가지다. 2007년부터 교육감을 직선하는 것을 보면 교육의 중요성보다 우리 국민이 교육에 얼마나 관심이 많은가를 먼저 느끼게 한다. 지금까지 교육정책에 대한 갑론을박과 조변석개가 얼마나 많았는지 국민 모두가 전문가다.

2009년에는 청와대 미래기획위원장이 사교육과의 전쟁을 선포했다. 밤 10시 이후의 학원을 법으로 강력히 단속하겠다는 것이다. 그는 전두환 정권도 밀어붙였는데 왜 못 하는가 전사할 각오가 돼 있다고 마치 전쟁터에 출전하는 결의에 찬 발언을 했다. 교육이 마치 무슨 전쟁 같다. 언제나 그렇듯 찬반양론이 팽팽히 맞선다. 곽 위원장은 5공 시절 과외금지로 인한 부작용쯤은 별것이 아니라고 생각하는 것 같다. 그래서 나온 제도가 학파라치다. 그 뒤 강남의 학원은 문 닫는 곳이 많아졌다고 한다. 2011년 11월에는 학파라치 포상금을 법제화시켰다. 수입이 억대라는 기사도 있다.

이렇게 교육열이 높으니 어떤 교육부 장관이 온들 교육정책이 제대로 먹히며 모두가 만족에 가까운 정책을 내놓을 수 있겠는가? 방법이 없는 걸 가지고 교육에 관해 이야기만 나오면 교육정책이 잘못됐다고 매스컴은 대서특필해왔다. 온 국민이 학부모인 성인들은 마치 장관이 잘못해서 입시제도가 잘못된 양 저마다 한마디씩 한다. '학부모이기를 원하는가, 부모이기를 원하는가?' 하는 광고가 눈에 띈다.

교육열이 수그러들지 않는 이상 현재로서 묘안을 찾기란 쉽지 않다. 대학을 가지 않아도 일자리가 잡히고 행복할 수 있는 세상이 오지 않는 한 우리나라에서 교육이나 입시제도가 공감 받기란 당분간 요원해 보인다. 모두가 만족하진 못하더라도 조삼모사 하는 정책이나 안 나왔으면 하고 바랄 뿐이다.

따라서 사회제도와 시스템이 바뀌지 않는 한 그냥 가만히 두느니만 못 하다. 국민들이 적응하기만 어렵다. 그렇다면 우리의 높은 교육열은 어디에서 오는가? 그것은 해로운가, 이로운가? 현재의 상황을 짚어보고 미래를 내다보는 교육방안은 무엇이 있을까 점검해본다.

가. 우리의 과도한 교육열은 어디서 올까

1) 역사적 배경

우리의 높은 교육열은 아마 대대로 내려온 숭문사상에 뿌리박고 있을 것이다. 구당서(舊唐書) 고구려조에는 풍속이 서적을 사랑하여(俗愛書籍) 문덕(文德)이 왕성한 나라로 묘사되어 있고 신당서(新唐書) 고구려조에도 사람들이 배우기를 좋아한(人喜學)다고 묘사되어 있다. 신라시대 때는 귀족과 육두품, 지방호족으로 갈라져 입시와 시험으로 출세를 가르지 않았으나(788년 귀족의 반대로 제대로 실시하지 못했던 독서삼품과) 고려 광종 때(958) 당(唐) 제도를 모방한 과거제도가 경학보다 문학을 숭상했고 특히 조선시대 유교사상에 바탕을 둔 사농공상은 기술을 경시하고 관직은 없으되 글 읽기를 숭상하는 선비라는 계층이 형성되어 공자 왈 맹자 왈 하는 걸 부러워하게 만들었다. 선비는 곧 죽어도 양반이었다. 선비가 되는 것은 최고의 덕목이었다.

일본의 사무라이는 칼로 모든 것을 해결했다면 조선시대 선비는 붓으로 모든 것을 해결하고자 했다. 선비야말로 교육열을 심하게 만든 원인 중의 하나다.

해방 후에도 그 정신은 그대로 이어져 어느 것 하나 정비할 겨를 없이 그냥 그대로 숭문의 기질을 이어받았다. 우리나라 사람의 많은 한 가운데 못 배운 한이 가장 크다고 한다. 안 쓰고 안 먹고 모아서 장학금이나 교육재단에 희사하는 사람이 상대적으로 제일 많은 걸 보면 금방 안다.

2) 사회제도와 시스템

현재 우리 사회가 대학을 나와야만 행세를 하고 일자리를 잡고 사람 대접을 받기 때문에 대학을 나오지 않으면 아무것도 못 한다. 뭔가 한 자락 깔고 보는 사회정서 때문이요, 대학을 나오지 않으면 불이익을 받는 사회제도 때문이다. 근래에는 한 술 더 떠 대학원을 나오지 않으면 취직서류 접수하기도 힘들다. 웬만한 경력직은 석사학위 이상을 요구한다. 모두들 대학원까지 나오니 예전 대학으로 그쳤던 올드 보이들은 말할 것도 없고 자격증 없는 젊은이들도 설 자리가 엷어진다. 한마디로 대학을 나오지 않으면 살아가기 힘든 사회시스템이 문제다. 특히 대학을 나온 제도권과 그렇지 않은 비제도권의 소득격차가 심한 것 때문에 가속이 붙을 수밖에 없다. 나중에 실업자가 되고 학력과는 전혀 상관없는 일을 하더라도 일단 대학은 나와야 한다. 이러한 간판문화를 바꾸지 않으면 세월이 흘러도 심각한 교육열은 바뀌지 않을 것이다. 이런 경향은 무작정 대학정원을 늘린 데도 연유가 있지만 사회제도와 시스템이 먼저다.

3) 분신과 작품

자신이 못다 이룬 꿈을 이루기 위해 우리나라 부모들은 자녀를 자신의 분신이나 소유물로 인식하는 경향이 강하다. 자신의 모든 것을 희생하여 뭔가 작품을 만들려고 한다. 인격을 가진 한 개체, 시민사회를 형성하는 한 개인으로 봐야 모든 것이 객관화되는 데 그렇지 못하다. 그것은 자식을 보고 부모를 평가하는 사회풍조가 한몫 더한다. 외국인이 본 한국 여성의 이미지 중에는 2세에 대한 기대가 지나쳐 자기 아들딸들을 평범하지 않은 무엇을 꼭 만들려고 한다는 것도 들어 있다. 그러니 자연 교육에 혼신의 힘을 쏟을 수밖에 없다. 모든 것을 희생하고 자녀교육에 대해 헌신적인 건 나무랄 일까지는 못 되나 좀 지나쳐서 야기되는 사회병폐가 더 많다는 데 문제가 있다.

4) 기타 교육열을 부추기는 것들

그 외에도 교육열을 심화시키는 것에는 여러 가지가 있다. 동네에 늘어나는 학원도 학부모들의 가슴을 철렁 내려앉게 한다. 혹시 내 아이는 학원에 가지 않아도 될까? 마치 집값이 폭등할 때 늘어나는 부동산 중개업소를 보고 집이라도 한 채 더 사둘 걸 하고 후회하는 것처럼 옆집 아이가 학원에 다니는 것도 교육열을 부추긴다.

다른 예로 현재 사용하고 있는 화폐를 보자. 세종대왕 다음으로 이황, 이이 등이 고액권을 차지하고 이순신은 장군 아닌 찍어 놓은 선비 같은 얼굴로 100원짜리다. 500원짜리에는 웬 두루미? 10원짜리, 1원짜리는 뭐가 그려져 있는지 관심도 없고 알 수도 없다. 실생활에서 사용단위가 못 된 지 이미 오래기 때문이다. 일본의 오늘을 이루게 한 탈아론(脫亞論)의 후쿠자와 유키치, 사무라이 정신을 서양에 소개한 5,000엔의 니토베 이나죠(2004년 10월까지), 중국의 마오쩌둥, 미국의 벤자민 프랭클린, 링컨, 영국의 엘리자베스 여왕 등이 얼른 생각난다. 모두들 자기네 나라를 살린 인물들이다. 거기에 비해 우리는 선비 학자 위주다. 더군다나 최고 고액권인 5만 원 권에 현모양처인 율곡의 어머니 신사임당이 들어 있다. 사임당 그림 두 점과 자신이 살던 집은 5만 원 권 앞뒷면과 5천 원 권 앞면에 이이와 함께 실려 있다. 한국에는 신사임당과 이이밖에 없는 것 같다. 화폐는 화폐일 뿐 그 이상 아무것도 아니라는 그럴듯한 논리도 있지만 화폐란 그 나라를 상징하는 정체성일 수 있다. 매일 사용하는 돈을 보면서 한 번쯤 이 사람이 누굴까? 왜 이 사람을 고액권에 넣었지? 잠시 상념에 잠긴다. 사상이나 논쟁을 하는 인문학자가 중요하냐? 기예를 가진 현모양처가 바람직하냐? 나라를 살린 애국자가 우선이냐? 우리는 애국자보다 인문학자나 현모양처를 우선한다. 역시 인문학 공부나 하는 게 좋겠다는 사고가 부지부식 간에 마음 한구석에 자리 잡는다. 과도한 교육열을 식히기 위해서라도 선비나 학자는 소액권에 넣으면 좋겠다.

나. 높은 교육열은 해로운가, 이로운가?

그렇다면 높은 교육열의 폐해는 없을까? 미국 대통령 오바마까지 부러워하는 우리의 교육열은 이로움만 있을까? 한때 워싱턴 교육감을 했던 미셸 리가 한국의 어린이들은 좀 더 놀게 해야 한다고 지적했던 우리의 높은 교육열을 바꿀 수는 없을까?

1) 이로운 것

국가경쟁력은 교육에서 나온다. 전적으론 아니지만 교육은 국가경쟁력을 끌어올리는 중요한 도구 중의 하나인 것만은 분명하다. 우리가 짧은 기간에 산업화와 어느 정도 민주화를 이룬 것도 교육열 덕분이다. 전반적인 학습능력의 향상과 문맹퇴치는 선진화를 이룩하는 데 분명 도움이 된다. 그래서 세계가 부러워한다. 그러나 폐해는 이보다 훨씬 광범위하다. 교육열이 높다고 노벨상을 타는 것도 아니라면 재고해볼 일이다.

2) 해로운 것

'남이 시키니까 어쩔 수 없이 나도 시킨다'로 표현되는 우리 사교육 열풍은 하나의 문화현상이다. 지나친 교육열은 사회적 낭비와 부작용이 더 심하다. 입시지옥이라고 표현되는 교육열의 폐해를 10가지 정도 적어보자.

가) 83% - 대학 진학률이 80% 대에 이르는 교육열은 사회구조적 문제다. 모두들 대학 가서 어떻게 하겠단 말이냐? 사회가 다 소화해내지 못한다. 고졸이 해도 될 일을 대졸에게 시키는 것도 기업 입장에서 보면 낭비다. 모두가 대졸밖에 없다면 고졸을 쓰고 싶은 자리에 기업가는 당연히 비정규직이나 파견직 대졸을 쓸 것이다.

나) 주입식, 객관식 교육 - 입시위주, 석차위주의 주입식 교육은 문제해결능력을 떨어뜨릴 뿐 아니라 사회적응력도 퇴보시킨다. 짧은 시간에 순위를 매겨야 하는 교육은 호기심과 상상력의 싹을 자른다. 교육이 아니라 기억력 경쟁이다. 특히 선다형

객관식 문제는 밑져야 본전, 안 되면 말고 식의 요행을 바라는 무책임한 정신마저 기른다.

다) 긴장감 – 고등학교 때까지 죽자 사자 공부하니 학력이 외국보다 좋을 건 당연하나 문제는 그다음이다. 공부에 시달리다 해방된 대학생은 자유를 만끽한다. 탐구심과 연구자세가 떨어진다. 건국 후 지금까지 60년이 지났지만 우수한 인재를 골라 뽑은 대학경쟁력은 형편없고 노벨상 하나 없다면(평화상은 의미가 다르다) 높은 교육열과 입시위주 교육이 과연 올바른 건지 재고해봐야 한다.

라) 건강한 자아상 – 과도한 경쟁으로 청소년들은 건강을 해치고 압박감과 스트레스로 고민하다 무기력증에 빠지고 만다. 심한 경우 자살하는 학생마저 있다. 자존심에 상당한 상처를 받아 건강한 자아상을 형성하지 못한다. 극복하기란 여간 어렵다. 패배와 좌절에 대한 열등감과 자존감의 훼손이 결과적으로 국가에 영향을 미친다. 그만큼 국가에너지의 낭비고 비효율이다.

마) 적성과 능력 – 시키는 공부 잘하고 좋은 대학 가서 안정된 직장을 구하려는 정해진 코스 때문에 자신의 기호와 능력을 잘 모른 채 사회에 적응한다. 자신의 적성이 무엇인지. 왜 대학에 가는지에 대한 확고한 주관이 없다. 남들이 가고, 부모님이 원하고, 취직하러 대학 간다. 현재 우리 사회시스템에서는 중·고등학교를 가듯 대학도 간다.

바) 과도한 교육비 – 필수 지출 항목인 사교육비는 가계경제에 큰 부담을 준다. 대학은 물론 결혼 때까지 부모가 돌보지 않으면 홀로서기를 못한다. 문제는 거기서 끝나지 않는다. 그런 뒷바

라지를 하려고 부모들은 무리하게 돈을 모은다.

사) 사회, 인성, 가정교육 — 상대적으로 사회교육, 인성교육, 가정교육이 부재(不在)한다. 입시교육 곧 학교성적에 매달리지 않을 수 없기 때문에 나머지 중요한 사회교육, 가정교육, 인성교육을 소홀히 하는 데 문제가 있다. 인격형성이 올바르지 못하다.

아) 집단경쟁력 — 모두들 아는 것이 많아 논쟁만 일삼지 여론의 균형점을 찾지 못한다. 혼자 똑똑한 개인경쟁력만 강조하지 집단경쟁력을 기르지 못한다. 한국사회의 높은 교육열이 아니었으면 60년 만에 산업화와 민주화를 동시에 이룰 수 없었을 것이라고 말들 하지만 국가경쟁력이나 국가브랜드 및 대학경쟁력은 산업화, 민주화에 비해 형편없이 낮다.

자) 인구 집중 — 좋은 대학을 찾아 서울과 수도권으로 모여들어 지방은 점점 더 공동화되고 노인만 남는다. 소위 스카이 대학은 물론 서울로부터의 거리와 수능점수는 반비례한다. 서울에만 있으면 모두 서울대학이다.

차) 학벌로 모든 것을 평가 — 사람은 머리만 있는 게 아니고 가슴도 있고 배도 있다. 감정과 기(氣)도 있는데 학벌이 좋으면 모든 게 우월한 것으로 본다. 따라서 학벌이 좋지 않은 사람은 사회에 나와서도 주눅이 든다. 개성도 창조성도 말살된다.

3) 나의 경우

표준은 아니겠지만 나의 경우를 실례로 든다면, 5·16 혁명 후 학구제 정책 실시로 전학(일류 초등학교) 가기 전 학교로 다시 돌아와 6학년 때 1분단 끝자락쯤 앉았다. 내가 다니던 초등학교는 6학년 때

공부 잘하는 순서대로 중앙에 종렬로 앉혔다. 아마 지금 같았으면 야단법석이었겠지만 그땐 아무 말 없이 지났다. 순박한 시절이다. 지금은 그렇지 않은 것으로 알지만 학급에서의 자리배치는 매우 중요한 의미가 있다. 내 뒷자리도 합격한 일류 중학교를 떨어지고 3년 내내 얼굴을 들지 못했는데 속 모르는 체육선생님은 어깨 좀 펴라고 했다. 와신상담 후 일류고로 진학했지만 폭행의 충격으로 고3 때 공부를 팽개치고 인생공부에 들어간 나는 결혼하지 않고 세계를 돌아다닐 요량으로 다음 해 해양대학으로 진로를 바꿨는데 시력이 나빠 응시하지 못한 것이 지금도 아쉽다. 좌절 후 또 문과로 전과하여 전국 재수생이 몰리는 광화문 학원에서 지금 생각하면 얼마인지 어렵게 마련한 그렇지만 만만찮았을 돈을 학원재벌에 보태주고 대학에 입학했다. 과거에 얽매이는 성격 때문인지 대학생활이 별 재미가 없어 화창한 봄날 강의가 끝나면 자취방으로 돌아오는 것이 고작이었다. 지금 생각하면 고시 한 번 제대로 못 보고 군대 간 것이 제일 후회된다.

지금 요란하게 떠들고 있는 학교폭력에 대해서도 한 번쯤 짚고 넘어갈 필요가 있다. 모두들 한 가지쯤 기억이 있으리라. 초등학교 때 좋아하는 여학생 앞에서 발가벗김을 당한다거나, 일종의 폭행을 당하고 용감하게 싸우다 다친 기억이 있다거나, 무릎을 꿇는다거나 등 성인이 된 후 따지면 대수롭지 않은 일도 두고두고 마음의 상처를 안고 가게 된다. 2012년 2월 정부는 학교폭력 종합대책을 발표하고 폭력서클에 대해서는 경찰청이 주관하도록 예전에 없던 강한 조치를 취했다. 잘한 일이다. 그러나 학교폭력을 예방하는 일은 외부의 힘보다 학교와 가정에서 예의 주시하고 따뜻하게 상담하는 것이 더 필요하다.

혹자는 말할지 모른다. 뭐 이상할 것도 없고만. 그러나 상당수가 이렇게 성장했다면 맛없는 인생을 산 거다. 각자의 경우는 다르겠지만 과연 우리나라 교육정책이 자신의 인생항로에 어떤 영향을 미쳤는지 한번 회상해볼 필요가 있다. 한 가지 기억나는 건 중학 입학 때 체력장을 본 게 잘한 제도 같다. 학교 체육의 중요성은 아무리 강조해도 지나치지 않지만 이 또한 입시교육 때문에 빛을 잃을까 두렵다.

인생에서 하고 싶은 걸 할 수 없을 때의 좌절감이란 크다. 소심하면서도 완벽을 추구하는 성격 때문인지 아무것도 제대로 못한 것 같다. 한 번도 내 가슴이 요구한 대로 못 했던 것 같고 어머님과 학교에서 시키는 대로 했고 사회가 바라는 대로 했다. 나중에는 모든 걸 포기하는 데 주저함이 없는 멍청한 아이가 돼버리고 말았다. 세월은 흘러 환갑이 돼서야 마음의 평정을 찾는다.

다시 말하지만 시험점수에 쫓기다 보니 내가 누구인지 생각할 시간적 겨를 없이 막상 고2나 고3이 되어도 자신에 맞는 진로를 쉽게 결정하지 못한다. 자신의 적성과 능력을 알 수도 없거니와 내가 무얼 좋아하는지, 무엇을 잘하는지, 내 꿈은 무엇인지 도무지 파악할 수 없다. 설혹 있다 하더라도 사회분위기상 간판을 따러 간다. 자신이 뚜렷이 좋아하는 게 있어야 진로를 쉽게 결정하는데 시험점수와 학교, 부모님의 권유로 선택당하고 진로를 결정한다. 학교와 집만 오갔으니 당연한 일인지 모른다.

모두가 다 그렇다는 것은 아니지만 대체로 그렇다면 장시간 버텨야 하는 인생항로에서 또 자신과의 컨트롤에서 이길 수 없다. 다행히 점수 따기 위한 방편일지라도 지금은 사회봉사 시간을 체크한다니 그만큼 낫겠지만 예전에는 그저 교과과정 읽히는 데 온 힘을 쏟았다.

그리고 모의고사 점수대로 학과를 선택했다. 아마 지금도 그러리라 본다. 고교생의 78%가 일(job)을 가지고 있는 미국에 비하면 아직 비교조차 할 수 없다(출처: Nielsen Media Research, Christian Science Monitor, Families and Work Institute, the U. S. Census Bureau).

다. 현황

거의 매년 입시제도를 손질한다. 해방 후 크게는 15차례, 작게는 36회나 대입전형제도를 바꾸었다고 한다(2008년 기준). 그 후로는 더욱 빠르게 바뀌고 있다. 왜 그렇게 자주 바뀌는지 그저 혼란스러울 뿐이다. 어느 장단에 춤춰야 할지 모른다. 이것도 선진 외국에 비해 느린 삶을 살 수 없는 악조건이다.

노무현 정부 시절에는 대입제도가 설명 없이는 복잡해서 모르겠더니만 이제는 단순해지는 것 같은데 각양각색이다. 고등학교도 여러 종류가 있고 대학 입학전형도 다양해지면서 똑같은 시장을 놓고 비슷한 상품으로 쪼개 먹는 마케팅 세그먼테이션 같다.

1) 우리나라 현황

2008년 기준, 한국은행 발표에 따르면 우리나라 전체 교육비는 약 40조다. 이 가운데 학교교육에 들어가는 비용은 약 30조, 그중 약 20조가 사교육비다. 사교육비 중 1/3이 영어교육비이면서 영어교육 효과는 35위/61국(IMD 스위스국제경영개발원 발표). 학생 1인당 연간 346만 원의 교육비 중 사교육비는 280만 원으로(서울 355만 원) 가계 소비지출의 7.5%를 차지했다. 전체 교육비는 8년 만에 2배가 됐고 사교육비는 8년 만에 3배가 됐다. 거기에 해외연수나 비밀 과외비를 합하면 사교육비는 훨씬 많을 것이다. 정부는 2011년 사교육비(20조 천억)가 2010년(20조 9천억)에 비해 처음으로 줄었다고 발표했지만 내용을 보면 약 20만 명에 이르는 학생 수의 감소가 첫째 원인이다. 다행히 1인당 사교육비는 2010년을 정점으로, 2011년 288만 원으로 비슷한 수치를 보였다.

대학 진학률은 전문대 포함 80%대, 선진국 평균 50%대에 비하면 상당히 높다. 1990년대 초까지만 해도 대학 진학률이 30%에 머물던 것이 이제는 환경미화원을 뽑는데 물리학 박사까지 지원한다. 1995년도 대학자율화 이후 사회시스템이 그렇게 변해버린 것이다. 350개에 이르는 대학 중 정원의 80%를 못 채우는 대학이 지방에는 여러 곳 있다. 학생을 구하러 쫓아다니는 교수나 아무 데나 대학은 나올 수밖에 없는 학생이나 입장은 마찬가지다. 미국 유학생의 10% 이상(10만 명 이상), 세계 1,2위를 점하는 한국의 기러기 아빠는 양산되고 수능이 끝나기 전에는 이사도 가지 않는 교육이 집값을 좌우하는 나라, 경쟁에서 밀려나 문 닫은 소규모 학원도 있다지만 느는 게 부동산 중개업소와 학원 같다. 말로만 그렇지 소 팔고 논 팔아 대학 보내 망하고 후회한다는 부모님도 별로 보지 못했고 지금까지 교육에 투자해서 망했다는 소리도 들어보질 못했다.

한때 100만을 돌파한 적도 있는 대학 수험생 숫자는 어떤가, 2011년에는 70만 명 선을 하회했지만 입학정원은 58만 명으로 아직은 입초상태다. 2018년 가면 역전된다고 정부는 약 15%의 대학 구조조정에 박차를 가하고 있다. 대졸자 수는 1995년 34만에서 2008년 약 65만 명으로 늘었고 전체 대학생 수는 3백만 명이 넘는다. 대졸 취업률

(76%)이 OECD(평균 84%) 30개국 중에서 터키를 제외하고 꼴찌 할 수밖에 없다.

그렇다고 교육경쟁력이 좋은 것도 아니다. 2008년 기준 IMD가 발표한 초중고의 교육경쟁력은 55개국 중에서 35위, 2007년 29위에서 오히려 6계단이나 밀려났다. 2007년 국제올림피아드 생물 1위, 수학과 물리 3위. 대단한 경쟁력을 가진 나라인 줄 알았는데 아니다. 이유는 교육의 질이 떨어진다는 것이다. 그렇다면 대학경쟁력은 좋은가? 아니다. 대학교육의 경제사회 요구 부합도는 55개국 중에서 53위다. 이렇게 교육에 관심이 많고 열심인데도 대학의 국제경쟁력은 형편없다. 우수한 인재를 뽑아 퇴보시켰다는 말밖에 나오지 않는다. 그러니 노벨상과는 거리가 멀다. 최근 경쟁력 순위가 올라가고 있지만 아직 국력에 비해 형편없다.

대학 등록금은 어떤가? 2008년 기준 총 교육투자액은 GDP 대비 7.6%로 OECD 평균 5.9%보다 높으면서 교육환경은 열악하다. 고등교육기관에 대한 지원비율이 상대적으로 적다고 하지만 세계에서 두 번째로 높은 대학 등록금은 분노를 일으키기에 충분한 숫자다. 반 값 등록금을 시현하겠다고 모두들 시끄럽게 떠들었지만 부분적으로라도 정작 실현한 사람은 박원순 서울 시장뿐이다.

문제는 과도한 교육열에만 있는 게 아니다. 대학의 쏠림현상에도 있다. 전국의 의대란 의대는 전부 서울 공대보다 커트라인이 높다. 최근 제도가 환원되기 전까지 서울 공대나 카이스트를 졸업하고 의학전문대를 가는 친구들도 꽤 많았다. 사회경험으로 의사가 제일 좋기 때문이리라. 나의 동기생들을 봐도 그렇다. 하지만 이래 가지고 어찌 대한민국의 과학이 발달하겠으며 노벨상이 나오겠는가? 기가 찰 노

롯이다. 필자가 대학 갈 때만 해도 서울 의대나 세브란스 의대를 제외하면 감히 서울 공대를 넘볼 수 없었다. 억지로 될 일은 아니지만 그만큼 개성들이 없어졌다. 이런 쏠림현상은 비단 의대에만 있는 게 아니다. 고시에도 있다. 우리나라 각지에 퍼져 있는 고시원에 행시, 사시 아니면 자격증이나 공무원 시험을 위해서 일생을 바치다가 노총각이 된 사람도 상당수 있다. 취직하지 않은 공대생의 절반 이상이 전공과 동떨어진 시험에 목숨을 걸고 있다. 국가 전체적인 문제다.

우리 사회에서 명문대는 곧 입신출세이자 성공이다. 보통 장차관 자리에 서울대가 50% 이상을 차지한다. 옆 나라 일본은 도쿄대가 20% 미만, 미국의 하버드대는 2% 미만이다. 그만큼 우수한 인재를 서울대가 싹쓸이 해갔기 때문이다. 아니 우리 모두가 서울대로 응시했기 때문이다. 이래도 입시지옥에서 빠져나올 수 있단 말인가? 판에 박은 개성 없는 쏠림현상이 규격품을 만들어내는 건 확실하다. 뭔가 달라져야 하고 새로운 방향이 설정돼야 한다. 문화가 달라져야 한다.

밤 11시까지 공부하는 한국의 교육시스템으로는 도저히 미래가 없다고 지적한 엘빈 토플러의 말은 이런 교육문화적 조류를 뜻했으리라. 산업화와 민주화를 어느 정도 이룬 이제부터라도 사회시스템을 바꿔야 한다. 교육문화를 바꾸고 제도와 가치를 바꾸고 문필시험에 따른 소득의 차이를 줄여야 한다. 그래야 세계무대로 항해할 수 있고 지구촌을 상대로 깃발을 날릴 수 있다.

2) 외국과의 비교

선진국의 교육제도는 어떨까? 전문가는 아니지만 관심 있게 살펴보면 가장 다른 게 학급당 학생 수라고 생각한다. 선진국 초등학교는 평균 22명, 우리는 평균 33명, 당연히 서울과 수도권은 더 높다. 담임이 맡는 학생 수가 적다는 것은 모든 면에서 학생과 접촉할 수 있는 기회가 그만큼 많아진다는 것이다. 관심도 많아지고 1 대 1 대화가 가능하다는 소리다. 원탁이든 종렬이든 횡렬이든 자리 배치도 바꾸기 쉽고 자존감을 세워주는 시간도 늘어난다. 자존감은 미국 교육에서 정직과 함께 가장 중요한 가치로 평가받는다. 또 학부모와의 면담이 많아 학생의 장래를 결정하는 데 많은 도움이 된다. 교사 대 학생 수가 아니라 학급당 학생 수가 중요하다는 말이다. 학부모는 교사를 신뢰하고 교사는 행정업무에서 가벼워질 수 있다.

또 다른 것은 하루 6시간 외 공부는 더 이상 없다는 것이다. 즉, 공교육이 끝나고 사교육을 받지 않는 게 다르다. 우리와 교육방식이 비슷하고 서열화하는 일본의 경우 방과 후 체육활동이 주류를 이루고 있으며 고등학생만 되어도 아르바이트하려는 경향이 강하다고 한다. 서양은 보통 15세 전후, 일본은 18세 전후 아르바이트의 경험이 보편화되어 있는 것 같다. 그만큼 자신의 사회적응력을 키우고 대학도 자력으로 가는 비율이 높다. 독일의 경우 전 지역이 그러는지 모르지만 고3이 8시 전에 수업을 시작해서 1시에 끝내고 점심을 집에서 먹는다고 한다. 놀라지 않을 수 없다. 우리처럼 중고등학교 6년을 지내고 나면 대학 교양학부 시절은 별로 배울 것이 없는(내 또래들의 의견) 것과 다르다. 그렇게 오랫동안 열심히 공부하느라 긴장했으니 풀어지고 해이해지는 것은 당연하다. 정작 학문을 해야 할 때 지쳐 떨어지는 것과 다르다. 그러므로 그 전에 좀 더 놀게 해야 한다.

우리는 교육이란 표현이 좀 걸맞지 않다. 어려서부터 명문대 합격을 위한 주입식, 암기식 공부라고 해야 맞다. 미국이 우리와 다른 건 리더로서 사회를 이끌어갈 수 있는 역량에 더 많은 교육비중이 있다는 점이다. 물론 비싼 수업료(연간 3~4만 달러)를 내면서 신분상승을 위한 지름길로 명문사립을 고집하는 부모도 있지만 대체로 10대 청소년 30%가 고등학교를 졸업하지 못한다고 한다. 듣는 바에 의하면 미국의 학교교육은 어렸을 때부터 자신의 의견이 맞든 틀리든 발표할 수 있는 역량을 만들어주는 것이라고 한다. 그래서 영어단어나 수학공식을 우리보다 모르고 구구단을 암기하지 못하지만 획일적이 안되고 자신의 의지대로 인생을 이끌어간다는 점이다. 나쁜 점도 있겠지만 규격품이 아닌 자기 길을 간다.

전문고에서 그치는 경우가 많은 독일의 마이스터를 예로 들어보자. 9년 정규교육에 3년 반의 직업교육 그리고 6년의 실무교육을 받으면 마이스터 자격을 얻는데 독일에서는 자영업을 하려면 반드시 이 자격이 필요하다고 한다. 또 초등학교 4학년까지 한 명의 교사가 학생을 계속 지도하며 매달 학부모와 개별면담을 갖고 상담결과를 대부분의 부모들이 받아들이므로 대체로 초등학교 졸업 무렵이면 진로가 결정된다고 한다. 만약 우리나라에 이런 제도를 도입하면 어떻게 될까? 왜 내 자식이 직업학교냐! 아마 난리가 나지 않을까?

핀란드는 어떤가? 주당 30시간 공부로 세계에서 학업능력과 학업성취도 및 흥미도에서 세계 최고 수준을 달리고 있다. 학교는 놀이터이자 집이자 사회다. 이렇게 말하면 나라마다 사정이 다르니까 하고 응대하는 사람이 많다. 결국 '닭이 먼저냐, 달걀이 먼저냐'로 귀착한다. 안타깝다.

라. 앞으로의 방향

앞으로 어떤 교육문화와 제도를 갖는가는 중요하다. 우리는 교육이 문제가 아니라 입시가 문제고 취직이 문제니까 입시제도와 취직시험을 바꾸면 금방 변할 수도 있다. 예를 들어 지금이라도 서울대 선발과정이나 공무원 선발제도를 바꾸면 모든 국민이 거기에 맞춰 따라간다. 교육이라기보다 입시공부가 거기에 맞춰 변해간다. 만약 처음부터 이공계나 자연계를 반 이상 공무원에 임용한다면 이공계나 자연계 진학비율이 달라질 것이고 나눔과 사귐, 봉사와 헌신에 보다 많은 비중을 두고 입학생을 뽑는다면 주입식, 암기식 공부에만 매달려 시간을 보내는 학생은 줄어들 것이다. 만약 공무원의 급여를 옛날처럼 낮추면 사기업으로 인재가 몰릴 것이고, 고시를 없애고 하급 공무원부터 차례로 올라가는 제도를 늘리면 머리 싸매고 공부하는 고시생도 줄어들 것이다. 혹자는 젊은 엘리트의 힘이 필요하다고 할지 모르나 길게 보면 큰 차이가 없을 것 같다. 문제는 경쟁과 입시위주 문화가 교육을 망친다. 서열화가 전제되어 있기 때문이다. 우리 사회에서 서열화를 없애는 교육정책이 가능할까? 앞으로의 방향은 나름대로 이렇다.

1) 가치교육을 지향해야 한다.

인성교육은 가치교육이며 가치교육은 학교보다 가정이 우선이다. 그런데 우리 가정은 학교에서 모든 것을 배우는 것으로 착각하고 가치교육엔 무관심하다. 내가 만일 입학사정관이라면 학력 1/3, 어떤 환경에서도 남에게 봉사 헌신할 수 있는 열정과 태도 1/3, 행동하는 양심 1/3로 선발하고 싶다. 머리, 가슴, 배 1/3 씩이다. 리더십까지 있다면 그는 국가의 동량재가 된다.

케네디 대통령의 아이큐는 116밖에 안 되었다고 한다. 매일 100mg의 스테로이드 주사를 맞아야 하는 지병을 앓고 있었다고 한다. 스스로도 40대를 넘기지 못할 것이라고 생각했다고 한다. 그래도 세계인의 가슴에 아직 남아 있다. 또 삼성연구소에서 발표한 자료에는 아이큐가 115~125 사이의 중상 정도의 사람이 역사적으로 가장 많은 결과물을 남겼다고 한다. 학력이나 천재성만 갖고는 역사적 결과물을 보일 수 없다는 소리다. 따라서 역사적 결과물을 남길 수 있는 인재를 찾아야 하는데 그것이 바로 인성교육이다. 괜한 도덕심만을 이야기하는 것은 아니다. 어떤 가치관을 형성했는가, 어떤 세계관을 가지고 있는가, 인류를 위해 어떤 헌신을 하고 싶은가, 최소한 한국 사회를 위해 무엇을 봉사하고 싶은가, 지적 호기심은 강한가, 끓어오르는 열정과 분노는 많은가, 강철 같은 의지를 소유했는가 등 대학 선발자는 학생의 내성을 알아내야 한다. 이런 점을 찾아내지 못하고 단순히 스펙만을 찾는 학교는 사라져야 한다. 단지 학교의 이름을 빛내거나 사대부를 뽑기 위한 선발이어서는 안 된다.

지능, 적성, 창의력 등 기본능력은 갖고 태어난다. 그러나 인격이란 지적 교육이 아닌 감성과 의지에 관련된 가치교육이다. 태도와 가치관은 100% 학습으로 결정된다고 한다. 어린이 자아, 부모 자아, 성인 자아를 고루 발달시켜야 한다. 그리고 그것은 학교교육보다 가정교육에서 더 많이 기를 수 있다. 특히 출산에서 5세까지다. 훌륭한 능력을 태도와 가치관 때문에 반사회적이고 반인류적인 곳에 남용해서는 안 된다. 미국 가족의 63%가 거의 매일 하는 '저녁식사는 가족과 함께'

라는 사회캠페인이라도 벌이는 게 한 방안이 될 수 있다. 손학규 후보가 주장하는 '저녁이 있는 삶'이고 이주호 과기부 장관도 주목하는 점이다.

교육은 미중물이어야 한다.

2) 산교육을 시켜야 한다

초등학교 고학년만 돼도 교실 안 교육보다 교실 밖 교육이 훨씬 깅하고 효과적이란 걸 되돌아보면 안다. 따라서 교과서만 가르칠 게 아니라 사회로부터 배워야 한다. 예를 들면 이렇다.

가) 서울시 교육감 선거

교육을 책임지고 있는 최고의 수장이랄 수 있는 서울시 교육감이 소위 법치를 강조하는 마당에 선거법을 어기고 부정한 돈으로 당선되었다고 대법원 판결이 났다. 판결이 나기 전 도의상 스스로 물러나 학생들에게 귀감이 되어야 마땅하다. 다른 자리도 아니고 교육감이 아니던가? 그것만이 아니다. 각종 교육 비리를 저지른 정도가 교육계의 수장으로서 도저히 용납되기 어렵다. 교육의 수장이 이럴진대 하물며 다른 곳은 말하면 무엇하랴. 교육의 사표로서 자라나는 어린이들과 청소년들에게 얼마나 큰 악영향을 미칠까? 미래를 짊어질 청소년이 어떻게 볼까? 소름이 끼친다. 그런 교육감을 직무정지 없이 대법원 판결까지 그대로 두는 정부 또한 예민한 학생들에게 국가와 정부도 믿을 수 없다는 생각을 갖게 만든다. 어떻게든 당선되고 결과만 좋으면 된다는 산교육을 국민 모두에게 특히 자라나는 학생들에게 심어줬으니 이보다 더 큰 잘못이 없다. 말하자면 이런 걸 잘(?) 가르쳐야 산교육이 된다고 본다.

　나) 학업성취도 일제평가

　10년 만에 부활한 세계에서 거의 유일하게 실시되는 학업성취도 일제평가 결과를 놓고 말이 많았다. 경쟁과 서열을 만든다고 시험을 거부한 학부모와 교사가 있었던 점, 결과보고를 허위로 했던 점, 지방도 서울에 결코 뒤지지 않는 점 등이 그것이었다. 평가나 대처 방안도 문제였다. 35년간 평준화 정책을 폈기 때문에 기초학력 10% 미달이 생겼다는 말은 좀 어울리지 않는다. 인간사 보통 기준 미달 10%는 어딜 가든 있게 마련이다. 이들을 위해서는 특수교육이 필요한 것이지 일반적이고 획일적인 방과 후 교실을 마련한다고 쉽게 해결될 일이 아니다. 문제는 오랜 평준화를 하다 보면 교사들의 안일이 부작용으로 작용하여 기초학력을 떨어뜨린다는 점도 부인할 수 없지만 학교 단위별 절대평가로 결과가 밝혀진다면 학교명예가 걸린 문제이기 때문에 행정을 담당하는 입장이나 교사 입장에서는 전인교육보다 학력 및 서열위주 교육을 우선하는 결과를 초래하게 된다. 어쨌든 어려서부터 서열을 매기는 것보다는 평준화가 낫다고 본다. 서열은 대입 혹은 성인 사회에서 자동적으로 드러난다.

중요한 것은 자신을 가르치는 선생에 대한 불신과 실망을 청소년들에게 안겨주지 말아야 한다는 점이다. 아무도 믿을 사람 없다는 허탈감을 느끼게 하면 안 된다.

예로 든 앞의 두 가지 사항은 앞으로의 교육방향에 자연스런 해답을 준다. 해답의 50%는 사회와 성인에게 있으므로 교실에서의 지식교육보다 사회에서 일어난 산교육에 대해서 교사들은 보다 많이 신경 써야 한다.

3) 잠재력을 캐낸다

모두가 익히 알고 있는 바지만 서남표 카이스트 총장은 우리 교육이 간판, 출세, 직장 등의 현실적 목표밖에 없다고 말한다. '왜 좋은 대학에 진학하려고 하느냐, 무엇을 공부하고 무엇을 지향해야 하는가' 하는 목적의식이 부족하다고 한다. 그렇다면 목적의식은 마음먹은 대로 생기는 것일까? 상대평가로 징벌적 등록금제를 선택한 서 총장의 개혁으로 2011년 벌써 4번째 학생 자살소동이 벌어졌다. 현실적 목표를 위해 졸업을 미루는 행태를 경쟁을 통해 없애려고 한 것일까? 미안하지만 본말이 전도된 것 같다.

사공일 국가경쟁력위원회 위원장은 교육열, 학생, 교수진은 세계 최고 수준인데 왜 세계 최고 대학이 없냐? 교육시스템에 자율과 경쟁이 없어서라고 말한다. 그렇다면 지금부터라도 완전 자율과 경쟁을 준다면 예상대로 세계 최고 대학이 나올까? 아마 세계 최고 대학은 나오지 않고 부작용만 심화될 것 같다.

교육이 지향해야 할 목적과 목표는 맞지만 두 분 다 속을 보지 못하는 것 같다. 어떻게 해야 그렇게 되는지에 대해 근본적인 대답을 뒤로 하고 당위만 이야기하는 것 같다. 근본적인 해답은 우리가 갖고 있는 많은 것이 바뀌어야 가능하다. 사회제도적인 부분은 물론 문화적 색채와 무늬를 바꿔야 하고 살려야 할 속성과 버려야 할 의식을 객관적으로 판단해서 사회 전체가 움직이지 않으면 이룰 수 없는 목표인지 모른다. 만약 단시간 내 그게 어렵다면 우선 교육의 내용을 바꾸고 학생의 잠재력을 캐내는 교육이 될 수 있도록 지향해야 한다. 교육의 내용은 협동과 협업의 교육을 말하고 잠재력은 사람의 그릇을 키우는 교육을 말한다. 우수한 아이디어나 문제해결능력도 상호작용에서 더 많이 나온다. 단순한 지식 주입의 학력 테스트는 사람의 그릇을 키우는 것이 아니다. 그래서 다음 10가지 방안을 생각해본다.

마. 방안 10가지

이명박 정부 들어 열띤 논쟁이 되고 있는 교육정책과 제도에 관한 주요 골자는 3불정책(고교등급제, 본고사, 기여입학제)의 폐지다. 1998년 이전으로 돌아가는 것이다. 그러나 고교별, 지역별 학력차와 서열화가 평준화와 충돌하여 사회문제화 됨을 우려한 나머지 2009년 3불정책의 폐지를 고집하지 않고 대신 다양한 고등학교와 각양각색의 대입전형을 만들었지만 결국은 전국 1만 1,000개 초중고의 성적을 발표함으로써 결과적으로 3불 폐지의 목적을 달성했다. 이렇게 하면서 정부는 사교육을 잡기 위해 공교육을 강화한다는 방침인데 병 주고 약

주는 것 같다. 공교육 강화를 위하여 2009년에만 전국 300학교를 선정, 연 2억 원씩 지원한다고 했다. 학부모 입장에서는 교육비용이 줄었는지 모르겠으나 부모의 교육비를 정부가 대신하는 꼴 외 아무것도 아니다. 전학교가 신청하면 그 돈을 어떻게 감당할 것이며 조건을 나열하고 추첨을 한다면 사람 열 받게 하는 그 정책은 근본적인 해결방책이 아니다. 또 지방과 시골을 위한 전원학교, 연중돌봄학교, 기숙형고교, 마이스터교 등 교과부에서 신경을 많이 쓰고 있지만 도시에 자율형 사립고를 세우는 것은 그러한 수고를 반감시키는 정책이다. 3배나 많은 교육비를 들이면서 똑같은 교사에 시설만 바꾸는 자율형 사립고를 학부모가 외면하는 것은 당연하다. 그렇다면 과연 어떤 환경이래야 우리 교육문화가 바뀔까?

1) 학급당 학생 수를 줄여야 한다

학급당 학생 수가 줄면 선생과의 친밀감을 높일 수 있고 교사와의 관계를 증진시킬 수 있다. 학급이라는 조직은 학생에게 대단히 중요한 교육적 의미가 있다. 교실의 중요성은 아무리 강조해도 지나치지 않다. 교실은 욕구충족, 사회화 교육, 동기강화 기능을 하는 장소라고 교육심리학은 말한다. 욕구충족은 사회적 승인의 욕구, 집단 소속의 욕구, 친화의 욕구, 자존의 욕구를 말한다. 사회화 교육은 상호작용을 통해 자신과 비교하는 과정을 거쳐 사회성을 기르는 것을 말한다. 동기강화 기능은 사회적 칭찬이나 비판을 통해 학습자의 동기를 유발, 강화시키고 다른 학습자에게 모델링되는 것을 말한다. 이를 사회적 촉진이라고 한다.

그러나 교실은 긍정적인 기능만 있는 건 아니므로 부정적 기능이 나타나지 않도록 교사가 개별지도를 하기 위해서는 학급당 학생 수를 최대 20명 이내로 해야 된다. 특히 초등학교 때 교사와 부모는 자주 상담해야 한다. 그것은 학부모에게 자식의 적성과 능력을 객관화시키는 기회가 된다. 이러한 모든 일은 상대하는 학생이 적어야만 가능하다. 촌지를 받고 거짓을 말하거나 허위를 기재하는 것은 교사로서의 자격은 물론 학생 자신에게도 도움이 되지 않는다.

이제 우리도 교사 대 학생 수의 비율은 선진국에 근접해 있다. 더 중요한 학급당 학생 수 문제를 해결해야 된다. 학급 수를 갑자기 늘리는데 문제가 있으면 적어도 10살 정도까지는 2부제 수업을 해서라도 학급 수를 늘려 1교사가 담임하는 학생 수가 선진국 수준이 돼야 한다. 교실 증축에 갑작스런 많은 예산을 투입할 수 없으므로 최선의 방책을 찾아야 한다. 시골은 폐교되고 수도권은 넘치는 현실에서 자연스러운 인구분산이 최선책이지만 현실에 맞는 아이디어를 짜낼 수밖에 없다.

자리배치 또한 중요하므로 교사는 항상 같은 자리배치를 허용하느냐 이동시키느냐 고려해야 한다. 좌석 선택도 학습자의 심리와 성격을 반영하므로 항상 고정되어 있다는 불만을 가져오면 안 된다. 학습자 상호 간의 인간관계나 교사와의 관계, 분위기 등에 따라 학습자가 잘 적응하느냐 못 하느냐를 결정짓는 교실환경은 학습자의 성적 및 인성발달에 큰 영향을 미친다.

2) 국·영·수 중심에서 탈피하라

왜 국·영·수 과목에 치우치는지 모르겠다. 반대현상이 일어나야 바람직함에도 불구하고 예전보다 더 국·영·수 편중 교육을 계획하고 있음은 오로지 사교육비와 수험생 부담 경감이라는 목적 때문인 것 같다. 그렇다면 악수를 두고 있다. 예를 들면 한국사는 선택과목이 되고(2013년부터는 달라진다고 함) 한 때 사법고시는 국사(國史) 과목마저 없어져 판검사들이 국사를 모르는(?) 기현상이 벌어지고 있다. 그래서 고심 끝에 나온 안이 2종류의 국·영·수 출제다. A, B의 유형으로 진일보했지만 그래도 국·영·수 중심은 바뀌지 않았다. 국·영·수에 치우치느니 성교육 시간을 늘리고, 실생활에 필요한 법을 알게 하고, 자립할 수 있는 방법을 가르치는 것이 훨씬 필요하다. 건강한 사회로 가는 중요한 디딤돌 중의 하나가 성이고 실생활에 필요한 것이 법률 상식이다. 성폭력이나 학교 폭력 시 가해자는 어떤 벌이 가해지고 피해자는 어떻게 대처할 수 있다는 내용을 가르침으로써 학교 폭력과 청소년 범죄도 줄일 수 있다고 생각한다. 또 젊었을 때는 법률 상식을 몰라 당황하는 경우가 있는데 꼭 법대를 가야만 민법총칙을 배우고 형사소송법을 배우는 게 아니라 준법정신과 법질서 확립을 위해 학교 때부터 법 상식을 필수과목에 넣는 것이 바람직하다고 본다. 정부조직 및 사회제도는 어떻게 되어 있으며 그 곳에서는 무슨 일을 하는 등 자립하는 방법에 대해서도 일깨워줘야 한다. 국·영·수 3과목에 집중하는 과도한 시간낭비는 정작 사회생활에 필요한 지식은 가르쳐주지 않기 때문이다. 중고교에서 배우는 '법과 사회, 경제와 사회'가 대학에서 배우는 법학개론이나 경제학개론이 아니길 바란다.

3) 교수를 포함한 교원평가는 필요하다

　교사의 질도 중요하기 때문에 교원평가는 필요하다. 보육교사도 마찬가지다. 교육심리학이 오로지 임용고사를 위한 지식에 불과하고 교사의 품성대로 학생을 대하는 그런 교사를 골라내는 게 교원평가다. 교사에게 욕을 하며 달려드는 학생에게 체벌이 필요하다고 강력히 주장하는 교사들의 심정은 충분히 이해가 가지만 몇 번이나 그 학생과 애정을 나누었는지 학부모에게 연락은 했는지 등을 묻고 싶다. 이러한 일은 학교규칙으로 되는 일이 아니므로 교사에게 최대의 자율성을 줘야 한다. 이범 교육평론가는 이명박 정부가 교장, 교감에게 자율성을 줬지 정작 교사에겐 자율성을 주지 않았다고 꼬집는다. 그래서 김상곤 교육감은 말한다. OECD 내에서 교장의 영향력이 우리만큼 센 나라가 없다고.

교장의 근무평정제도 외에 2011년부터 전면 시행되는 교원평가방법은 세 가지로 요약된다. 교사 대 교사, 학생 대 교사, 학부모 대 교사 평가다. 아직까지 온정주의가 많아 점수가 잘 나온다고 하나 시간이 지날수록 모두들 예리해진다고 한다. 필자가 생각하는 방법은 학습지도자, 생활지도자, 카운슬러로서의 역할을 했는지의 평가항목을 고려해야 한다고 생각한다. 그런 항목을 어떻게 평가하느냐 하는 구체적 방법이 문제지만 학생으로서 빠지기 쉬운 나쁜 습관이나 태도를 얼마나 고쳤는지, 앞으로 살아가는 데 도움이 되는 역할은 얼마나 했는지, 공공질서는 잘 지키게 했는지, 남에게 피해주는 습성은 고쳤는지, 정직과 도덕성에 대한 교육은 했는지 등을 포함하는 것이 중요한 항목이라고 본다. 이런 항목은 물론 가정에서 가르쳐야 할 항목이기도 하다.

학생과의 기(氣) 싸움에서 지친 교사들을 위해서 당연히 제도적인 뒷받침도 있어야 한다. 가령 10년에 1년 정도는 안식년을 주고 외국도 견학시키고 공부도 더하게 해서 매년 루틴 한 자세로 임하는 것을 방지해야 한다. 그것은 직업에 대한 애정을 싹트게 한다. 예를 들어 출산에 대한 장기휴직은 좋은 청량제가 될 것이다. 늦은 감이 있지만 교사에게 시행되는 1자녀 3년 휴직제도를 모든 여성에게 적용하는 것은 매우 고무적인 일이 될 것이다.

대학은 보다 간단하다. 학생은 졸업논문으로 평가하고 교수는 그 대학에서 나오는 연구실적을 최우선으로 감안하면 된다.

4) 이공계 출신을 우대해야 한다

우리 사회에서 소위 잘 나가는 사람이 대부분 인문계 출신인 것이 바꿔져야 한다. 한창 부상하고 있는 중국의 관리들은 이공계 출신이 많다고 한다. 또 이웃 일본의 동경대 이공계 박사과정은 무료라고 한다. 2003년에 쏘아 올린 일본의 '하야부사'는 역사상 가장 먼 행성에 착륙한 뒤 고장을 일으켜 지상에서 고치느라 계획보다 3년 이상 늦었지만 임무를 완벽하게 완수하고 무사 귀환한 인류최초의 인공위성이다. 그것은 2010년 6월 일본의 자존심이었다.

강조하지만 엔지니어와 공돌이가 대우받는 사회가 요구된다. 이공계 출신이라고 관리를 못하고 리더십을 발휘하지 못하는 것 결코 아니다. 직책의 종류라고 치부할 게 아니고 특채나 행정고시에 기술직을 지금보다 훨씬 많이 뽑는다면 우리나라의 이공계 진학비율이 바뀌고 과학기술도 발전하리라 본다.

5) 대학입학 선발방식을 바꿔야 한다. 그리고 한번 정하면 오래 지
   속되어야 한다

지금은 수능, 내신, 논술, 자기소개서, 비교과성적 등 여러 가지로
대학전형을 다양화시켰다. 결과로 정시입학은 줄어지고 서로 우수한
학생을 선점하겠다고 수시입학이 늘어나는 폐단이 생기고 있다. 그러
나 어렵기는 마찬가지다. 대학서열화가 있기 때문이다. 대학서열화를
그대로 둔 채 선발방식을 바꾼다는 말은 필기시험 비중을 좀 적게 하
자는 소리밖에 안 된다. 서열화를 바꾸는 방법으로 거론되는 국공립
대 통합 네트워크는 실행 가능성은 있으나 현실성이 떨어지고, 서울
시 교육위원 이범의 구상처럼 상위대학 10~15개를 연구중심 대학으
로 묶는 아이디어는 지금처럼 수도권에 우수대학이 몰려 있는 현실
에서는 각 대학의 반발은 물론 지방에 있는 대학은 영원히 2등, 3등
으로 전락하는 폐단이 생긴다. 어쨌든 지금의 상황에서 대입 선발방
식을 바꾸는 것이 학생들에게 조금이라도 도움이 된다면 어떻게 바
꿀 것인가?

스웨덴처럼 아예 절대평가제 내신만으로 가는 방법, 영국처럼 공
통과목이 없거나, 프랑스처럼 철학 한 과목만 공통과목인 방법, 미국
의 SAT처럼 쉬우면서도 여러 번 기회를 주는 방법, 독일처럼 쉬운 공
통과목 4개와 전공 4과목으로 시험 치르는 방법 등 여러 가지가 있을
수 있다.

필자의 생각에는 자기소개서와 비교과성적으로 면접하는 것도 고
정화시키면 또 하나의 스펙 쌓기에 불과하므로 국가에서 돈을 주는
입학사정관은 1년 내내 전국(의 학교)을 돌아다녀야 한다고 생각한
다. 입학시기에만 스펙으로 학생을 선발할 게 아니고 좋은 제자를 찾

아 유람하는 게 입학사정관(老紳士?)의 미션이라고 생각한다. 그러나 설혹 제도가 안 좋더라도 자주 바뀌는 것은 여러 면에서 더 안 좋다. 자주 바뀌는 것 자체가 심리적·정신적·사회적 혼란을 가져온다.

6) 공기업과 공무원 채용방식을 바꿔라

부시 정부 시절 차관보 격인 백악관 장애위원회 위원이었던 교육학 박사 강영우 씨의 책엔 미국의 고위관리를 뽑는 조건이 나열되어 있다. 능력, 도덕성, 전문성이 그것이다. 정권이 바뀔 때마다 10만 명 이상의 응시자 가운데 2,500명의 고위 공직자를 선발하는 기준이라고 한다. 고교나 유명 대학의 선발 조건도 능력, 성취도, 집중력과 시간관리로 표현되어 있다. 우리처럼 시험이 전부가 아니다. 1/3에 해당할 뿐이다. 능력은 곧 실력을 말하고 성취도는 얼마나 무엇을 많이 이루었는가 하는 활동성과 리더십을 뜻한다. 집중력과 시간관리는 향후 학생의 장래성과 잠재력을 알아볼 수 있다. 가치교육과 태도가 빠져 있는 것은 고급관리를 뽑을 때 도덕성으로 평가받는다.

우리는 어떤가? 정권만 바뀌면 거의 모든 고급관리를 대통령이 임명하는 식이다. 선발이라는 게 없다. 미국처럼 선출직이 많지도 않다. 그래서 정치를 하든가 고시를 통과하든가 둘 중 하나를 해야 한다. 아니면 최소 미국에서 박사학위라도 따와야 한다. 신라시대의 6두품 같은 각종 고시를 줄이고 좀 더 밑에서부터 올라가게 하는 것도 좋은 방안이다. 어쨌든 공기업과 공무원의 채용방식을 문필 위주에서 다양하게 바꾸면 학교는 자동으로 따라가게 되어 있다. 그러나 조선시대 음서제가 되면 바꾸지 않느니만 못하다.

7) 고교 졸업자와 군필자에게 단일호봉제를 적용하라

고교 졸업자와 대졸자 사이에 존재하는 많은 간극을 줄이고 단일 호봉제를 택해야 한다. 고교를 졸업하고 근무하는 사람이 4~5년이 지나면 대졸자와 동일 취급을 받아야 한다. 물론 능력은 감안해서 처리해야 한다. 2008년 대졸 가구주의 월 평균 근로소득은 377만 원, 고졸 가구주의 월 평균 근로소득은 233만 원으로 140여만 원 차이가 난다. 비율로 치면 50% 이상이다. 이렇게 차이가 나니 누군들 대학을 가려고 하지 않겠는가? 4년의 차이가 평생을 두고 점점 더 격차를 벌인다면 과연 누가 고졸에 머물겠는가? 기를 쓰고 대학을 가야지.

군대도 마찬가지다. 군대 가고 싶어도 못 갔다는 핑계 아닌 핑계나 적당한 이유를 둘러대는 놈처럼 얄미운 놈 없다. 고생하지 않아서 좋고, 그동안 연구하고 공부해서 좋고, 일찍 사회에 진출해 그만큼 지위가 높아져서 좋고 1석 3조라면 누가 신성한 국방의무를 지키려고 하겠는가! 나라를 위해 시간을 보냈으면 최소한 동등 대우는 보장해야 사회가 건강하게 유지되는 것 아닌가! 아니면 미필자에게 감점 정도는 줘야 한다. 합리적 평등이다.

8) 의무교육을 늘리고 중고를 통합하라

지금 우리 사회에서 중고를 통합하는 것은 교육에 있어서 많은 것을 해결하는 획기적인 방법이다. 시험을 한번 없앰으로써 수험위주에서 탈피하게 하고 심한 경쟁의 폐해로부터 낙오자를 구출하고 사교육비를 줄이며 시험의 부담으로부터 청소년을 해방시켜 건강하게 만든다. 따라서 의무교육을 1~2년 늘리고 중고교를 통합해 5년제로 하면 여러 면에서 좋다. 그러나 많은 예산이 소요될 것이므로 지리적 여건을 감안하여 가까운 곳끼리 먼저 통합하고 중장기적으로 적절한 학교용지를 확보해야 할 것이다. 장기 로드맵을 세워 실천해야 할 과제다. 의무교육을 1~2년 늘려야 할 이유는 2가지다. 만 5세부터 공교육을 시키는 것이 부모와 자식 간 서로 편리하고 사교육비가 적게 든다는 점이다. 더 중요한 이유는 대체로 만 12~13세면 자신의 진로와 적성, 경쟁과 사회를 어느 정도 인식하고 합리적 평등을 받아들이는데 충격이 적어지기 때문이다.

9) 몇 %를 경쟁시킬 것인가에 대한 사회적 합의가 필요하다

기본적으로 교육평준화를 찬성하고 3불정책을 지지한다. 그러나 최소한 상위 10% 정도는 우수교육을 시킬 필요가 있고 반대로 하위 10% 및 장애아, 예체능을 포함한 특기자도 맞춤교육이 필요하다고 본다. 그렇지 않으면 사회가 발전하지 못한다. 문제는 상·하위를 몇 %로 할 것이냐를 결정하는 국민적 합의가 필요하다고 본다. 만약 상·하위 10%라면 우리나라 사람 모두가 상위 10% 내에 끼려고 반발할 것이고 반대로 30~40%를 제외하고 60~70%를 경쟁시킨다면 무한경쟁에 대한 논란이 또 시비를 불러올 것이다. 따라서 몇 %를 선정하는가 또한 중요한 팩터다. 사람은 원래 남에게 지는 걸 싫어하고 남보다 잘 살고자 한다. 지금은 이런 본능만을 가르치려는 교육열이 우세하므로 현 광역자치단체보다 더 세분화된 자치단체별로 자율에 맡기는 것이 현명한 방법이 아닐까 생각해본다.(2부에 있는 '4개 주 연방국가' 내에 있는 광역단체, 개헌 편에서 후술)

10) 소득의 차이를 줄여라

교육열을 식힐 수 있는 가장 좋은 방법은 공부 잘한 사람과 못한 사람과의 소득격차를 줄이는 것이다. 다시 말하면 제도권과 비제도권의 소득격차를 줄이는 것이다. 만약 소득의 격차를 줄이기 어렵다면 세금으로로라도 실제 차이를 줄이는 것이 필요하다. 그것도 어렵다면 사회임금이라도 늘려야 한다. 세금이 무거운 독일에서는 직종에 관계없이 실제 수입에 큰 차이가 없다고 한다. 복지가 발달한 북유럽 3국도 마찬가지다. 스웨덴은 평균 50%의 세금을 내고 있다. 고소득에 대한 보다 많은 세금이 사회임금으로 이전되어 실질소득의 차이가 적어지면 불균형 지수도 줄고 사회 위화감도 없어지기 때문에 무리하게 대학 가는 국가적 낭비도 적어지는 1석 3조가 될 것이다. 고소득에 대한 세율을 높여 소득의 차이를 줄여간다면 능력이 부족한 사람은 오랜 시간 방황하지 않고 자신에 맞는 방향을 찾을 것이다.

지금 우리 사회는 고소득과 저소득의 간극이 너무 심하다. 정규직과 비정규직 및 88만 원 세대와의 실질소득 격차를 줄여야 한다. 이것이 바뀌지 않고는 대입시험 위주가 기승을 부릴 것이다.

결론적으로 교육열이 심각한 것은 득보다 실이 많다. 삼강오륜보다 공공질서를 중시하는 사회교육, 공존과 공정을 가르치는 학교교육, 남에게 피해주지 말라는 자식교육이 필요하다. 가정교육이 학교교육보다 중요하고 학교교육보다 사회교육이 더 중요한데 사회가 문필시험 위주로 되어 있기 때문에 가정에서부터 잘못된 교육환경을 조성하게 된다. 인성교육이나 사회교육은 무시하거나 성공하면 저절로 따라오는 것으로 인식하고 있다. 소득격차가 벌어지고 세태가 그러니 어쩔 수 없다. 언젠가는 모두 성인이 되어가는 마당에 아이들이 그런 사회분위기의 희생양이 되지 않도록 문화가 바뀌고 사회시스템이 하나씩 개선돼야 국가경쟁력은 살아나고 살맛 나는 세상이 되어갈 것이다.

참고로 젊은 교육평론가 이범의 학교교육 문제에 대한 해결방안으로 맞장구치고 싶은 아이디어는,

1. 중고 통합 – 입시제도가 한 번 줄어드는 직제 개편이고 나이가 든 만큼 그만큼 경쟁에 대한 두려움이 줄고 면역력이 생김
2. 절대평가제 – 단, 상대평가도 문제 있듯이 학점제 내지는 절대평가제의 단점도 충분히 감안해야 함
3. 수동적 반복 학습, 빨리 정답 찾기 탈피 – 학력은 상위권이나 학업 흥미도는 세계 꼴찌이며 학문에 대한 무기력증 환자가 다수 발생하므로 체험 탐구, 의사소통, 협동 중심의 교육 필요
4. 관료 자율화가 아닌 교사, 학생 자율화
5. 공공부문 및 민간영역까지 학벌위주 채용방법 규제
6. 대학은 학위 논문 중심
7. 수능 – 외국의 예(미국의 SAT 정도 수준 아니면 영국처럼 공통필수는 없고 전공만 시험. 프랑스의 공통필수 과목은 철학 하나, 독일은 공통필수 4과목+전공 4과목이나 공통필수는 쉽다)
8. 미국처럼 전공 변경은 쉽게 하고 과목 선택도 자유롭게 함
9. 교습량의 과다 – 70% 반영한다고 하는 EBS의 교재와 강의 수는 너무 많음

2. 부패문화

　행정학에서는 관료들의 부패행위를 피할 수 없는 현상으로
보고 있다. 의학이 발달할수록 신종 바이러스가 탄생하는
것처럼 인간의 부패현상도 마찬가지라는 것이다. 오히려 일
을 추진하는 윤활유처럼 생각하는 부류도 있다. 그러나 그
렇게 생각하면 한도 끝도 없다. 부정부패가 일어나지 않을
수 있다는 신념을 갖고 일해야 한다. 왜 뇌물이 있어야만 하
는가!

　한국의 부패문화는 사회 전반에 물들어 있는 총체적 부패다. 부패
관행이 속속들이 퍼져 일종의 관행이나 생활 패턴으로 자리 잡고 있
다. 따라서 이상할 것 없는 일상적인 문화현상이다. 매스컴에서 어떤
부정부패가 터졌다고 대문짝만 하게 떠들어도 놀라지 않는다. 그저
또 있으려니 하는 정도다. 분개해 마지않는 자를 오히려 이상한 눈빛
으로 쳐다본다. '야, 인마 어제 오늘 일이야 너도 한 번 해봐. 못 하는
놈이 바보지, 너도 그 자리 가면 더할 걸. 야, 그만 신경 쓰고 술이나
마셔' 뭐 대충 이런 투다. 태어나서 수십 년을 이렇게 지내오니 흥분
한 사람만 바보가 되고 자신도 모르게 그 대열에 끼어든다. 이러기를
수십 년. '우리나라 사람 겉으론 깨끗한 거 같아도 속으론 상당히 더
러운 면이 있어요.' 중소기업에 오래 몸담아 온 어느 부장의 말이다.
넥타이를 매고 깔끔한 양복에 미소 지으면서 머릿속으로는 돈을 세
고 있는 경우가 많다고 한다. 사대부의 세속 근성에 그 뿌리를 두고
있는지 모른다. 선비정신의 오발탄이다.

경제 수준과 투명성 지수 사이에는 상관관계가 있다고 한다. 경제 수준이 높으면 투명성 지수도 높고 경제 수준이 낮으면 투명성 지수도 낮다는 소린데 유독 대한민국만은 그렇지 않다고 한다. 경제력은 세계 10위권인데 투명성 지수는 세계 40위권이다. 즉, 경제력에 걸맞지 않은 부패문화를 갖고 있다. 반대로 말하면 투명성 지수에 비해 너무 잘살고 있다. 세계투명성기구가 발표한 2010년 우리나라의 부패인식지수는 10점 만점에 5.4(선진국 기준 7점)로 세계 178개국 중 39위다(아시아 국가의 순위를 보면 싱가포르가 9.3으로 1위, 일본이 7.8, 대만 5.6 등이다).

이런 언밸런스 때문에 사회가 균형을 이루지 못하고 기우뚱거린다. 부패의식이 높은 사람과 그렇지 못한 사람이 공존하기 때문에 갈등 또한 높다. 문제는 진정한 선진국에 도달하려면 부정부패가 줄고 보다 투명한 국가가 되어야 한다는 것이다. 더 이상의 경제발전을 위해서도 부정부패는 사라져야 한다. 혹 외형적 성장은 있을지 모르지만 한 차원 높은 진정한 발전에는 한계가 있다. 사회적 자본이 형성되지 않기 때문이다. UN에 따르면 1$의 뇌물은 1.7$의 사회적 손실을 가져온다고 한다. ADB(아시아개발은행)가 추산하는 한국의 부패로 인한 손실은 GDP의 17%라고 한다. 또 한국행정학회에 따르면 부패인식지수가 선진국 수준인 7점대로 상승하면 1인당 GNP가 25% 상승한다고 되어 있다(한국투명성기구).

우리나라 부패에 관한 인식을 가장 명료하게 알아볼 수 있는 좋은 예는 청소년이다. 성인은 때 묻어 있지만 청소년은 아직 어리기 때문에 적어도 그들의 의식은 성인과 다르다고 여겨진다. 그러나 2002년 12월 한국투명성기구가 중고생 1,005명을 상대로 반부패 의식을 조사한 내용을 보면 무려 91%가 우리나라를 부패한 나라로 보고 있고, 82%가 내가 어른이 되어도 한국 사회의 부패는 더 심해지거나 지금과 별 차이가 없을 것이라고 응답했다. 또 28%는 뇌물을 써서라도 문제를 해결할 수 있다면 뇌물을 쓰겠다고 대답했다. 그 설문조사를 받았던 중고생들이 이제 대학생이거나 사회초년병이다. 과연 그들이 사회가 바라는 만큼 정직하고 투명한 사회인이 되었을까 걱정이 앞선다.

2008년 똑같은 설문조사가 이루어졌다. 그러나 별반 달라지지 않았다. 정직보다는 부자가 되고 싶다는 비율이 50%를 넘었고 17.7%가 10억 원을 벌 수 있다면 10년이라도 감옥에 가겠다고 답변했다. 그 항목은 2002년 조사 때보다 오히려 16.8%나 증가해 나를 오싹하게 했다. 잘 살게만 해주면 지도자의 불법행위도 용인할 수 있다가 약 44%, 다만 뇌물을 써서 문제해결을 하겠다는 비율이 28%에서 20%로 줄어 읽는 이의 마음에 안도감을 준다. 하지만 그들이 아직 어려서 이 정도일 거라고 나는 생각한다. 성인이 되어서 사회물정을 알고 주체적인 행동을 할 수 있는 나이가 되면 이 수치는 더욱 올라갈 것이 뻔하다. 왜냐하면 반부패 교육을 받은 적이 없다는 대답이 87.4%로 한심한 교육현장을 보기 때문이다. 미래의 희망인 청소년들조차 이미 부패의 올가미에서 자유롭지 못하다는 것을 쉽게 확인할 수 있다. 그것은 기성인의 생각이 그대로 청소년에게 전달되기 때문이기도 하지만 주위나 매스컴에서 맨날 보는 게 부정부패 때문이기도 하다. 보다 투명사회를 위한 우리나라의 부정부패의 현황과 근절방안을 이야기해보자.

가. 현황

경실련이 2009년 4월 발표한 김영삼 정부부터 노무현 정부까지 적발된 뇌물사건을 보면 총 750건에 금액 1,975억, 인원 1,867명에 이른다. 이 정도밖에 안 되는 것은 아마 공개적으로 발표된 건수만 공식적으로 집계한 때문인 것 같다. 이중 김영삼 정부 때 267건 421억, 김대중 정부 때 142건 282억, 노무현 정부 때 266건에 1,217억으로 참여정부 시절 부패 적발 건수가 높았음을 알 수 있다.

공직자가 전체의 75%로 이를 분류하면 공무원 45%, 정치인 12%, 공기업 임직원 11%, 대통령 친인척 및 측근 7%다. 부문별로는 공공부문이 약 90%를 점하고 있다. 내용별로 보면 건설 부동산 관련이 전체의 55%로 가장 많고 사법기관 등 권력형 부패가 약 30%, 공무원 인사 청탁과 교육 및 세무 관련 비리가 각 6%, 금융기관 대출 관련 및 주가조작이 각 1.5% 등을 차지하고 있다.

이를 반영하듯 여론조사(성인 1,400명을 상대로 설문) 결과도 공무원이 부패하다가 57%, 그렇지 않다는 견해는 고작 6.6%였다. 그러나 공무원 자체 설문결과는 70%가 공무원은 부패하지 않다고 격차 있는 답변을 하고 있다. 나름대로 정직히 일하는 공무원도 많다는 뜻이다.

위에서도 알 수 있듯이 부패 중에서 가장 큰 부패는 역시 관료부패다. 관료의 부패는 독점적 권한과 재량에서 나온다. 독점적 권한을 없애기 위해 규제중심의 제도를 풀고 재량권을 줄이기 위해 포저티브 규정을 나열하면 그만큼 부패는 줄어들 수 있다. 그러나 책임을 강조하고 재량권을 줄이면 하는 일도, 해야 할 일도 안 하는 복지부동이 된다. 너무 융통성 없이 처리하는 공무원의 태도가 문제다. 결국 의사

결정권한은 점점 위로 올라가고 모든 행정은 피동적이 되고 민원은 불만이 쌓여간다.

문제는 공복으로서의 자세에 있는 것 같다. 윤리성, 투명성 그것은 남이 가져다주는 것이 아니다. 어렸을 때부터 교육도 환경도 중요하지만 자라면서 사회가 맑음을 보여줘야 된다. 위에서부터 온갖 부정부패가 난무하는 것을 보는 순간 누구도 바보가 되지 않기 위해 그 대열에 부나비처럼 끼어든다. 똑똑하다고 해야 할지 머리가 좋다고 해야 할지 모르지만 학력 좋은 사람이 더 빨리 부정부패와 가까워진다. (육사 출신과 경찰대학 출신이 학력이 덜한 장교와 일반경찰보다 부패에 빨리 물들어간다는 한 논문은 이를 보여준다.)

지방자치를 실시한 이후 요즘은 왜 이렇게 공무원이 친절해졌나 하고 깜짝깜짝 놀랄 때가 많지만 부패관행은 사라지지 않는 것 같다. 아직도 지자체의 부정부패는 늘어나고 있다는 보도가 이를 뒷받침한다. 지난 민선 4기 지자체 선량들의 부패는 수적으로 약 40%를 넘고 있다. 오히려 일반직 공무원보다 선출직 공복으로서 갖는 배짱이 지자체의 부정을 키우는 것 같다. 또 다른 단점이다.

나. 부패의 종류와 예

부패의 종류는 여러 측면에서 분류할 수 있으나 여기서는 알기 쉽게 이야기하겠다. 권력형 부패, 건축, 세무, 법조, 병역, 교육, 경찰 관련 등 분야별 비리가 인허가, 규제단속, 직권남용, 지위악용, 직무유기 및 태만, 공문서 변·위조, 예산 유용 및 횡령, 복무규정 위배, 정보유출, 감독불충분 등 때문에 일어나고 있다. 권력형 부패에 대해 한

가지 희망을 갖는 것은 역대 대통령 관련 비리규모가 축소되어 간다는 느낌이다. 노무현 대통령은 적은 금액으로 자살까지 했다. 대표적인 부패의 몇 가지 예를 들어보자.

1) 전체의 반 이상을 차지하는 건설 관련 부패

상위 대형건설사는 국가의 큰 관납공사를 수주하기 위해 2~3천 명의 예비 심사위원들을 상시 관리한다고 하니 상상을 초월한다. 대부분 존경스러운 교수님과 공무원을 관리하면서 많은 고통을 감내하고 무수히 복잡한 과정을 거쳐 수주한다고 한다. 우리 국민의 끈질긴 저력에 놀라울 뿐이다. 그 많은 과정 속에 들어간 비용이 코스트 업되기 때문에 국내 턴키베이스의 발주는 그야말로 복마전이며 건설사끼리의 담합은 공공연한 비밀이라고 한다. 수주 후에는 하청에 하청을 주고 어음에 어음을 돌리니 소소한 부실공사가 남발된다. 기술개발이나 원가절감보다 로비하고 돈 뿌려 수주하는 데 더 익숙해진다. 내가 과거에 들은 이야기다. 사태가 이러하니 이제 해외로 진출해야 할 마당에 세계 유수기업과 경쟁하기 쉽지 않다.

예전처럼 많은 이익이 나는 것은 아니지만 아파트 원가공개는 자본주의 원칙에 위배되고 공개를 함으로써 유발되는 공급부족으로(적은 마진으로는 주택공급이 모자라) 주택대란이 일어난다고 은근히 엄포 아닌 공포를 준다.

또 하나의 작지만 큰 건설부패의 예를 들면 KTX의 사고다. 개당 50원도 안 되는 방수 발포 충전재를 사용해야 함에도 불구하고 흡수성 스펀지를 썼기 때문이라고 한다. 개당 50원도 안 되는 원가지만 합치면 1억 7,500만 원, 하청 받은 소기업에게는 적은 돈이 아니다.

적절한 마진을 주지 않는 비리에서 일어난 사고임에 틀림없다. 그것이 충전재인지 스펀지인지 몰랐다면 정말 TV에 나오는'스펀지도 몰랐다'의 가십거리다. 어떻게든 저가 수주를 일단 해놓고 나중에 추가비용을 따내는 방식으로 설계변경을 요구하는 사례도 비일비재하다. '누이 좋고 매부 좋고'다. 설계와 시공기술이 모자라 문제가 되는 게 아니라 너무 영리하고 대강 철저히 해서 문제다. 우리의 정서와 부패문화의 특징이다. 한국적 상황이고 후진적 문화현상이다.

  2) 또 하나의 중요한 예는 삼성그룹 사건이다

  삼성그룹에 근무했던 한 변호사가 삼성그룹에 대한 조직적이고도 장기적인 뇌물비리를 폭로하자 세상이 떠들썩했다. 변호사로서 직무유기를 했다고 흥분하는 사람이 있는가 하면, 역시 전라도 사람 의리 없다고 하는 사람도 있고, 그 자식 미친 놈 아니야, 그 친구 지금까지 받은 돈이 얼만데 더 받으려고 하는 것 아니냐는 등 넥타이 맨 사람들의 비하도 있었고 반응이 여러 가지였다. 그러나 대를 위해서 소를 희생하고 언젠가 고쳐야 할 비리를 그 친구가 대신해줬다는 사람은 찾아보기 힘들었다. 개인적으론 나쁜 사람이지만 사회를 위해서 잘한 일이라고 한 사람도 별로 없었다. 그러면 이대로 계속 가란 말이냐 하는 물음엔 세상이 다 그런 것 아니냐 하는 대답이 내 주위에서 개선해야 된다는 대답보다 훨씬 많았다. 넥타이를 별로 맬 일이 없는 사람들의 반응은 아무래도 넥타이를 맨 사람보다 그를 지지하는 사람이 많았는데 당시 내 주위에 넥타이 맨 사람이 부족했던 게 찬반 비율을 정확히 알 수 없는 이유였지만 가난한 사람일수록 애국자가 많다는 가설은 통했던 것으로 기억한다. (예전 삼성의 극히 일부 파트와 거래했을 때를 떠올리면 그들은 충분히 이 나라 요소요소를 주물럭거릴 수 있다는 느낌이 들었었다.)

3) 쌀 직불금

우리 국민 상층부의 많은 사람이 무더기로 관련된 비리문화의 표상은 쌀 직불금 수령이다. 너나 할 것 없이 성인 28만 명이 받았다. 이 정도의 나랏돈은 받아도 아무 문제가 되지 않는 것처럼 감사원도, 보고받은 대통령도 유야무야 넘어가는 이상한 세상이다. 못 받은 사람만 바보 같아 향후라도 너도 나도 농지 사재기 열풍에 보탬을 줄 것이다. 부동산을 갖기 위해 직영하지도 않으면서 또 직영하지 않으면 소유권이 인정 안 되니까 직불금을 신청하는 식의 제도적인 모순이 우리나라엔 비일비재한 것 같다.

말이 나온 김에 선물과 뇌물의 차이를 관습으로 정하는 것도 중요하다고 생각되므로 차제에 뇌물과 선물의 차이를 법적으로 구별해보자. 현재 우리나라 대법원은 3,000만 원 이상은 뇌물 그 이하는 떡값으로 취급하여 실형선고를 하지 않는다. 현행 법인세법도 손비 인정 접대비 한도를 어느 정도 정하고 있으니 약간의 뇌물은 법으로도 인정받고 있는 셈이다. 예부터 들어온 단어지만 '사바사바'와 '와이로'라는 일본말이 있다. 또 '오찌'라는 뇌물에 대한 별칭도 한때 많이 통용됐었다. 사바사바라는 말은 문자 그대로 사바 즉, 고등어 두 마리면 웬만한 일은 처리되었다는 뜻에서 유래되었다고 한다. 우리가 보통 떡값이라고 하는 말은 일본의 '모찌다이'에서 유래했는데 사실은 윗사람이 아랫사람에게 주는 하사금 성격이었다고 한다. 그런데 우리나

라에 들어와서 아랫사람이 윗사람에게 또는 업자가 정치인이나 공무
원에게 상납하는 돈이 되고 말았다. 체구가 작아서일까, 배포가 작아
서일까? 우리보다 규모가 작다. 그래서 왜놈이라 비웃었던가?

다. 부패를 부추기는 것들

왜 우리는 선진국보다 부정부패가 만연할까? 뭔가 문화적인 특성
이 있지 않을까? 이런 종류의 많은 논문 중 하나가 2003년 전수일 광
운대 교수가 쓴 '한국의 부패문화에 관한 연구'다. 그 논문은 말한다.
우리의 부패는 사회문화적 배경과 역사적 바탕의 산물이다. 환언하면
사회적 풍토의 부산물이라고 부패의 근저를 우리의 문화적 배경에서
찾고 있다. 문화적 배경은 3가지, 공자주의, 지나친 가족주의, 사회관
행이다. 이런 문화적 배경은 권력지상주의, 연고관계 중시주의, 정의
(情誼)적 인간관계, 의식(儀式)주의, 한턱 쏴라 라는 행태를 불러온다
고 한다.

누누이 지적했던 삼강오륜의 종적 질서는 권위를 유발하고 그냥
지나쳐서는 안 될 일도 권위 앞에 묻혀 지나간다. 지나친 연고주의는
인그룹과 아웃그룹을 분리하고 인그룹에게는 합리적인 처리보다 정
의적 인간관계가 앞선다. 지나친 가족주의는 예전과 반대로 상향식
가족주의가 아니라 비속이 존속을 위하느라 문제가 되고 있다. 결혼
할 때 전셋집이라도 얻어줘야 하고 결혼 후에도 보살펴야 마음이 놓
인다. 그래서 한 푼이라도 더 벌고 더 모으려고 버둥거린다. 사회관행
으로는 서양에서 부패로 간주되는 선물관행과 상납관행 등이 관례라
는 이름으로 통용되고 부패를 부추긴다. 이러한 관행마저 그 규모와

상황 등에서 동양 3국이 다르다.

라. 나름대로 방지책을 적어본다

선진국이 될수록 뇌물은 없어지고 부패는 사라져간다. 웬만큼만 먹고 살아도 남에게 피해주지 않고 인생의 새로운 가치를 찾아 나서는 사람이 많다. 그것은 굶지 않고 살면 됐지, 산다는 게 꼭 돈과 경제로만 따질 수 없는 것이라는 걸 깨닫기 때문이다.

문화권에 따라 다르지만 정통 영미 계통이나 서구 사람들은 업무에 따른 접대나 술 문화에 우리처럼 익숙하지 않다. 임진왜란을 타고 성리학이 전해진 후 뇌물정치가 싹 텄다는 정치권을 빼면 일본도 서양과 비슷하다.(조선 선비와 일본 사무라이: 호사카 유지) 16세기 '도꾸가와 이에야스'는 부를 개인의 소유로 생각하지 않았다. 하늘이 자기에게 관리하라고 맡긴 것으로 생각했다. 최근 도요다의 경영방식과는 다른 일본식 경영의 창시자 '마쓰시타 고노스케'도 같은 생각을 우리에게 알렸다. 노사협조, 인재양성, 종신고용을 목표로 경영했지 돈을 제1목표로 하지 않았다. 대공황 때 세계의 모든 기업들과 다르게 마스시타는 월급 전액 지급을 약속했고 1972년 일본 기업의 58%가 55세 정년을 채택하고 있을 때 과감히 60세로 정년을 연장했다. IMF 때는 숙련공의 정년을 또다시 65세로 연장하여 모두를 놀라게 했다. 그래서 그는 천 년에 한 번 나올까 말까 한 일본 기업인으로 추앙받고 있다. 일본은 국가와 회사가 부자지 개인이 부자가 아니라고 말하지만 그렇다고 그 국가의 부나 회사의 부가 권력자나 오너의 몫이 아니란 점도 우리는 알아야 한다.

뇌물은 당사자한테는 이득을 가져다주지만 다른 많은 사람한테는 피해를 주는 행위라는 인식이 우리에겐 별로 없다. 어떻게 하면 부정부패가 줄고 보다 투명한 국가가 될 것인가 나름대로 10가지 방지책을 적어본다.

1) 윤리, 도덕 측면

가) 선비정신의 교육

청렴과 명예를 좇고 재물과 양명을 탐하지 않는 자세는 선비정신의 핵이다. 속유(俗儒)가 아니라 진유(眞儒)다. 우리의 핏속에 흐르는 진정한 선비정신의 발로야말로 부패행위를 척결시키는 지름길이다. 그런데 그런 교육을 받았다는 청소년은 12.6%에 불과하다. 돈이란 좋은 것이지만 과하면 사람을 옭아매는 몹쓸 것이라는 가치기준이 필요하다. 공사구별과 남에게 피해주지 않는 교육도 부패를 척결하는 데 간접적으로 도움을 준다. 온정주의와 남의 잘못을 너그러이 용서하는 관용을 자신에게 적용시키는 것은 꺼려야 한다. 안빈낙도는 행복으로 연결되는 한 통로다. 그런 의미에서 요즘 젊은 사람들 사이에서 유행하는 쿨(cool)이라는 단어가 뇌물과 돈 문제에도 연결되기 바란다.

나) 윗물이 맑아야

대통령이 비자금을 모으니 아랫사람이라고 가만있을까. 재벌, 국회의원, 장차관, 고급공무원, 장성을 부정부패 5적으로 적시한 김지하 시인의 '5적'이란 시는 1970년에 발표됐다. 요즈음은 5적만의 행동양식이 문제가 아니다. 관료, 정치인, 언론인, 기업, 노조 등 각종 이해집단의 부정부패가 모든 국민들 속에 일종의 문화습관으로 자리하고 있다. 윗물이 맑지 않기 때문이다.

2) 법규 측면

가) 벌칙의 강화

강한 벌칙은 아무래도 부정부패를 시들게 한다. 외국의 예를 보면 한 번 잘못은 대를 이어 짊어지기 때문에 벌칙이 무서워 아예 위반하지 않는다고 한다. 조그만 세금도 예외 없이 죽을 때까지 쫓아다닌다. 미국에서 살다가 홍콩에서 몇 년 근무하고 귀국한 사람이 홍콩으로부터 날아온 고지서에 미국에서 내지 않았던 사소한 세금이 적혀 있는 걸 보고 놀랐다는 소리를 들었다. 끝까지 추적해 한국까지 날아온 것이다.

고무줄 형량도 문제다. 늦은 감이 있지만 2009년 4월 대법원은 8대 양형기준을 설정했다. 판사들에 따라 들쭉날쭉한 형량에 어느 정도 가이드라인을 정한 거다. 최근에는 양형에 관한 의원 입법도 있다. 법으로만 대충 정해진 형량을 보다 구체화하여 편차를 줄이자는 것이 입법 취지다.

나) 공소시효 기간의 연장

현재 직권남용의 공소시효는 5년, 직무유기의 공소시효는 3년으로 되어 있어 너무 짧은 감이 있다. 모든 공소시효를 지금보다 최소 배가시키는 것은 부패문화와 경제범을 바로잡는 데 도움을 줄 것이다. 최근 어린이 성범죄의 공소시효를 없애자는 공론처럼 공소시효 기간의 연장이 필요하다. 외국에는 공소시효가 없는 것도 있다.

다) 감독기관의 강화

조직 내에 있는 감사 기능은 미약할 수밖에 없다는 측면에서 외부 감독기관의 강화는 필수적이다. 특히 감독기관의 강화 가운데 다른 나라와 비교되는 것은 감사원이다. 직무에 관하여는 독립된 지위를 가지고 있다고 하나 세계에서 감사원이 행정부에 속해 있는 나라는 스위스와 우리밖에 없다. 보통은 독립기구 아니면 국회 소속이다. 따지고 보면 국회에 속해 있는 것도 좋지 않다. 민의가 반영된 곳이라는 명분이 있지만 국회를 둘러싼 부정부패와 권력투쟁 또한 감시해야 할 대상으로 인식된지 이미 오래기 때문이다. 따라서 감사원은 사법부처럼 독립시켜 국민을 위한 독자적인 업무처리를 하여야 마땅하다고 본다. 다행히 감사원의 회계기능만큼은 국회로 가져온다는 헌법연구회의 개정안은 진일보한 안이다.

3) 규제 완화

각종 규제 완화는 진입장벽을 낮추고 공권력의 남용이나 지위의 악용을 방지한다. 관료의 부정부패는 포저티브 시스템을 취하는 규제에서 출발한다고 해도 과언이 아니다. 독점적, 권위적 규제에서 네거티브 시스템으로 변경하여 웬만한 규제는 해제하고 원스톱 서비스를 제공해야 한다.

* 포저티브 시스템 : 이것이것 외에는 하지 말라는 규약
  네거티브 시스템 : 이것이것 외에는 해도 좋다는 제도

4) 언론 출판의 자유와 NGO의 활발한 활동 보장

언론 출판의 자유와 NGO의 활발한 활동 보장도 부정부패를 축소하는 데 큰 역할을 한다. 언론기관의 많은 부패 뉴스는 부패 기회에 동참하고 싶은 부정적인 측면도 있으나 공개함으로써 여론에 긍정적 영향을 미친다. 각종 NGO의 추적과 감시 활동 또한 부정행위와 부패를 척결하는 데 큰 몫을 한다. 따라서 NGO의 활동은 장려해야 원안이다.

5) 제도적 측면

가) 사회임금의 인상

생존에 대한 책임이 개인에게만 있지 않고 국가에도 있다는 논리
하에 복지국가에서 배려하는 임금이 사회임금이다. 교육 및 의료비에
대한 보조, 조기 퇴직에 대한 배려, 국민연금, 노령연금의 강화 등이
부정부패를 축출하는 데 분명 일조한다. 노후에도 20~30년은 살아야
하는 생존에 대한 불안감은 현역 시절 부정부패에 쉽게 물들게 된다.
보다 많은 사회임금과 60세 이상에 퇴직을 용인하는 사회분위기가
자리 잡지 않고는 현재보다 더 많이 내고 더 적게 타는 미래의 국민
연금 수령도 불안하다.

나) 검찰과 사법부의 독립

민주주의에서 삼권분립을 강조하는 것은 절대권력의 남용으로부
터 생성되는 부정과 부패를 막는 데도 큰 목적이 있다. 그러나 모든
권력기관의 장을 대통령이 임명하는 현행제도하에서는 그 목적을 제
대로 시행할 수 없다. 검찰총장과 대법원장을 선거로 뽑을 수 없다면
대통령의 추천권이나 영향력을 배제하고 대통령은 단순한 임명자로
서 제도화하는 것이다. 그래야 공정한 수사가 될 수 있고 온전한 법
집행을 할 수 있다. 아무리 강조해도 지나치지 않다.

다) 대통령 절대권력의 축소

그간 우리나라 대통령이라는 위치는 국민의 입장에서 보면 차라리
왕이기를 바랬다. 왕조의 역사만을 간직한 우리의 정서 때문이겠지만
이제는 대통령 권한을 줄일 때가 됐다. 절대권력은 절대 부패한다고
하지 않는가. 곳곳에 숨어 있는 대통령의 절대권력은 본인이 아니라
도 권력형 부패를 양산한다.

10명 중 6명은 사면받는다는 대통령의 사면권 또한 문제다. 국민 화합 차원에서 한다지만 오히려 화합을 깨뜨릴 수도 있다. 세계 어느 나라를 봐도 우리처럼 대통령이 사면권을 휘두르는 나라는 흔하지 않은 것 같다. 부정부패로 10억 원을 벌 수 있다면 감옥에서 10년을 지낼 수 있다는 청소년의 대답도 좀 고생하면 가석방되거나 사면되 겠지 하는 생각에서였을 거다.

결론을 이야기하겠다. 공부 못한 사람 연필 탓 한다고 사실 지금까 지의 법과 제도만으로도 마음만 있으며 공직부패의 근절은 충분했다. 1980년에 제정된 바람직한 공직자상을 그려 놓은 '공직자 윤리헌장' 을 기초로 2번의 개정을 거친 '공직자 윤리법' 집행으로도 벌칙은 충 분하다. 그것을 지키려고 하는 자세와 운영의 묘가 더욱 중요하다. 공 직자 윤리법에 기재된 몰수특례법 등이 사문화되다시피 됐기 때문에 구속력을 갖춘 청렴유지를 위한 공무원 행동강령이 2003년에 다시 필요했던 것이다. 거기에는 경조사의 통지금지와 5만 원 초과의 경조 금 금지까지 구체적으로 기재되어 있다. 지금도 논의되고 있는 고위 공직자 비리조사처 설치법, 상시적 특별검사제, 검찰인사위원회 강화 등이 없어도 현재의 통제기구로도 지키려는 분위기 형성과 의지만 있으며 충분히 가능하다고 본다. 옥상옥은 문제를 더 복잡하게 만들 것이다.

더욱이 우리를 답답하게 하는 것은 2005년 만든 '투명사회협약실 천협의회'에 대한 지원을 중단함으로써 반부패정책에 소홀하고 있고 OECD 뇌물방지협약 이행과 결과를 잘 지키지 않고 있다는 점이다.

3. 법치와 폴리스라인

법치란 원래 법대로 다스린다는 소리다. 자의적인 지배를
배격한다는 소리다. 따라서 법치란 높은 사람한테 해당되는
소리다. 그런데 이상하게 위정자가 강조하는 법치가 마치
아랫사람한테 해당되는 것처럼 들린다. 그렇지만 아랫사람
은 위에서 법치를 하지 않고 법 준수를 외치면 누가 법을 지
키겠는가 공염불이라고 강변한다.

사람은 모두가 질서 있고 편하게 살자고 법을 만든다. 편안하고 행
복하게 사는 사회란 질서가 잘 지켜지고 눈살 찌푸리는 일이 좀처럼
일어나지 않는 사회다. 따라서 굳이 법을 만들지 않아도 인간의 기본
도리인 윤리와 도덕만으로 해결할 수 있다면 더욱 좋다. 상식적으로
합리적으로 서로 사리판단을 잘하면 성문법은 꼭 필요 없다. 그런데
도 성문법이 필요한 것은 사회가 그만큼 복잡해지고 제3자가 판단해
줘야 할 경우의 수가 늘어나기 때문이다. 그러므로 법이 많다는 것은
그만큼 사회가 복잡하고 서로 상충하는 사건이 많다는 뜻이다. 관습
만으로 잘 안 되는 것이 인간사회라 어쩔 수 없지만, 법은 없을수록
좋고 적을수록 좋다. 따라서 지키기 어려운 법이라면 차라리 없애는
게 더 낫다. '법대로 해' 하는 말이 많은 사회는 저급한 사회다.

우리 사회는 법이 너무 많은 것 같다. 툭하면 법을 만든다. 법 하면
네거티브한 측면이 먼저 떠올라서일까 웬만하면 법을 안 만들었으면
좋겠다는 생각이 먼저 든다. 그런데도 국회의원들은 서로 법 만들기
경쟁을 하는 것 같다. 그리고 그것으로 의정활동을 평가한다. 연말이

면 수 천건의 법안이 자동 폐기되는 것은 무엇을 뜻할까?

상식이 통하고 관습으로 처리하고, 관례에 준하고 윤리와 도덕으로 일처리를 하는 게 아니라 꼭 법을 갖다 들이미는 것이 우리 사회의 폐단이다. '그런 법이 어딨어!' 등 무엇이든지 법 만들기를 좋아하고 법이 없으면 아예 일처리가 되지 않는 사회문화 풍토가 문제다. 어떤 경우는 처벌해야 마땅함에도 법이 없어 처벌할 수 없는 경우가 있는가 하면 아직까지 법이 없으니 죄가 아니라는 둥, 한 술 더 떠 그 허점을 이용해 자신은 지금까지 한 번도 법을 어긴 적이 없고 양심껏 살았다고 자랑스레 이야기하는 사람도 많다. 정말 법 없이 사는 세상이 왔으면 좋겠다.

정부는 올해도 법치를 강조하고 또 강조했다. 법을 지키지 않는 자에게는 엄중한 처벌을 내리겠다고 힘주어 말했다. 그래도 법은 잘 지켜지지 않는다. 돈과 관련한 법은 말할 것도 없고 집시법, 노동쟁의법 또한 잘 지켜지지 않는다. 그래서 정부는 법질서 확립을 위한 예산을 책정해놓고 있다. 법의 내용을 잘 몰라 홍보하는 교육이라면 모를까, 법을 지키라고 교육하는 예산, 안 지키면 강제로 지키도록 만들겠다고 하는 예산이 다 있을까?

최근 들어 법치를 부르짖는 소리가 어쩐지 심상치 않다. 과거 1950년대 초 근거 없는 소문으로 미국을 떠들썩하게 했던 매카시 상원의원 수법이 생각난다고 하면 매우 도전적인 발상일까? 실컷 두드려 잡고 잘못되면 그만이라는 용두사미식은 곤란하다. 1974년 민청학련 사건 1심 공판에서 강신옥 변호사는 '법은 정치나 권력의 시녀'라고 상식에 가깝지만 충격적인 발언을 했고 2008년 10월 검찰 창설 60주년 기념식에서 당시 검찰총장은 '국법질서의 확립이나 사회정의의 실현에 치우친 나머지 인권을 최대한 지켜내지 못했다'고 고백했다. 무엇이 국법질서고 사회정의인지는 모르겠으나 34년이 지나도 변한 게 하나 없다. 인권을 침해받고 있을 때 침묵하던 법이 견디다 못한 약자가 세상에 알리고 바로잡기 위해 몸을 파르르 떠는 순간 뒤늦게 개입하여 약자만을 처벌했던 경우는 없었을까?

한마디 덧붙이고 싶은 것은 MB정부는 법질서 예산의 구체적 목표를 불법노조와 불법시위에 두고 있는 것 같은 느낌이다. 물론 불법노조와 불법시위를 근절해야 함은 두말할 필요도 없다. 그러나 그것은 서민대중에게 그리 가까운 명제가 아니다. 조용한 다수는 강 건너 불구경하는 데도 정부는 가장 시급한 법질서 확립이 마치 불법노조와 불법시위에 한정되어 있는 것처럼 프로그램을 짜고 있다. 그들이 왜 움직이는가에 대한 궤적과 기본적 입장은 따지지 않는다. 밑에서 바라보는 법질서 확립은 지도급 인사들의 부정부패, 신뢰를 주지 못하는 언행, 국민은 안중에도 없는 횡포, 국민의 이름으로 저질러지는 파렴치한 행동 등에 그 시급함이 있다. 어쩜 그렇게 철면피 같은 불법을 소리 소문 없이 잘도 저지르고 검찰청의 포토라인에 당당한 얼굴로 서는가? 차라리 흉악범의 초상을 보이고 경제 관련 탈법자의 초상을 가리는 쪽으로 경찰청과 검찰청의 내규를 바꾸는 것이 더 낫겠다 싶을 정도다.

한마디로 고위층과 상층부의 준법이 지켜진다면 법질서 확립은 거의 끝난 것이나 다름없다. 법을 지키라는 수천 마디보다 윗사람의 본보기가 더 중요하다. 이점을 간과하고 법질서 확립을 강조하는 것은 역겨울 뿐이며 서민대중들의 입을 또 한 번 거칠게 만드는 일이고 국민을 기만하는 행위다. 만약 지도급 인사들의 법질서 확립이 굳혀진다면 아랫사람들의 법질서 확립은 여간 쉬운 게 아니다. 아랫사람은 저항할 건더기도 없기 때문이다. 그렇게 된다면 불법노조도 불법시위도 많이 사라지고 사회는 한결 부드러워질 것이다. 지도급 인사들의 법 준수와 바른 언행에 대한 영향력은 서민 대중이 법을 지키지 않는 것과는 파급효과 면에서 천양지판이다. 법과 정의를 말하는 사람들이여! 법과 정의를 말하려거든 먼저 자신이 법을 지키고 정의로운 사람인가를 보여라. 그렇지 않으면 가증스럽다. 민간인 불법도청 같은 일을 하지 말라는 소리다.

폴리스라인과 촛불집회

그런 법치 중의 하나가 폴리스라인이다. 폴리스라인을 지키지 않는 것을 공권력에 대한 도전으로 볼 것이냐, 단순하고 가벼운 교통질서 위반 정도로 볼 것이냐에 따라 판단은 달라지고 대처요령도 달라질 것이지만 촛불집회는 확실히 후자에 속할 것 같다.

촛불집회의 효시는 2002년 월드컵이 한창일 때 미군 장갑차에 치여 죽은 효선, 미선 양 사건이다. 기억이 정확한지 모르겠지만 미군의 실수였는데 미국 측의 사과와 판정이 미진했던 게 국민감정을 건드렸던 것 같다. 그때 처음으로 등장했던 촛불은 참 신선했다는 기억을 감출 수 없다. 나도 저기에 한번 동참하고 싶은 마음을 불러일으켰었다. 그런 감정은 나만이 아니었던가보다. 많은 사람이 동참했다.

지금은 어떤가? 뚜렷한 목적을 가진 데모라기보다 어느 중학생의 표현처럼 학교에서 배우는 죽은 교육이 아닌 거리에서 배우는 산교육이자 다양한 표현 방법을 배우는 광장이라는 측면마저 있다. 함께 어울리면서 춤추고, 분노하면서 자기의 주장을 펼치는 신나는 축제요, 놀이문화라고까지 말할 수 있다. 따라서 정치, 경제, 교육, 문화 등 우리 사회 전반에 걸친 국민들의 감정 표출이기 때문에 시위대의 파행이 문제가 되지 않는다면 그냥 놔둬도 된다. 문제는 폴리스라인이다. 폴리스라인을 지키는 것도 준법이요, 지키게 하는 것도 법치이기 때문에 단순한 폴리스라인 침범을 공권력에 대한 도전으로 보느냐 여부다?

미국산 쇠고기 파동이 한창(2008년 6월 10일) 절정에 달한 날 나도 봤다. 미니스커트에 굽 높은 하이힐을 신고 혼자 걸어가는 젊은 여자도 꽤 많고, 연인끼리 데이트하는 사람도 있고, 어린이를 안고 가는 사람도 있다. 공무원 노조도 참석하고 꽹과리도 등장한다. 어리다 싶은 교복 입은 여중생도 대열에서 열심히 소리친다. '미친 소는 너나 먹어, 미친 소는 청와대로' 그 사이를 뚫고 어기적거리며 퇴근하는 자가용도 있다. 하나의 페스티발이요 거리문화 같다.

그런데도 전의경은 데모하는 반대편에 서서 시위대의 입장이 무언지 알 필요도 없이, 설혹 알고 있더라도 어쩔 수 없겠지만, 열심히 책무를 다하고 있는 모습이 무척 안타깝다. 청와대로 올라가는 모든 길을 차단하고 광화문 사거리에는 컨테이너 박스가 등장했다. 소위 명박산성이다. 이순신 장군의 동상이 뭐라고 말하고 있을까? 시위와 무관한 시민들도 곧장 갈 수 없다. 우회하라고 한다. 다 같은 국민인데 시위대는 시위대대로, 전의경은 전의경대로 자기 미션을 다하고 있다. 경찰은 폴리스라인을 지키라고 한다. 그러나 폴리스라인을 지키면서 데모하라는 건 데모하지 말라는 소리와 같다. 그렇다고 폴리스라인을 위배한 군중을 그냥 봐줄 수도 없다. 창과 방패, 말 그대로 모순을 보는 것 같다.

그러나 뭐든지 오래가면 탈나게 마련이다. 데모는 데모로 끝나야 한다. 그리고 위정자는 그걸 반영해야 된다. 문제는 그곳에 가지 않는 더 많은 시민들의 생각이 같지 않을 때다. 이번 쇠고기 사태에 대해 내가 만나본 시민들의 생각은 이제 그만 좀 하라는 투다. 내용으로 봐서 그 정도면 됐지 않나 싶은 생각이 주류였다.

대학시절 참 많은 데모가 있었다. 끄떡하면 종강이고 휴강이었다. 무슨 꺼리가 없어 데모를 못하는 것 같았다. 한편으론 공부하기 싫으니까 그런다 싶을 정도였다. 그도 그럴 것이 유신헌법이 공포되고 긴급조치가 긴급히 발표되고 정국은 아수라장이 되었다. 그때의 격렬한 시위를 보면서 서로 평화적으로 하면 좋을 텐데 왜 안 될까? 한 발씩 양보하면서 같이 접점을 찾으면 될 텐데 항상 동조자로서만 생각했다. 안타까운 마음을 달랠 길이 없었다. 아니 그보다도 그런 상황이 오지 말았어야 당연하지만. '이러니 나라꼴이 뭐가 되겠어, 이런 나라에 태어나지 말았어야 되는데 태어난 게 불행이지' 하는 생각을 멈출 수가 없었다.

그래도 지금은 옛날보다 격렬히 충돌하는 모습이 적어 좋다. 해방 후에는 더 심했겠지만 7080 세대는 죽기 아니면 살기 식의 데모가 유행했다. 경찰과 학생 사이에 이기고 지는 패싸움 같다고나 할까. 밀고 당기고 헤쳐 모인 시위대를 향해 화염병과 페퍼포그가 여기저기 어지럽게 날아다니고 스모그 자욱한 거리를 콧물 눈물 흘리며 숨도 제대로 못 쉬고 캥캥거리면서 이 골목 저 골목을 쫓고 쫓기며 돌아다녔다. 그냥 무대포였다. 데모 행패였다고나 할까. 거기에 비하면 요즈음 촛불집회는 양반이요, 서정을 느낄 수 있을 정도로 신사적이다. 폴리스 라인을 어기면 되네, 안 되네 하면서 찬반토론을 열심히 한다. 많이 발전한 모습이다. 이러기를 근 30년 아니 해방 후 계속이라고 봐야겠다. 해방 후로 이 나라에 한 번도 편한 날이 있었을까? 그러니 각자 모두가 자기 세대가 가장 혹독하게 세상을 겪었노라고 회상하고 있다.

한때 국회에서는 집시법 개정이 한참 중요한 이슈로 떠오른 적이 있다. 쟁점은 밤 10시부터 다음 날 아침 6시까지 집회를 금하자는 것이었다. 말하자면 집회 통행금지 시간을 두자는 것이다. 당연히 반대하는 목소리가 만만찮았다. 그러나 위정자 입장에선 밤에 시위를 방치하는 것도 나라를 위해서 불안하기 그지없을 것이다. 혹시 어떻게 되지나 않을까 좋게 해석하면 그렇다. 스스로 진보에 더 가깝다고 생각하는 나도 내가 위정자라면 제발 12시부터 4시 정도까지는 집에 돌아가서 편히 쉬었으면 하고 바랄 것이다. 그래서 나는 오래 전부터 집회장소와 시간을 일정부분 제한했으면 좋겠다고 생각한다. 특정한 큰 행사가 대기하고 있지 않은 주말이나 휴일에 시위를 하려면 지금처럼 해도 되지만 평일 시위를 하려면 서울에서 장소도 넓고 대중들에게 잘 알려진 댓 군데 정도를 선정해서 거기서만 하게 하는 것이다. 가령 명동성당에서 한다면 그 안에서만 하게 하고 국회의사당 잔디밭에서 한다면 그 안에서만 하게 하는 것이다. 시청 앞 광장이나 지나가는 차들이 볼 수 있는 고수부지도 괜찮다. 강남에서도 적당한 데를 찾는다. 말하자면 옛날 아테네의 직접민주정치처럼 토론의 광장 아고라를 오프라인에도 만들자는 것이다. 소크라테스 같은 사람이 나와서 떠들면 더욱 좋다. 그러면 기자들도 그 장소에 가면 되고 일반인도 그 장소를 구경삼아 가는 것이다. 시간을 두고 정착시키면 평일 시청 앞 광장이나 광화문에서 바삐 오가는 행인이나 출퇴근하는 사람들 어렵게 만들지 않을 것 같다. 이러한 것은 관습법으로 되지 않을 테니 아예 성문법으로 정해 놓으면 어떨까?

4. 인터넷 문화와 직접민주주의

인터넷이 생긴 이래로 사이버 공간에 대한 논란이 끊이질 않는다. 사이버 폭력을 규제할 것인가, 표현의 자유를 앞세울 것인가? 앞으로 논란은 더욱 거세질 것이다.

인터넷의 장점은 무엇인가? 개인도 정부나 권력기관과 똑같이 정보를 공유할 수 있다는 점이다. 개인끼리 삽시간에 정보를 공유해서 세력화시킬 수 있고 집단화시킬 수 있다. 여론화하고 의식화할 수 있다. 특히 우리의 인터넷 보급률은 세계 최고 수준이어서 전 국민의 의사를 타진할 수도 있다. 모두가 자기 의견을 쌍방향으로 피력할 수 있으므로 인터넷을 통해 투표도 할 수 있다. 정치는 이 점을 수용해야 하고 지도자는 이에 대처해야 하고 정부는 이를 좋은 방향으로 이끌어야 한다. 앞으로 인터넷은 직접민주정치를 실현하는 도구로 사용될 가능성이 충분히 있다. 한발 더 나아가 요즘 SNS(social network service)가 대세다. 문화적으로 제2의 시민혁명을 가져올 것으로 필자는 예측한다.

18세기 증기기관차로 대표되는 산업혁명을 거쳐 19세기 전기의 발명으로 또 한 번의 기술혁신을 이룩한 세계는 컴퓨터로 대표되는 제3차 산업혁명의 시대에 살고 있다. '제3의 물결'에서 예고한 것처럼 산업화사회를 지나 지식정보화시대로 이행하고 있다. 과거 산업혁명시절 서구에서 절대왕정을 무너뜨리고 시민사회를 만든 신문은 인권을 일깨우고 평등사상을 시민에게 전파했다. 이제 활자매체인 신문의 역할이 줄어든 대신 그 자리를 인터넷이 메워가고 있다. 젊은 세대는 물론 50~60대도 인터넷 카페와 블로그를 만들고 다양한 메일을 교환한다. 한마디로 포털사이트는 시민저널리즘이다. 싸이월드, UCC, 페이스 북, 트위터, 카카오톡은 여론을 형성하는 주요공간이다. 이제 아무도 SNS 여론을 무시하지 못한다. 오피니언 리더라고 자처하는 조·중·동을 비롯한 공식 매스컴보다 더 많은 국민의 의견이 모이는 곳이다. 가히 인터넷은 제2의 시민혁명을 불러일으키고 있다. 어떤 이는 직접민주정치를 중우정치라고 몰아붙이지만 그래도 많은 사람들이 참여하는 직접민주정치는 대개 더 좋은 방향으로 발전을 거듭해왔다. 따라서 SNS 여론은 존중되어야 하며 리더는 그 뜻을 간파하고 옳은 방향으로 인도해야 한다. 그런 의미에서 모바일은 직접민주주의를 실현할 수 있는 좋은 도구다. 드디어 19대 총선에서 중앙선거관리위원회는 SNS 선거활동을 인정했다.

그러나 좋은 도구도 악용하면 해가 될 수 있다. 가상공간에서 다자간 쌍방향 커뮤니케이션을 하는 인터넷의 기능은 여러 가지 순기능이 많지만 무책임한 인터넷은 역기능도 한다. 비방이 아닌 비평이나 비판은 순기능에 속하지만 익명으로 타인을 비난하고 사생활을 침해하는 것은 대표적 역기능 중의 하나다. 각종 비실명 댓글과 악플을 무기로 인신공격하는 행위는 타인의 명예를 손상하고 모욕을 주는 행위다. 표현의 자유를 앞세운 허위사실 유포도 역기능 중의 하나다. 그런데도 불구하고 역기능도 어느 정도 받아들여야 한다고 주장한다. 빈대 잡으려다 초가삼간 태우는 격이기 때문에 그대로 지나쳐야 한다고 말한다. 즉, 인터넷의 희화화 기능에 비해 표현의 자유라는 순기능이 말살될지 모르기 때문이라고 한다.

정부는 이러한 역기능을 해소하기 위해 논란 끝에 '인터넷 주소 자원관리법'을 통해 게시판에 글을 올릴 때는 본인 확인을 하도록 하는 인터넷 실명제를 추진하고 그 최초의 결과물로 2004.3.12 개정 공포한 공직선거 및 선거부정방지법에 그 규정을 내놓았다. 공명한 선거를 위한 법규에 명시된 규정을 어기면 1,000만 원 이하의 과태료를 문다. 현재 실시되고 있는 세 종류의 인터넷 실명제에 관한 법 중 마지막 법은 익명성을 무시하고 복잡한 회원등록을 하도록 하는 법이다. 우여곡절 끝에 2007년 7월부터 실질적으로 실시되어 지금은 대부분 대형 포털사이트와 언론기관에서 지켜야 하는 '개정된 정보통신망 이용촉진 및 정보보호 등에 관한 법률'이 그것이다. 그런데 이것만으로 부족하다고 판단한 정부는 2008년 7월 형법상의 모욕죄와 별도로 정보통신법상 '사이버 모욕죄'를 신설하려다 좌절됐다. 사이버 모욕죄란 인터넷과 같은 사이버 공간에서 사람을 모욕함으로써 성립하는 범죄다. 현재 오프라인의 형법상 모욕죄는 있으나 온라인의 모욕죄는 없다. 반대 측은 형법상 모욕죄로 충분하다고 한다. 물론 사이버 명예훼손죄는 존재하고 있다. 명예훼손죄와 모욕죄의 구별은 구체적 사실을 적시하는가 유무에 달려 있다고 한다. 그러나 구체적 사실의 적시가 없더라도 여러 사람 앞에서 경멸적인 표현을 했다면 그것은 모욕죄에 해당한다. 그래서 정부는 '누구든지 정보통신망을 통해 타인을 모욕하는 행위를 한 자는 3년 이하의 징역 또는 3,000만 원 이하의 벌금에 처한다. 전항의 죄를 처벌할 때는 피해자의 의사를 존중해야 한다'라고 정보통신망법 개정안을 마련했었다. 풀이하면 피해자가 의견을 진술하지 않더라도 모욕죄로 처벌하겠다는 뜻이다. 문제는 피해자가 모욕을 당했다고 의견을 진술 시 모욕죄가 성립하는 특성에도 불구하고 의사표시가 없어도 모욕죄를 성립시키고 다만 처벌

시 피해자의 의견을 묻겠다는 소리다. 그런데 모욕죄는 전 세계적으로 사라져가는 추세이고 대부분 OECD국가에서 사문화 되어가고 있을 뿐 아니라 세계언론자유위원회도 폐지를 권고하고 있다는 점이다. 현재 사이버모욕죄를 실시하고 있는 나라는 중국이 유일하며 민주국가에서는 우리나라가 최초로 도입하려 하고 있다. 그런데도 불구하고 사이버 모욕죄를 신설하려고 했던 이유는 익명으로 인한 건전성 및 사생활 침해, 무책임하고 감정적인 선동, 그로 인한 이성의 마비, 왜곡된 정보와 유언비어 날조로 사회질서를 어지럽힌다고 판단했기 때문이다. 이랬던 정부가 올 7월부터는 실명제를 폐지하려고 한다. SNS의 등장으로 개인정보만 누출되지 아무 쓸모가 없어졌기 때문이다.

댓글이 상수도라면 악플은 하수도다. 살아가려면 상수도만 필요한 게 아니고 하수도도 필요하듯이 악플은 그야말로 필요악이다. 네티켓(인터넷 에티켓)을 지킨 악플은 발전을 위해서도 필요하다. 예를 들어 미네르바를 체포한 판사의 신상을 인터넷에 띄우고 집단 매도하는 것은 위험천만한 일이라고 보수언론은 떠들고 있으나 그의 사생활을 올린 것도 아니고 과거 공식적인 기록을 갖고 왈가왈부하는 것은 충분히 있을 수 있는 일이다. 그것은 판사를 모욕하는 것이 아니라 사실을 직시하는 것이고 진실과 연결시키는 것이다. 그것을 모욕이나 명예훼손죄라고 생각하는 것은 외국 언론이 지적했듯이 표현의 자유에 대한 문제고 그러한 사태를 일으킨 정부에 더 책임이 있음을 느껴야 한다. 따라서 인터넷 괴담과 악플이 많다는 것은 그만큼 사회가 잘못되어 가고 병들어 있다는 방증이기도 하다.

덧붙여 지적하고 싶은 것은 우리 사회는 개인의 프라이버시를 너무 존중한 나머지 리더나 지도자의 프라이버시는 물론 공익을 위한 개인의 프라이버시도 노출돼서는 안 된다는 점이다. 과연 개인의 프라이버시를 위해 공익과 공공성을 훼손해야 한단 말인가? 물론 공익과 관련 없는 프라이버시는 존중되어야 한다. 가령 그 사람의 이성문제나 제3자에게 영향을 주지 않는 가족사 같은 거 말이다. 그러나 공익과 관련된 문제라면 어느 정도 초상권의 침해는 인정해야 한다고 본다. 다만 부분별한 모욕은 삼가야 하고 제제를 받아야 마땅하다.

> 옆 나라 이야기지만 인기 연예인에 대한 일본사회의 처벌은 대단한 것 같다. 음주 후 공원에서의 추태가 원인이었는데 경찰은 마약 중독인지 모른다고 가택수색을 단행하고 매스컴은 일일이 보도해 팬들을 실망시켰고 끝내는 본인이 기자회견을 자청해 무릎을 꿇고 백배 사죄했다. 보기에 좀 민망할 정도였고 본인은 경제적으로도 큰 손해를 봤다. 만약 우리 사회라면 어땠을까?

표현의 자유는 보장되어야 하지만 공중에 전파되는 내용에 대해서는 그만한 책임이 뒤따라야 한다. 아무 글이나 희화화 논리로 감정에 치우친 글, 반대를 위한 반대 글을 게재하는 것은 제재받아 마땅하다. 표현의 자유를 앞세워 모든 기록이 허용되는 것은 사회적 아노미 현상마저 불러온다. 그래서 정부 여당에서는 인터넷 실명제를 실시하고 불고지죄를 적용하려고 하는 것이다. 언론의 자유, 표현의 자유도 중요하지만 상스러운 막말, 허위사실 유포, 무책임한 방종 같은 글은 통제하고 막아야 할 필요가 있다고 본다. 모든 댓글에 필명이 아닌 실명을 달게 하고 인터넷상의 고유번호를 쓰게 하는 것 등은 그래서 좋은 방안이라고 필자는 생각한다. 왜 당당하게 실명을 못 쓰는가! 2008년 법무부장관의 발언으로 구체화되기 시작하여 10월 한나라당이 발의하였으나 형법에 이미 존재하는 모욕죄와의 중첩성 및 모욕죄의 모호한 범위 등 반대 여론에 부딪혀 통과되지 못한 정보통신에 대한 법은 재고해볼 일이다. 다만 정치적으로 절대 악용되지 않아야 하고 실행은 신중해야 한다.

정부는 올해부터(2012) 인터넷 실명제 폐지를 계획하고 있다. 개인 정보 유출에 따른 폐해와 SNS로 인한 실명제의 유명무실화 때문이다. 그래도 댓글과 악플은 구별해야 한다.

5. 지역감정

> "여기 전라도 사람 없죠. 우리 회사는 전라도 사람 안 뽑아
> 요." 북한을 떠나 남한에 온 지 6년도 안 되는 오산에 사는
> 중년의 새터민 여자가 말했다. 나는 속으로 움찔했다. 아니
> 남한에 산 지 6년밖에 안 되는 여자의 귀에도 전라도에 대
> 한 지역감정이 박혀 있다니…….

지역감정이란 원래 인간의 속성 중 하나이기 때문에 어디에고 조
금씩은 있고 또 어떤 면에선 발전하기 위한 필요악이라고까지 말하
는 사람도 있지만 그래도 어쩔 땐 속이 부글부글 끓는다. 이야기를
피하려고 하면 뭔가 찝찝하고 계속하면 속 좁다고 하고, 까발리면 지
역주의자로 몰리고, 모두들 짐짓 모른 체 덮어두고 있기엔 가끔씩 떠
오르는 계륵 같은, 전라도 사람으로서는 잊기엔 좀 억울한 지역감정
에 대해서 한 번 생각해보고 싶다.

가. 역사적 배경

적어도 현대사에서 박정희 정권 전까지만 해도 그렇게까지 지역감
정이 노골적으로 심하진 않았다. 당시 이효상 국회의장을 비롯한 3부
요인이 오랫동안 한 지역 출신이라는 데서부터 지역감정은 심화됐다.
그러나 아주 크게 따지면 기원은 아마 삼국시대부터 시작되지 않았
을까 하는 생각이 든다. 삼국시대 싸움도 싸움이지만 신라가 삼국통
일을 하면서 백제지역의 주민들은 제대로 대접받지 못했을 것이고

반대로 고려 초에는 영남지역에 천민들이 사는 향소, 부곡이 많았음이 이를 방증한다. 조선 초기에는 고려의 유민이 많다는 이유로 이성계의 고향인 함경도와 평안도가, 중기에는 정여립의 모반사건으로 전라도가, 후기에는 이인좌의 난 등으로 경상도가 차별받았음이 지역감정으로 연결되었을 거라 추론된다. 하지만 모반으로 인한 차별은 지역감정의 구성요소인 고정관념, 편견, 차별을 고루 갖추고 있지 않으므로 엄밀한 의미에서 지역감정은 아니다.

전라도 개똥쇠(開童이)와 경상도 문둥이(文童이)는 언제부터일까? 원래 참 좋은 내용이었다고 짐작된다. 내가 아는 한 해방 후의 지역감정은 남북분단을 바라지 않은 김구 선생의 순회강연에 전라도 사람이 많이 참석하자 이를 못 마땅히 여긴 이승만 대통령이 옛날 자신의 독립자금 모임회에는 사람이 모이지 않았던 하와이 교민이 떠올라 전라도 사람을 하와이 같다고 표현한 게 시초였다고 한다. 그 후 1959년 삼류 잡지에 전라도를 하와이로 폄하한 글이 실리고 급기야 폐간되었던 사건이 전라도는 하와이라는 엉뚱한 비하와 함께 뇌리에 박히기 시작했을 것으로 짐작된다. 그 후 30년간 경상도 군부독재로 벙어리 냉가슴 앓다가 한 세대가 지난 후 3김의 대결구도 때 지역감정은 꽃을 피웠고 곡학아세하는 보수언론은 이를 뒷받침했다.

나. 내가 겪은 사건

친구가 부친상을 당해 문상을 갔다. 1987년 6·29선언 후 처음 치르는 대선에서 3김으로 대표되는 지역감정이 횡행하던 때였다. 요즘처럼 번듯한 장례식장이 많지 않을 때라 병원 안에 천막을 치고 장례를 치렀다. 내가 한쪽 천막에서 술을 들이켜고 있는데 옆 천막에서 '전라도 새끼들 때려 죽여'야 한다는 앙칼진 여자 목소리가 들렸다.

어디서 많이 듣던 목소리였다. 아뿔싸, 경기여고를 나와 이대를 졸업한 부산 재원이었다. 놀래 자빠지지 않을 수 없었다. 평소 때는 그런 내색이라곤 눈곱만치도 찾을 수 없는 논리적이고 똑똑한 여자가 친정 쪽 식구들을 만나더니 그만 변했다. 술맛이 싹 가시고 말았다.

개인적이 아닌 공개적인 사건 중 가장 기분 나쁜 건 우리나라 대표문인 중의 한 사람인 이문열 씨의 전라도 편견이다. 자신을 비판하는 사람을 전라도로 몰아붙이며 그가 전라도가 아니라고 답하자 그러면 네 조상이 전라도일 거라고 단정 지어버리는 어처구니없는, 대표작가라고 하기엔 어딘지 소아병적인 모습이 떠오르는 사건이 기억난다. 버젓이 텔레비전에 나와서도 그런다. '우리들의 일그러진 영웅'을 보다가 팽개쳐버렸다. 군대시절 전라도 고참에게 혼나서 저러나? 정말 똑똑한 경상도 고참과 전라도 고참이 있었는데 경상도 고참이 있을 땐 경상도가, 그가 제대한 후에는 전라도가 알게 모르게 소대 분위기를 장악했던, 그러지 말라고 수십 번 되뇌어도 쉽게 사라지지 않던 소대장 근무시절이 떠오른다.

그는 참 우습다. 어떤 건에 대해서 자신의 견해를 밝히지 않으면 미치겠는 모양이다. '이혼은 절반의 성공쯤으로, 간음은 황홀한 반란'으로 미화된다는 여성비하 발언으로 여성작가와 다투고 마광수와 진중권과 논쟁하고 그 외에도 몇 년에 걸친 신문 연재소설을 통해 자신의 성향에 맞지 않은 정치인들을 부정적으로 묘사하는 등 좌충우돌한다. 참다못해 과격한 표현을 한마디씩 내뱉는 그를 한나라당은 국회의원 공천심사위원에 넣기도 하고 현 대통령은 휴가 때 그를 부르기도 한다. 그는 6·25 때 월북한 아버지 없는 남한사회에서 힘겨운 삶을 극복하기 위한 생존수단으로 극우가 돼버렸는지 모른다고 유추

해본다. 우리 사회가 치유해야 할 불행한 일 중의 하나다.

다. 전라도와 충청도

1) 충청도

충청도에 대한 지역감정은 많지 않다. 다만 느리고 속을 드러내지 않는 멍청도라는 편견이 있지만 그들은 결코 멍청하지 않다. 좀 의뭉할 뿐이다. 옛 삼국시대 서로 뺏고 뺏기는 전략적 요충지가 충청도였기 때문에 등거리 처세를 해야만 살아남을 수 있었고 조선시대 기호학파인 양반이 많아 사화와 예송논쟁에 휘말리기 싫은 처신이 그렇게 만들었는지 모르지만 지금은 핫바지가 아니라 정치적으로 캐스팅보트를 쥐고 있는 양반이다.

2) 전라도

인터넷을 뒤져보면 지역감정에 대한 많은 글이 올라와 있는데 주로 전라도와 전국의 대결장 같은 느낌이 들 정도다. 그들은 대개 10~20대들이라 생각되지만 기성세대의 잠재의식 속에 뿌리 깊게 박혀 있기 때문에 전수되는 것이다. 가정에서 또는 주위에서 보고 듣지 않고는 젊은 층의 전라도 폄하 글이 그렇게 나올 수 없다. 머릿속 저변에 그런 생각을 가지고 있다가 잘잘못을 따질 때면 으레 표면으로 부상하는 게 지역감정이다. 그야말로 통계적 근거나 합리적 논거 없이 주위 사람 말을 듣거나 매스컴으로부터 영향받은 바 크다. 살아보면 사람에 따라 다르다는 것을 알게 되지만 지금도 우리나라 큰 신문을 보면 어쩐지 역한 냄새가 난다. 나쁜 것은 전라도 지역을 타이틀에

싣거나 강조하는 따위다.

한나라당 소통위원장 정두언이 다음 아고라에 '왜 우리는 소통이 안 되는가?' 라는 글을 올린 적이 있다. 조회건수가 10만이 넘어가고 단 시간에 5,000개 이상의 댓글이 실렸다. 그만큼 관심을 갖고 시선을 집중시켰다. 그가 아는 영남출신 언론인의 후배가 자기를 싫어한다기에 생면부지의 그 사람이 왜 자기를 싫어하는가라고 묻자 '그 새끼 전라도잖아요' 하는 답변을 듣고 지역주의에서도 경상도와 전라도 이분법적 흑백논리가 작용하고 이 이분법적 흑백논리가 우리 사회의 소통을 막는 것 중의 하나라고 적은 내용이었다. 다음 날 미네르바의 체포로 그의 글은 곧바로 우리 뇌리 속에서 사라졌지만 눈여겨볼 만한 대목이었다. 다 그렇다는 건 아니지만 그 새끼가 전라도 사람이면 무조건 싫다. 이건 소통의 문제를 떠나 무의식적이고 태생적이다. 그냥 싫다는 식이다. 내가 보기엔 이건 이분법적 흑백논리도 아니다.

가) 편견

전라도를 폄하하는 말을 간략히 요약하면 '사기를 잘 친다. 뒤통수를 친다. 뒤끝이 안 좋다' 등인데 듣기 좋은 소리도 석 자리 반이라고 수십 년간 전라도에 대한 편견과 싫은 말을 들으면 머릿속엔 온통 고정관념과 선입견이 자리 잡게 마련이다. 매스컴도 가세한다. 특히 영향력이 많은 TV 작가와 PD는 신중해야 한다고 식자(識者)들은 말한다. 인터넷에 떠도는 전라도에 대한 대표적인 편견을 몇 가지 적어보자.

a. 전라도는 반골기질이 있어 범죄가 많고 조폭이 많다.

전라도에 범죄가 많다는 편견은 1996년부터 2000년까지의 한국형사정책연구원(검경합동자료)의 범죄통계와 2004년 10월 동아일보 기사가 이를 반론하고 있다. 일부 조폭이 있는 건 사실이지만 소수를 갖고 전체를 평할 수 없다. 전라도는 반골기질이 많아 폭동을 좋아하고 범죄가 많다고 하는 그 연유는 굳이 따진다면 두 가지 때문이 아닌가 한다. 첫째는 전라도 지역이 예부터 유배지역이 많아 강직한 사람들의 유배생활이 한으로 쌓이고 원망으로 녹아내려 후손들에게 정서적 유산으로 내려왔을지 모른다. 그래서 친화적이고 유화적이기보다 배타적인 기질로 생성되었는지 모르겠다. 학교 때 짧게 배운 국사도 그런 이미지를 심어주었다.

* 참고: http://blog.naver.com/rozet77/80017380020(조선시대 유배지에 관한 연구)
  영남 패권주의: 김욱 교수의 영남민국 잔혹사. http://blog.naver.com/rozet77/80010197762

둘째는 조선중기 정여립 모반사건 때 국청을 맡았던 송강 정철이 반대파와 관련된 사람을 3년여에 걸쳐 천여 명을 죽였는데 이때부터 전라도는 반골의 기질을 키워왔는지 모른다. 그러나 그것은 폭동을 좋아하고 범죄가 많은 것이 아니라 불의에 저항할 줄 알고 정의를 세우고자 하는 비타협적 태도가 삶 자체에 부정적 태도를 갖고 있는 것처럼 비춰졌기 때문이라 본다.

b. '선거에서 몰표를 던진다'

영남지역으로 먹고살기 위해 이동한 타 지역사람을 빼면 영남도 마찬가지 아닐까? 솔직히 영남인으로 타 지역 대통령 후보에게 표를 던진 사람이 얼마나 있을까? 19대 국회의원 선거에서도 결과는 여실했다. 오히려 박정희 대통령이 군정을 마치고 첫 대통령 선거에서 호남 사람들은 박 대통령에게 더 많은 표를 던졌다. 당시 윤보선 후보와 박정희 후보의 표차를 보면 호남이 아니었으면 박정희 후보는 낙선했음을 알 수 있다(당시 15만 표 정도의 차이로 간신히 따돌리지만 군대 60만 표를 감안하면 실질적으로 박 대통령은 승리했다고 볼 수 없는데 그 승리의 몫을 전라도가 했다).

해서는 안 될 3선 개헌 후 첫 대통령 선거 때도 호남은 부산을 제외한 영남만큼 몰표를 보내지 않았다. (당시 신문을 뒤져보자. '쌀밥에 뉘가 섞이듯 경상도에서 반대표가 나오면 안 된다. 경상도 사람 치고 박 대통령 안 찍는 자는 미친 놈'(「조선일보」, 1971.4.18), '야당 후보가 이번 선거를 백제와 신라의 싸움이라고 해서 전라도 사람들이 똘똘 뭉쳤으니, 우리도 똘똘 뭉치자. 그러면 154만 표 이긴다'(「중앙일보」, 1971.4.22) 등 어떤 압력이 있었는지 모르지만 말도 안 되는 기사가 넘쳤다.)

절대수치를 따지면 더 의미가 없다. 불과 몇십 년 전까지만 해도 큰 차이가 없던 호남 대 영남의 인구가 지금은 반(半)도 안 된다. 전라, 강원, 충청, 제주를 다 합쳐도 영남 유권자를 못 따라간다. 2010년 민선 5기 지방선거의 유권자를 보아도 전라도가 200만 정도이고 경상도의 유권자는 400만 명이었다. 전라도에서의 몰표, 곧 공산당식이라고 몰아붙이는 것은 어처구니없지만 영남의 독재와 장기집권, 그리고 1980년 광주학살이 몰고 온 이유 있는 반항이다.

c. 전라도 사람과 결혼해서는 안 된다

내 경우 모든 게 자기 하기 나름이라고 생각했는데 사실은 그렇지가 않았다. 결혼하고 처가에 갔을 때 전라도 사람에 대한 편견을 바로 느꼈다. 결혼은 아마 그런 편견이 없는 장인어른 때문에 성사되지 않았나 싶었다. 연인 사이도 부부 사이도 헤어지면 남이고 트러블이 생기면 남만 못한 경우도 있는데 전라도 며느리여서 어떻다느니 전라도 시어머니여서 어떻다느니 하게 되면 자연 나쁜 감정이 생기게 마련이다. 이러한 것들은 구전을 타고 머리에 축적되어 마치 자신이 겪은 듯 부풀려지고 확대 해석되어 전달된다.

d. 전라도 사람들은 빨갱이가 많다

5·18 광주민주화 운동 때 한참 떠돌던 이 말은 아마도 해방 후 지리산을 중심으로 한 빨치산 때문인지 모르겠다. 5·18 광주사건 때도 공무원인 큰 동서는 광주사람이 빨갱이 김대중 말을 듣고 폭동을 일으킨 것이라고 나에게 말했다. 참 어이가 없었다. 큰 동서에게 김대중은 빨갱이였고 작은 동서에게 전라도는 뒤끝이 안 좋은 의리 없는 사람이었다.

e. 고려 왕건의 훈요십조

지역감정의 태두로 일컬어지는 고려 왕건의 훈요십조 중 8조는 조작된 것이라는 설이 다수설이다. 설혹 훈요십조 중 8조가 맞다 하더라도 해석이 틀리다. 상식적으로 생각해도 차현 이남 공주강 아래라는 표현보다 차현 이남 공주강 위라는 해석이 훨씬 상식적이다. 북쪽은 차령산맥을 경계로 남쪽은 공주강 위를 뜻하는 것이 맞지 이중으로 남쪽을 뜻할 리 없다(外라는 뜻을 漢和사전을 찾아보면 위라는 뜻도 있다고 한다). 그곳은 왕건이 고려를 세울 때 마지막까지 저항한 지역으로 안성으로부터 청주에 이르는 궁예 쪽의 신라계 호족이라는 점을 미루어 생각할 수 있다. 일본의 역사관을 가진 이병도 박사의 일그러진 해석이 지금까지 영향을 미치고 있고 그런 내용을 실은 교과서를 가르쳤던 문교부에 문제가 있었다. 따라서 풍수지리설에 근거한 왕건의 훈요십조 중 제8조는 당시 권력계층의 책략에 따라 부풀려

지고 과장되었다는 것이 정설이다.

나) 피해의식

전라도 사람이 본적을 많이 옮겼다는 말은 사실일 것이다. 전라도 사람이 본적을 많이 옮긴 이유는 첫째는 피해의식이다. 전라도 출신이기 때문에 당하는 또는 받을지도 모르는 피해의식 때문에 본적을 옮기는 경우가 많았다. (전라도 따블백이라거나 이승만 시절 하와이 출신이라거나 또 경상도 사람이 득세하는 세상에 굳이 전라도 사람 티 낼 필요가 없었기 때문이다. 반대로 더욱 기를 쓰고 사투리를 쓰는 사람도 있긴 하지만 대체로 서울 말씨에 동화되곤 한다.) 따라서 결혼할 때나 먹고살기 위하여 타도로 이관할 때 본적을 옮기는 것은 호기(好機)였다. 사실 나도 원적을 바꿨는데 첫째, 당시 호적이나 기타 서류를 떼러 고향 가는 게 불편했고 둘째, 전라도 사람으로서 당하는 피해의식을 들지 않을 수 없는데 괜히 먼저 밝힐 필요는 없다고 생각했기 때문이다. 결혼 신고 시 마침 기회라고 생각되어 바꿔버렸다. 한때 서류에 원적을 쓰던 때도 있었는데 그때는 일부러 부정할 마음은 없어 사실대로 적었다. 면접에 몇 번 떨어진 경우가 그것 때문이었는지 알 수 없지만.

라. 맺음말

우리나라에서 '지역감정'이 문제가 되는 것은 정치, 경제, 사회, 문화적으로 악용된다는 데 있다. 지역감정의 원인으로는 역사적, 지리적, 사회적, 문화적 차이 및 행정구역 등에서 유래한다고 할 수 있는데 그중에서 가장 큰 원인은 정치·경제적 측면에 있다. 따라서 지역감정을 해소하는 방안으로 탕평책을 쓰고, 경제수준의 차이를 좁히고, 문화적 상호교류를 하는 것이 필요하지만 정치적으로 행정구역 개편 및 선거제도의 개선을 고려하는 것은 보다 직접적인 좋은 방안이라 생각된다. 몇 가지 방안은 이렇다.

1) 정치인과 언론

수십 년간 피해의식을 느낄 수밖에 없도록 만들고 이제 와서 전라도 사람들이 갖는 피해의식 자체에 문제가 있다고 한다면 전라도 사람들은 설 자리가 없다. 범죄에 가까운 잘못을 저지른 정치인과 언론들이 먼저 깊이 반성하고 노력해야 한다. 잠재의식 속에 뿌리 깊게 박혀 있는 지역감정을 특히 위정자와 매스컴이 노력하지 않는다면 이 문제는 또다시 다음 세대의 과제로 남게 될 것이다.

2) 분리주의

분리주의자들은 연방국가를 말하기도 한다. 니캉 내캉 다투지 말고 권리와 의무가 따로 있는 세상에서 살자는 말이다. 댓글 중에는 시끄럽게 그러지 말고 독립해서 살면 서로 뱃속이 편할 텐데 하는 리플이 있는가 하면 시끄러운 전라도 부지깽이들 아예 독립시켜버리자는 악플도 있다. 좌빨과 같이 살 수 없듯이 전라도와 같이 지낼 수 없다고 한다. 이쯤 되면 '우리 막가자는 거지요' 했던 노무현 대통령의 말이 생각난다. 그러나 충분히 고려할 가치가 있다고 생각한다.

3) 본관제

고려 초 중앙통제를 위해서 행해진 본관제를 의식하면 지역색은 아무것도 아니다. 원래 내 조상은 지금 고향이 아닌 다른 지역이었다. 지금도 사람을 소개받을 때면 으레 어디 성씨인가를 떠올리는 게 통례다. 만약 지역색을 뭉개려고 한다면 교과서에서 훈요십조를 없애고 차라리 본관제를 넣어야 한다.

교통통신의 발달로 이제는 지역감정이 거의 사라지고 있다고 해도 과언이 아니다. 지역감정이란 원래 감정적인 것이므로 서로 부딪쳐 살다 보면 자연 해소되어간다. 또 식자 간에 좁은 국토에서 지역감정을 부추기는 행위를 없애려고 노력한 결과 사라져가는 추세라고 하지만 선거 때만 되면 어김없이 튕겨져 나오는 게 문제다.

6. 종교 편향(특히 개신교 관련)

종교에 관해서 이야기한다는 것은 너무 거창한 주제라 함부
로 표현하기가 두렵지만 그래도 한마디 하고 싶다. 왜냐하
면 주위에서 경제, 정치 다음으로 말들을 많이 하기 때문이
다. 특히 종교편향에 관해 이야기하는 것은 현재 우리 사회
에서 정치와 마찬가지로 논쟁으로 이어져 서로 의를 상하기
때문에 금기시 되어 있지만 그래도 한 마디 하고 싶다.

옆 나라 일본이나 서양의 기독교와 비교할 때 우리의 개신교 신앙
은 상당하다. 16세기 중반 일본을 통일한 오다 노부나가는 천주교에
대해 호의적이었다. 우리처럼 귀신이 붙는다는 서학(西學)이 아니었
다. 그렇다고 에도막부 시절 천주교를 융숭히 대접한 것은 아니었다.
그렇다 하더라도 지금 일본의 기독교인은 신·구교를 합쳐도 전체
인구의 1%도 안 된다. 천주교 신자는 고작 47만 명(그런데도 추기경
은 2명), 개신교 신자는 55만 명에 불과하다. 통계상 불자가 1,100만,
개신교 신자가 900만, 천주교 신자가 500만이 넘는 우리와 비교할 때
정말 연구해보고 싶은 대목이다. 이유는 토속신앙에 유·불교가 접목
된 신도(神道)가 워낙 생활 속에 깊이 뿌리박혀 있기 때문이다. 신도
를 모시는 신사(神社)는 전국에 무려 약 10만개. 신도가 어려서부터
습관이 된 일본 사람은 신이 여러 곳에 있다고 믿는다. 예수교의 하
나님도 절대지존의 하나님이 아니고 그런 신 중의 하나인 셈이다.

천주교 신자가 세례 받은 사람만을 일컫는데 반해, 일 년에 한두
번 절에 가는 사람도 불자에 포함하고, 2중 등록이나 등록 후 교회에

나가지 않는 사람도 개신교도라고 한다면 주위 4사람 중에 한 사람이 불자고, 5사람 중에 한 사람이 등록된 신자고, 10사람 중에 한 사람이 천주교를 믿는다는 소린데 주위에 유독 교회 나가는 사람이 많아 보이는 것은 적극적인 전도와 나가는 횟수 때문인 것 같다. 천주교 신자나 불자는 남모르게 조용히 다니거나 본인이 원하지 않으면 전도 활동에 소극적인 데 반해 교회는 적극적이라 주위에 온통 교회 다니는 사람만 있는 것처럼 보여 개신교에서 무슨 조그만 일이 일어나도 우리의 관심을 끈다.

이명박 대통령이 서울시장 시절 '하나님에게 서울시를 바치고 싶다'고 했을 때 종교를 갖고 있지 않거나 기독교를 믿지 않는 사람들로부터는 힐난의 소리가 있었다. 서울시를 하나님에게 바치다니 종교를 갖지 않은 사람 귀에는 도무지 무슨 뜻인지 이해가 가지 않는 소리였고 비기독교인들은 하나님만 신인가, 개신교만 종교인가 하고 이야기했다. 당시 나도 교회를 나가고 있었지만 타 종교인이 듣기에는 좀 민망한 듯싶었다. 그 뒤로도 종교 편향에 대해서 말이 많았다. 불사를 찾아가 땅 밟기를 하거나 템플스테이에 정부 돈을 지원한다고 항의하기도 했다. 심지어 기독교의 적은 민족의 적이라는 극단적인 말(문화일보, 2008.8.25. 23면)이 나오는가 하면 '불교가 들어간 나라는 다 못 산다. 스님은 쓸데없는 짓 말고 빨리 예수를 믿으라'는 장경동 목사의 말도 있었다. 불교계는 당연히 반발했다. 하지만 많은 교회 장로들은 아무렇지도 않고 오히려 당연하다는 투로 이야기하는 사람을 여럿 봤다.

사람이 어느 한곳에 빠지면 다른 생각이나 다른 사람이 보이지 않는다. 본인은 안 그렇다고 생각하지만 우물 안 개구리가 되기 쉽다. 나의 경험상 종교나 신앙은 더욱 그렇다. 하나님은 유일신이고 나 외에는 아무도 믿지 말라는 교리 때문에 나도 한때 '하나님을 믿지 않는 사람은 사탄이요, 악마요, 오직 하나님만이 유일신이요, 그 외의 신은 존재하지 않나니 나의 명을 따르라. 내가 너를 불렀나니 너는 내 아들이라. 정말 진정으로 기도하면 자식의 말을 들어주지 않는 아버지가 어디 있겠는가' 소리쳤다. 모든 잡념이 사라지고 에너지가 넘쳐나고 정신은 맑아지고 마음은 깨끗해지곤 했다. 경건한 마음은 행복을 가져다주었다. 도대체 사람들은 이 좋은 하나님을 왜 믿지 않는단 말인가? 다른 생각이라곤 하나도 나지 않았다. 선지자가 되어 이적이 일어날 것만 같았다. 하나님 앞에 모든 걸 바치고 싶고 바쳐도 아깝지 않은 마음이 일어났다. 모든 것은 감사로 넘쳐났고 모든 것을 하나님 영광으로 돌리고 싶었다. 아마 이 대통령도 당시 이런 마음이었을 것이다. 신실한 기독교인은 그걸 경험하고 있으니 하등 이상할 것도 없다.

그런데 기적은 일어나지 않았고 은연중 기복을 바라는 나를 보고 깜짝 놀랐다. 하나님이 이 세상을 주관하시는데 어디서 얼마까지 어떻게 주관하실까 하는 의아심도 생겨났다. 진리가 너희를 자유롭게 하리라 했는데 자유로워야 할 내가 다시 자유롭지 못했다. 성경 말씀대로 사는 것이 생활에서 나를 옥죄기 시작했고 냉엄한 현실인식을 제대로 못 하는 환상과 착각에 빠지는 나를 보았다. 다시 한 번 신과 인간에 대해 깊이 성찰하기 시작했고 고심 끝에 종교란 인간을 위해 있어야지 신을 위해 있다면 자신과 사회를 옥죈다는 결론에 이르렀다.

교회에 나가지 않거나 하나님을 믿지 않는 사람들은 또 다른 사유 속에 산다. 부처를 믿고 자신이 부처가 되어보겠다고 생각하는 사람이 있는가 하면 부처는 못 돼도 부처님에게 의지해서 마음의 평정을 찾고 싶은 불자도 있고 다른 신을 믿거나 또는 그들만이 갖고 있는 독특한 종교를 믿는 많은 세상 사람이 있다. 그들은 그들 나름대로 그들의 신과 의식을 신성시한다. 그들 자신이 믿고 있는 신앙에 대한 자긍심이다. 따라서 이를 건드리면 생명을 걸고 싸운다. 목숨을 바쳐서라도 그들의 절대자를 보호하려는 것이다.

십계명의 2조 '우상을 만들지 말고 절하지 말라'는 복음 때문에 많은 분쟁이 일어난다. 가까운 예가 제사와 차례를 지낼 때 우리의 고유풍습인 절과 상충되는 데서 일어나는 혼란이다. 새로 들어온 맏며느리가 개신교 신자일 때 분란은 가중된다. 그런데 구교인 천주교는 우상숭배로 보지 않고 단지 한국풍습으로 인정한다. 종교란 그래야 맞을 것 같다. 옥죄는 다른 예를 들어보자. 첫째, 구약은 예수가 오기 전 구세주를 기다리는 유대인들의 역사를 기술한 책이라고 할 수 있다. 따라서 그리스도 후에는 구약의 십계명은 신구약을 총괄하는 율법으로 언약받기에는 한계가 있다. 그리스도 후에는 만인 제사장 시대이기 때문이다. 구약이 신약을 예표하는 입장에 있다 하더라도 당위적으로 구약의 계명을 100% 따르는 것이 무리일 때가 있다. 두 번째, 하나님을 믿는 신앙의 깊이와 비례하여 십일조를 강조해서는 안된다고 생각한다. 어느 교회는 천주교의 연보식으로 헌금을 하고, 어느 교파는 고린도전서의 작정한 대로 헌금을 이야기한다. 성경 말씀에도 있듯이 빈자의 적은 돈은 큰돈이고 부자의 큰돈은 적은 돈이 될 수 있다. 셋째, 인간사 서로 미워하고 싸우는 일은 하나님과 그 아들 독생자 예수가 바라는 바 아니었을 것이다. 바라는 바 물심과 사회욕으로 가득 찬 이기적 욕망에 사로잡히지 말라고 했을 것이다. 때문에 남을 배려하지 않고 자신의 행복과 욕구만을 위해 하나님을 믿어서는 안 될 것이다. 그런데도 믿다 보면 자칫 그 함정에 빠지는 것은 인간이기 때문이며 그 함정이 또한 우리를 옥죄게 한다.

만약 예수 믿으면 구원 받고, 영생 얻고, 영육 간에 축복을 받는다는 설교로 만족한다면 그것은 자기만 구원 받는 이기주의다. 나만 좋으면 그만이라는 종교는 추앙받을 수 없다. 개인은 그럴지 몰라도 적어도 교회와 목사님은 예수 닮기를 가르쳐야 한다. 성직자나 목사의 임무는 보통 사람을 못된 길에서 구원해야 하는 것이고 본인은 그 본을 보여야 하는 것이라고 믿는다.

원래 종교란 인간이 약하기 때문에 자연스레 생겨난 것이라 할 수 있다. 인생은 어디서 와서 어디로 가는지, 생로병사는 막을 수 없는 건지, 저 하늘 높은 곳엔 무엇이 있는지, 빛의 속도로 수억 광년을 가면 지구와 똑같은 은하계가 정말 또 무수히 존재하는지 등 보통사람의 머리로는 불가사의한 현실이 눈앞에 펼쳐지니 절대자를 찾지 않을 수 없는 약한 존재가 인간이다. 그래서 종교를 갖지 않은 사람도 갑자기 어려운 상황에 부딪히면 하나님을 찾는다. 이때의 하나님은 독실한 크리스천이 부르짖는 하나님하고는 거리가 있는 실체가 막연한 절대자이지만 이런 언행이 종교를 갖게 하는 기초가 된다. 그렇다고 그런 사람 모두가 종교를 갖고 신을 믿는 것은 아니다. 많은 사람들은 종교를 갖고 있지 않다. 왜 이리 종교 때문에 세상은 시끄러운가 하고 한탄하는 사람들이다. 인류 역사상 전쟁의 97%는 종교 때문에 야기되었고 또 거의 매일 싸우지 않는 날이 없다고 한다. '생물학적으로 태어나서 죽으면 끝인데 지옥과 천당이 어디 있단 말인가. 다 사람들이 지어낸 거지' 가정의 평화를 위해 부인 따라 주일성수를 지키는 남편들 중에도 가끔 이런 말을 한다. 한번 생각해볼 일이다.

'부름 받아 나선 이 몸 어디든지 가오리다'를 실천해야 하는 목회자들이 자녀교육 때문에 농촌교회를 꺼린다고 한다. 이왕이면 번듯한 서울 교회에서 자식을 키우고 싶어 한다. 그런 농촌을 찾아가 자식을 교육시키고 20년 가까이 혼자 살다시피 한, 세태의 개신교에 뭔가 반기를 들고 싶은 친우 정광일 목사는 가로, 세로의 길이가 똑같은 십자가를 사용한다. 수직으로 하나님과의 관계를, 수평으로 사람과의 관계를 십자가로 보는 그는 기독교의 영성을 공동체로 승화시키자는 신앙을 가지고 있다. 그는 말하기를 지금 교회는 믿음과 행함에 차이가 있다고 한다. 믿음 따로 행함 따로, 즉 믿음대로 행하지 않는다는 것이다. 교회 안 생활과 밖 생활의 차이를 줄여야 한다고 강조한다. 교회 형태에 대한 아쉬움도 토로한다. 예수님이 이루고자 했던 초대 교회는 과연 어떤 것이었는가? 과연 지금의 교회가 예수님의 삶과 가르침에 얼마나 충실한가? 예수님 닮기를 하는가? 혹 성령 충만이라는 이름으로 자기 최면을 유도하는 것은 아닌가 하고 회의한다. 지나친 가족주의, 지나친 복음주의, 양적 성장주의와 물질주의, 양명주의와 세태주의(현실의 세태에 영합하려는 주의)가 지배하는 박제된 교회 생활에서 탈피하라고 권면한다.

천주교의 하나님은 생활 속에 들어와 있는 것 같고 개신교의 하나님은 교회 속에 있는 것 같다. 김수한 추기경을 보면 그렇게 느껴진다. 고로 나는 생각한다. 하나님을 위한 종교보다 인간을 위한 종교가 마땅하다고. 그래서 유럽연합에서는 논란이 되었던 종교에 관한 조항을 헌법에 삽입하지 않았다. 종교는 사적 영역이라는 것이다. 우리도 헌법이 개정된다면 고려해볼 일이다.

7. 경조사

모두들 우리나라의 경조사 문화를 개선해야 한다고 입을 모은다. 그러면서도 쉽게 고쳐지지 않는다. 몇 년 전 서울시정 발전직원연구모임에서 설문한 결과 63%가 경조사 문화의 개선이 필요하다고 답했으며 개선 방향으로는 집안 위주로 게시하고 전체 공시가 아닌 필요한 사람에게만 공시하는 것이 좋다는 쪽으로 나타났다. 비용도 80% 이상이 부담된다고 했다. 그러나 이것은 어디까지나 설문조사일 뿐 막상 그렇게 되지 않는다. 이미 뿌려 놓은 게 얼만데……

인천광역시 교육감을 지낸 어떤 인사는 재임 중에 자식의 결혼식을 알리는 청첩장을 460여 개 학교와 15개 단체에 무려 2천여 장이나 돌렸다고 한다. 수월찮은 일을 비서 여직원이 했을 것이다. 더욱이 교육청 직원들을 동원해 결혼식장 안내와 축의금 접수 일을 시키려 했다니 다른 직업도 아니고 학생들의 좌장인 교육감이… 아연실색하지 않을 수 없다. 인사권을 쥐고 있는 교육감의 청첩장에 축의금을 갖고 가지 않을 교장은 아마 없을 것이다. 불행히도 이러한 사실이 사전에 매스컴에 알려져 축의금은 사절하였다니 얼마나 속이 쓰렸을까.

위 모든 것들이 다 우리 사회의 관례다. 따지고 보면 남의 경조사에 판공비를 들고 빠짐없이 쫓아가고 자기 차례가 돌아오면 경조금은 모두 개인 돈이 되는 관례, 공금을 직접 횡령한 건 아니지만 어째좀 이상하지 않은가? 판공비라는 제도가 있으니 받는 쪽에선 공금이라는 생각은 눈곱만큼도 없다. 성인군자가 아닌들 누가 그 자리에 앉아도 마찬가지일 것이다. 오래 전 이야기지만 모 공공기관장이 업무는 둘째고 자식 결혼에만 관심을 쏟아, 오고 가는 청첩장 주소를 확인하느라 고생하고 있다는 비서들의 비아냥거림을 통해서 들은 적이 있지만 일반 기업을 봐도 그렇다. 봉급을 제외한 복리후생비가 있고 가용할 수 있는 돈은 또 따로 존재한다. 지위가 올라갈수록 그 규모는 커지고 다 합쳐 보면 적지 않은 금액이다. 외국인 회사를 보면 모든 비용이 연봉에 포함되어 있다. 죽이 되던 밥이 되던 알아서 쓰고 실적을 올리라는 소리다. 자연 불평불만도 적고 모든 것이 자기 책임하에 있다. 우리도 외국인 회사처럼 바뀌어 가고 있다고 들었으나 얼마 가지 않아 다시 원상 복귀한다고 한다. 글로벌스탠다드 하는데 이런 것부터 고쳐지면 다른 것은 더 쉽게 개선될 것 같다.

예부터 우리는 경조사를 찾고 품앗이 하는 걸 미풍양속으로 여겨 왔다. 애사(哀事)는 특히 그렇다. 그래서 경조사가 생기면 모두에게 알린다. 어떤 경우 알리지 않은 섭섭함을 나타낼 때도 있다. 그런데 어느덧 경조사는 받는 입장에서는 고지서 같은 성격을 띠게 되었고 알리는 입장에선 과시용으로 전락된 것 같다. 웬만하면 호텔에서 결혼식을 치르고 장례는 큰 병원을 잡는다. 근무가 없는 토요일 오후면 더욱 혼잡해지는 서울 시내 교통이 택시기사에게 물어보니 결혼식이 그 이유라고 한다. 만약 애사마저 주말에 몰려 있다면 어떻게 될까, 우스운 생각이지만 끔찍하다. 일본 결혼식을 보면 꼭 초대해야 할 손님에게 참석 여부를 묻는 반송용 봉투를 딸려 보내고 주최 측은 거기에 맞춰 좌석배치까지 한다고 하니 그들의 치밀함에 놀라지 않을 수 없다. 많아야 70~80명 또는 20~30명의 결혼식이 보통이라니 허례나 과시가 없다. 무엇보다 사회적 비용이 적게 들것 같다. 우리 사회의 경우 이제야 겨우 몇 사람만이 과도하게 알리지 않는 경조사를 치르고 있으니 경조사 문화를 바꾸기에는 아직 멀었다. 위에서부터 솔선수범하고 그 아래 공직자가 이를 따라 하면 아마 한두 세대쯤 지나 이러한 문화가 정착되지 않을까?

금액 또한 문제다. 받는 쪽이나 주는 쪽 모두 남의 이목을 의식한다. 조사(調査)에 의하면 경조사에 5만 원 하는 경우가 약 70%로 신사임당이 나오기 전보다 평균 5% 정도 상승했다고 한다. 그래서 값비싼 호텔에서 하는 경우 곤혹스러울 때가 많다. 2003년 제정된 법적 구속력을 갖춘 '공무원 행동강령'에는 직무 관련자에게 경조사의 통지 금지와 5만 원 초과 경조금품 수수 제한규정이 있다. 그러나 이러한 규정이 얼마나 지켜지고 있는지 알 수 없다. 공무원보다 일반은 더 올라갈 수밖에 없다. 특히 갑·을 관계인 경우 상상을 초월한다. 경조사비용만 문제가 되는 건 아니다. 결혼비용과 장례비용은 더 큰 문제다.

그러나 사실 나도 막상 경조사를 당하니 남 보기에 어떨까 하고 신경이 많이 쓰였다. 혹시 경조 오는 사람이 적어 자리가 남는다거나 화환 하나 없다면 어쩌나 하고 은근히 걱정했다. 처음에는 이런 경조 문화를 비판하는 쪽이었으나 살다 보니 나도 어쩔 수 없는 한국인이었고 우리 문화습관에 찌들어 있음을 보고 놀라지 않을 수 없었다. 한번 몸에 밴 습관은 처음이 문제일 뿐 고치기 매우 어렵다. 나이 들수록 귀찮기도 하고 더 이상 따지기도 피곤하기 때문이다. 그렇다고 내버려 두기엔 너무 많은 사회적 비용이 든다. 이제 전체 경조비는 연 9조원을 넘겼다. 가계부채의 1%다.

8. 효(孝)

효는 사(私)적 종적질서다. 효를 강조할수록 횡적질서는 상
대적으로 준다. 지금은 종적질서보다 횡적질서가 요구되는
시대다. 결국 횡적질서와 종적질서가 마주치는 접점이 문제
지만 공익정신이나 사회질서를 무시하고 효를 백행의 근본
으로 삼으면 공공질서가 훼손되고 타인에 대한 배려가 적어
진다고 나는 생각한다. 전체가 잘 되기 위해서는 사적인 것
보다 공적인 것이 우선해야 한다.

'웃기고 자빠졌네'라는 묘비명을 새기고 싶다는 코미디언 김미화
씨를 우리는 안다. 그녀는 이제 제법 시사평론가답다. 그래서 그녀가
나오는 라디오 프로그램을 버스 안에서 들을 때면 혹 다른 데로 주
파수를 돌리지 않을까 조바심한다. 다음 정류장 안내 멘트가 나오면
작은 소리로 했으면 하고 은근히 바란다. 그런 그녀가 어느 날 듣도
보도 못한 '독립신문'이라는 인터넷 신문에서 노빨이라고 대서특필
된다. 나는 그런 적 없다. 관련 기사를 다 집어치워라 응징해도 쇠귀
에 경 읽기다. 내가 언제 노빨이고 좌빨이냐고 아무리 소리쳐도 소용
없다. 노무현 대통령을 따라다닌 적이 있는 그녀를 좌빨이라고 우겨
대는 것은 본인이 원하든 원하지 않든 우리의 맘이라고 극보수는 우
겨댄다.

어느 날 친구가 날 보고 노빨이라고 하기에 그게 뭔데 하고 물었던
기억이 난다. 그게 무슨 뜻이냐고 물었던 나의 무지를 그가 곤혹스러
워 하는 걸 보고 미안하기도 하고 시대에 뒤떨어진 것 같아 창피하기

도 했던 기억이 난다. 노빨이라는 단어는 이럴 때 쓰는 거구나 그때 피부로 느꼈다. 그래서 나는 노빨, 좌빨이라는 단어를 안다. 노무현 오빨 좋아하면 노빨, 좌파 빨갱이를 좋아하면 좌빨이다. 노빨에서 한 발 더 나가면 좌빨이 된다. 하여간 어느새 나도 노빨이 되어 있었는 데 아마 김미화 씨도 그런 격이지 않았을까 추측해본다. '김제동'을 비롯한 노빨, 좌빨들의 수난시대가 그녀의 기를 꺾어놨을까? 작가의 불충한 의도일까? 그래서 그런지 요즘 김미화 씨의 프로는 예전보다 힘이 없고 해학도 없고 평론 내용도 짧다. 한마디로 재미가 덜하다. 사실 그런 정도야 표현의 자유인데 좀 심한 것 같다. 그럼에도 불구 하고 KBS의 블랙리스트 발언으로 그녀는 꿋꿋함을 보여줬다. 당연히 고소를 당했고 검찰에 불려가 조사를 받았지만 결국 KBS는 소를 취 하했다. 작지만 큰 그런 그녀가 나는 좋다. 최근에는 인터넷신문으로 부터도 승소한 기사를 봤다.

이야기가 옆으로 샜지만 그런 김미화 씨를 달리 봤던 건 오래 전 효(孝)모임 관련 사진을 봤을 때다. 그때 나는 마음 한구석에 경이해 마지 않으면서도 효는 꼭 좋은 것만은 아닌데 하고 시건방지게 생각 한 적이 있었다. 효는 효로서 끝나야지 공개적으로 떠들 성질은 아니 라고 생각해서다. 효는 사람이 갖춰야 할 근본 도리이긴 하지만 만본 의 근원이고 사회윤리의 으뜸이라는 생각에는 반대다. 가정 내에서는 좋은 덕목이지만 밖으로 튀쳐나와 거리를 헤맬 때는 좋지 않다. 내 가정 내 부모부터 챙겨야 한다는 생각때문에 이기적 사고를 유발하 고 공평한 시민사회질서를 앗아갈 수 있다. 노파심이지만 모두가 하 나같이 효를 행하고자 할 때 공공질서를 넘보게 되어 사회질서의 유 지가 어렵게 될 수도 있다는 것이 조금이라도 내가 염려하는 바다.

도올도 효는 사친(私親)이라 했다.

효는 인간의 근본이라 충(忠)과 함께 지켜야 할 도리의 으뜸이라고 공자님은 가르치셨다. 유교 13경전 중의 하나인 효경(孝經)에는 효를 극찬하는 모든 것이 들어 있다. 우리나라에서도 효에 대한 역사는 길다. 삼국시대 때부터 조선시대에 이르기까지 인륜의 가장 으뜸 되는 덕목으로 시대를 변하지 않고 이어져 왔다. 효를 행함으로써 치국(治國)할 수 있다는 논리를 자연의 이법으로 승화시켜 국가가 이를 권장하는 도덕규범으로 발전시켜 왔다. 율곡 선생이 젊은 선비들을 가르치기 위해 썼다는 『격몽요결』에는 효를 얼마나 강조하고 있는지 모른다. 그런 효가 현대에 와서 많이 사라져 간다고 야단들이다. 낳아주고 길러주신 은혜에 대한 보답이 시원찮고 어른을 몰라보고 감사할 줄 모른다는 뜻이다. 맞는 말이다. 그러나 효는 부모에 대한 복종적 행위가 아니라 배려여야 한다는 게 내 생각이다. 우리는 배려와 복종의 차이가 아직 습관화되어 있지 않다. 배려는 상대방의 입장에서 생각하는 것이고 복종에는 타의가 깃들어 있다. 효는 백행의 근본이다 하는 말은 사실은 예속을 강요하기보다 효를 통한 부모자식 간의 뜨거운 정과 도리, 인격을 기대하는 말이다.

지금은 남자 혼자 가정을 책임지고 여자는 집에서 시부모를 모시며 살림하던 시대가 아니다. 대가족제도가 무너져 고부간의 갈등도 적어졌다. 부모들도 같이 살기를 꺼린다. 함께 시공(時空)을 공유하지 않으니 효를 행할 기회도 적어져 효가 옛이야기가 돼버렸다. 효심이 없어졌다기보다 시대가 변했다. 삶의 방향과 방식이 달라졌다. 독거노인이 늘어나고 미혼인 젊은이가 많아져 1~2인 세대가 50%를 넘보는 시대에 과연 효는 21세기에도 통용될 수 있는 보편적인 가치일까?

아버지의 눈을 뜨게 하기 위해 공양미 삼백 석에 몸을 팔고 바다에 빠진 효녀 심청을 모르는 우리나라 사람은 없다. 부모님을 위해서 자신을 희생하는 건 나쁜 일이라 할 수 없지만 항일운동을 하는 중간에 부친이 돌아가셨다고 지휘봉을 내던지고 귀향한 의병대장 '이인영'을 우리는 어떻게 평가해야 할까?

조선 말 실세이던 민영익은 서유견문 후 오히려 보수 수구화되었다고 한다. 나라와 백성을 위한 서구화보다 문화는 중국이라며 콩퓨셔니즘(공자주의)과 자신의 안락, 그리고 민씨 가문을 택한 그는 어른과 맞담배 피우는 서구의 무례한 젊은이를 보고 또는 대통령 앞에서 큰절을 올리지 않는 불충한 신하를 보고 가지 말았어야 할 서유견문을 갔었다고 생각했는지 모른다.

9. 동거문화의 도입

일생에 두 번 결혼하면 어떨까? 머리 좋은 내 친구 중 하나
는 젊어서는 나이 든 사람과 나이 들어서는 젊은 사람과 2
번 결혼하면 여러 면에서 좋지 않겠느냐고 일찍이 설파한
적이 있다. 앞으로 그런 결혼이 제도화, 습관화될지 모르지
만 동거문화는 서양에서 통용되므로 조만간 우리도 받아들
여지리라 본다.

한 번 대면도 못 하고 부모님의 의사에 따라 결혼했던 옛날은 동거
나 이혼이란 상상할 수 없는 일이었지만 지금은 상황이 판이하게 다
르다. 지금은 여러 번 만나고 헤어져도 누가 뭐라 하지 않는다. 그런
데 문제는 몇 개월을 사귀었다 하더라도 24시간을 함께 살아보지 않
는 한 상대를 모르기는 마찬가지라는 점이다. 『결혼하기 전에 열 번
의 데이트, 결혼 후에 열 번의 데이트』란 책이 있는 걸 보면 서양도
매한가지인가 보다.

만약 서양처럼 동거문화가 있었다면 내가 지금의 와이프와 결혼했
을까? 아마 100% 하지 않았을 것이다. 와이프는 어땠을까? 이미 120%
안 했을 것이다. 와이프가 남자를 좋아하는 것도 아니고, 집에서 살림
하기를 좋아하는 것도 아니고, 리드하기를 좋아하는 타입인 데 반해
나는 지적이면서 관능적이고 부드러운 여자를 좋아하는, 영원히 여성
적인 것이 우리를 인도한다는 파우스트의 말에 푹 빠져 있는 페미니
스트인데다 사실 결혼할 생각도 별로 없었고, 그리고 그런 여자를 발
견하기도 어렵지만 무엇보다 먼저 여자들이 보기에 학교 선생이나

하면 알맞을 타입인 나에게 그런 이상적 여자가 시집올 리가 만무한, 온순함과 답답함의 극치를 지금도 스스로 잘 알고 있으니까.

나의 과거를 돌아봤을 때 뭐 하나 내세울 게 없는 인생이므로 마누라한테 큰소리칠 입장은 못 되지만 그렇다고 와이프의 쪼이는 눈빛을 받으며 사는 것도 싫고 나는 나대로 살고 싶은 고지식함을 갖고 있으므로 서로 대치할 수밖에 없다면 일찍이 나는 동거문화를 주장했었어야 한다. 우리나라 평균인 오륙도보다 일찍 퇴사한 나를 보고 잔소리를 퍼붓는 아내를 볼 때 나는 주눅이 들어 세계를 돌아다니며 혼자 살겠다는 항해사의 꿈이 시력 때문에 실현되지 못한 젊은 날이 그리워지고 지금 생각하면 선생이 딱이라는 모든 여자들의 말이 그 땐 왜 내 귀에 들어오지 않았을까 하고 아쉬워하기도 한다.

역으로 나보다 더 죽 같은 성격에 친화력이나 사회성이 부족한 순한 여자를 만났으면 어땠을까? 지금 내가 상상하는 것처럼 그 여자를 보호하기 위해 내가 좀 더 강해졌을까? 나의 결혼이 너는 똑똑한 여자를 얻어야 조금이라도 낫다는 어머님의 판단과 장인장모의 빨리 시집가라는 성화가 보태진 결정이었다면 처음부터 뭔가 각도가 틀린 것이다. 막상 결혼하고 나니 사실 와이프에 대해서 아무것도 모르는 상태라는 것을 발견했다. 사실을 직시하면 같이 살아보지 않고는 정말 알 수가 없는 것이 부부 사이다.

아마도 결혼 후 한두 번 후회하지 않은 사람은 드물 것이다. 돈에 대한 생각이 다르고, 육아에 대한 생각이 다르고, 가사에 대한 생각이 다르다. 조그만 일로 대꾸하는 표현방식이 달라 싸움으로 번지는 경우가 많다. 성격 차이라기보다 행동양식의 차이다. '아이고 내가 왜 저런 여자와 결혼했을까?' '내가 시집을 잘못 왔지. 너 같은 남자에게 시집온 내가 바보지' 하고 한두 번 싸움질해보지 않은 부부가 드물 것이다. 결혼 전 모습과 결혼 후 모습이 너무 달라 발가락의 티눈처럼 손톱에 낀 가시처럼 눈에 가시 같은 실망을 하는 경우가 많다. 생각지도 못한 점이 발견되고 미운 점이 돋보인다. 백마 탄 왕자도 아니고 신데렐라도 아니기 때문에 어쩜 당연한 일인데도 아쉬움만 남는다. 검은 머리 파 뿌리 될 때까지 맞추며 살라고 주례사에서 힘주어 말했건만 쉬운 일이 아니다. 따져 보면 정말 사소한 차이로 싸운다. 한참을 싸우고 지쳐 떨어질 때쯤 되면 40을 훌쩍 넘긴다. 그때쯤 다시 주례사의 말이 떠오른다. 아, 이래서 그랬구나!

<미녀들의 수다>라는 TV 프로그램은 그들 나라와 우리와의 문화의 차이에 대해서 고쳐야 할 것과 지녀야 할 것을 알려주는 좋은 프로였다고 생각된다. 그 프로에서 언젠가 한 여성이 혼전 1년 정도 동거하는 게 보통 자기 나라 풍습이라고 하니까 다른 여성이 '동거기간이 뭐 그렇게 짧아요, 1년에 어떻게 상대를 다 알 수 있어요. 우리는 보통 3년은 동거하지요'라는 대답을 듣고 놀랜 적이 있다. 1년으로 사람을 충분히 알 수 없다는 것이다. 극단적인 예를 들면 핀란드 여성 대통령 할로넨은 자신의 보좌관과 15년 동거한 미혼모다. 당선 전에도 공식 파트너로 행사에 참석하는 등 정치적 활동에 전혀 걸림돌이 되지 않았다. 다른 일면을 들추면 관저 근처 커피숍에서 국민들과 커피를 마시며 신용카드로 결제하고 2002년 한국 방문 시에는 다리미를 가져와 손수 옷을 다려 입을 정도로 검소하다. 우리 같으면 어땠을까? 차마 그런 여자 대통령을 뽑을 수는 없다고 맹비난의 화살이 빗발치지 않았을까?

요즈음은 신혼여행에서 헤어지는 부부도 많고 아예 처음부터 혼자

사는 젊은이도 늘어난다. 노숙인 쉼터나 고시원을 보면 아예 결혼하지 않았던 남자도 꽤 많다. 재력과 미모를 갖춘 골드 미스도 늘어난다. 예전처럼 미혼에 대한 막연한 불안감이 없다. 이제 결혼은 귀찮은 관습 중의 하나가 돼버린 감마저 있다. 그렇다고 삼강오륜과 칠거지악, 삼종지도를 요구하는 콩푸셔니즘이 아직 지배하는 문화에서 차마 동거 중이라는 단어는 꺼내기 힘들다. 요즘 젊은 세대는 잘 모르겠지만 동거 후 결혼이란 아직 생소하게 들린다. 그래서 속도위반이라는 사실을 숨긴다. 결혼 전 순결을 강조하는 것이 퇴색해가고 있지만 아직은 혼전순결을 혼전동거보다 우선한다. 따져보면 우리의 성문화는 지금 짬뽕 같다. 연령층으로 보면 지금의 사십대 후반 이후는 유교문화 속에 살아왔다. 급속한 산업화를 이루면서 한국의 남성들은 세계 어느 나라보다 열심히 일했다. 소득은 와이프를 주었고 와이프는 주부로서 가정경제를 관리했다. 세월이 흐른 뒤 주위를 둘러보는 여유를 갖게 되었을 때 젊음은 어디론가 흘러가버렸고 머리는 백발로 변했다. 따져 보니 사는 게 별거 아니었다. 중반을 넘어 인생의 허무함을 느낄 때 고지식하게 살아온 바보임을 자책하고픈 욕구인지 모르지만 이성 친구를 한 명 정도는 두고 싶어진다. 그렇지 않으면 괜히 여자만 손해 보는 것 같은 착각 속에 자기만 소외 되는 것 같다.『아내가 결혼했다』라는 책과 영화가 있듯이 가정을 지키면서도 혼남혼녀가 만나는 이유 중의 하나가 그 속에 있지 않은가 생각한다. 물론 우리의 밤 문화가 영향을 미친 바도 크다. 서양처럼 업무가 끝나면 곧바로 집에 가지 않고 1차 2차 술집을 전전하는 것이 우리의 문화라면 가정에 있는 여자는 애를 돌보고 교육에 올인한 다음 자식이 성장한 후에는 종교가 됐든 사랑이 됐든 봉사활동이 됐든 다른 곳에 에너지를 쏟을 수밖에 없는 상황이 몰고 온 결과일 수도 있다. 어쨌든 중년의 사랑은 한 번쯤 앓고 싶은 병인지도 모른다.

동거문화에 반대하는 주장은 이렇다. 알 것 다 알고 나서 누가 결혼하느냐? 그러다 헤어지면 출산은 누가 책임지느냐? 결국은 결혼이라는 좋은 제도가 없어지거나 미혼모의 애들만 증가할 것이다. 즉 건강한 결혼생활을 위한 동거문화가 오히려 결혼을 방해할 것이란 주장이다. 따라서 우리 사회에서 동거문화가 받아들여질까 하는 의구심보다 동거문화의 장단점을 먼저 따지는 지혜가 필요한 것 같다.

우리나라 치유상담의 원로라고 할 수 있는 정태기 원장의 책에는 충분히 공감할 수 있는 글이 다음과 같이 쓰여 있다. "내 마음속의 운전수 곧 자아상은 부모의 잠자리에서부터 싹튼다. 여자와 남자가 어떤 마음으로 몸을 합쳤느냐에 따라 건강한 아이로 잉태되느냐 못 되느냐 차이가 난다. 두 사람 다 지극히 사랑하는 마음으로 일체가 되어 잉태된 아이는 매우 건강한 상태를 유지하지만 동물적 욕구나 강박에 의해 잉태된 아이는 건강하지 못하다. 사랑이 절정에 도달하면 세포의 전자 회전수가 지극히 높아지므로 사랑하는 사람끼리의 수정란은 놀랄 만큼 활동적이다. 그러나 씨만 잘 뿌린다고 해결되는 것은 아니다. 토양과 환경도 중요하다. 거름도 주고 김도 매고 병충해도 잡아주어야 하듯이 서로 정성을 다해 길러야 한다. 그런데 부모는 서로 다른 환경에서 자라왔기 때문에 사고방식도 틀리고 생활양식도 다르다. 언쟁과 분노를 가지고 자식을 정성스레 양육할 수 없으며 부모의 상한 마음이 그대로 아이에게 전달된다. 아이도 똑같이 마음이 상하고 분노하고 공포에 질린다. 그것이 요즘 파동원리로 밝혀지고 있다."

좋은 아이를 낳기 위해 여자와 남자는 마음을 정갈하게 하고 지극히 사랑해야 한다는 것은 상식에 속하지만 그것을 피부로 알아차릴 때까지는 꽤 오랜 시간이 걸린다. 정자가 생성되어 배출될 때까지 약 3개월 이상이 소요되고 난자는 이미 태교 때 200만 개의 난세포가 만들어진다고 하는 사항들을 아는 청소년은 내가 그랬듯이 많지 않다. 그러므로 건전한 자아상은 잠자리 이전부터 싹튼다고 할 수 있다. 옛말에 100일 기도라는 말이 괜히 있는 소리가 아니다. 따라서 성교육에 대해 보다 많은 시간과 지도가 있어야 함에도 불구하고 사춘기 때 우리의 성교육은 외국에 비해 형편없이 짧거나 선택적이다.

선민의식을 갖고 생후 1주일 만에 할례를 하고 탈무드로 교육하는 유태인을 떠올려본다. 1,600만 명밖에 안 되는 유태인은 세계의 중심에 서 있다. 그러기 위해선 우선 행복한 결혼생활로 좋은 2세를 가져야 한다. 결혼 후 갈등을 겪기보다 결혼 전 적절한 상대를 만나 서로를 파악할 필요가 있다. 부끄러워해야 할 일이 아니다. 맞추면서 살아가라는 옛 어른들의 이야기는 이제 피곤한 논리다. 그러므로 우리 사회도 동거를 수용하는 문화가 필요하다고 본다. 그래서 나는 요즘 젊은이들이 동거한다는 소리를 들으면 내심 반가워한다. 단순히 쾌락을 위한 동거, 경제를 위한 동거가 아니라 결혼을 전제로 한 동거라면 천거하고 싶다. 동거 후 서로 맞지 않으면 어쩔 수 없다. 책임은 50:50이다. 아마 내가 주창하지 않아도 자연스레 문화는 그렇게 흘러갈 것이다.

이혼천국이라는 미국의 이혼율은 1980년대부터 감소하여 지금은 다시 1970년대 수준으로 내려갔다고 하는데 첫째 이유는 동거하는 경향이 늘어났기 때문이라고 한다. 물론 가정의 가치를 중시하는 예방교육도 한몫 했다고 하지만 주 이유는 동거경향(동거만 하고 법적 결혼을 하지 않는)이 늘어났기 때문이라고 한다. '요바이'라는 풍속 때문인지 가까운 일본만 해도 혼전순결보다 혼후순정을 더 중시하는 것 같다. 그런데도 황혼이혼이 늘어 일본의 혼인대비 이혼율은 35%를 오르내린다. 우리의 이혼율도 세계 최고 수준을 자랑한다. 한국에 처음 온 한 중국 여자가 한국 텔레비전을 켰다 하면 유부남 유부녀의 사랑 이야기라며 그것이 마치 한국의 성도덕의 전부인 양 놀라워하는 걸 본 적이 있다. 그러나 지금은 오히려 그녀가 더 재미있게 보고 있다.

성인이 될수록 성과 관련하여 보내는 시간은 많아진다. 성은 간과할 수 없는 인간의 주요 부분이고 인류역사를 이어온 이음쇠다. 인간의 성적 내면을 이론으로 들춰낸 프로이드의 학설이 지금도 상당히 유효한 것을 보면 그런 생각이 든다. '리비도'의 중심에 성적욕구가 있다. 그런데 사랑의 호르몬은 길어야 3~4년이다. 자연 상태의 인간이란 일생 한 남자, 한 여자만으로 만족할 수 없는 동물적인 면이 있는 것 같다. 그것은 조물주가 준 어쩔 수 없는 인간의 행태다.

자식 낳고 이혼하면 본인도 문제지만 어린이는 더욱 문제다. 따라서 혼전에 그들에게 서로를 알 수 있는 기회를 주자. 결혼생활을 결코 후회하지 않도록 동거의 기간을 주자. 나에게 맞는 상대를 골라 행복한 가정생활을 꾸리는 데 동거문화가 전부는 아니겠지만 도움을 주는 방법 중의 하나인 것만은 틀림없는 것 같다. 동거를 허용하면 오히려 문제가 생기고 결혼 확률이 떨어진다고 반대하는 목소리도 분명 존재하지만 행복한 결혼생활을 위해 동거문화는 꼭 필요할 것 같다.

10. 한국 여성의 이미지(내숭, 근면절약 → 화장 성형 → 기(氣))

세계에서 가장 많이 일하는 한국 남성이 불쌍할 정도로 여성
상위시대가 되어간다. 예전엔 가부장적 권위로 여자를 눌렀지만
요즈음 그랬다간 시대에 뒤떨어진 덜 떨어진 놈이 되고 만다.
요조숙녀, 현모양처가 언제부터 이리 드세지고 극성스러워졌는
지 모른다. 너무나 억눌려 살아와서일까? '너만은 나처럼 살지
말라'는 엄마의 충고 속에 사회제도에 반항하기 시작해서일까?
차라리 모권사회가 되었으면 하고 바라는 것은 나만의 생각일
까? 언제 우리가 이러리라고 생각이나 했던가?

'한국 사람들 너무 똑똑해요. 무엇보다 대단한 건 한국의 여성들이
에요.' 새벽같이 일어나 아침식사를 준비하고 출근하기 전 아이를 유
치원이나 학교에 데려다준 다음 일과가 끝나자마자 아이를 데리고
와 집안일을 하는 것을 보고 놀란 뉴질랜드 대사관에 근무하는 와카
라는 여자가 2002년에 한 말이다. 1990년대 나도 그렇게 살았으니 충
분히 이해가 가는 말이다.

5대째 한국에서 선교와 의료 활동을 하고 있는 귀화한 한국인 인요
한 소장은 남한을 일으킨 3대 힘을 '박정희, 근로자, 어머니'로 표현했
다. 한국 어머니의 근면절약 정신을 높이 평가한 것이다. 여성과 어머
니는 조금 다르지만 외국인이 본 우리 여성의 이미지는 어떨까? 10여
년 전 일본 여류 르포작가가 비판적으로 쓴 책에는 우리나라 여자의
특징을 '외모 중시'라고 했다. 그중에서도 외국인의 눈에 비친 제1이미
지는 화장이다. 그 전부터 공감이 가는 소리라 예사로 넘겨지지 않았다.

그렇다면 한국 여자들은 왜 화장을 많이 할까? 물론 예뻐 보이기

위해서다. 뭔가 감추려는 심리도 있을 것이다. 좌우지간 한때 덕지덕지 바르고 다니는 여자 화장이 이슈가 된 적이 있어, 주위에 있는 여자들에게 뭘 그렇게 찐하게 화장하느냐고 물었던 기억이 있다. 벌써 한 세대도 더 된 이야기지만 풍조가 그랬다. 비싼 화장품일수록 잘 팔렸다. 그냥 맨얼굴로 놔둬도 좋으련만 꼭 찍어 발라야 직성이 풀리는지 약간 한심하다는 생각까지 했었는데 외국인들 역시 그렇게 봤던 모양이다. 너도 나도 찍어 바르니 화장품 회사의 이윤도 상당했다. 거기다가 초창기에는 취약한 국내 화장품을 보호한다는 핑계로 제조공정을 밝히지 않으면 수입할 수 없어 당시 보따리 밀수 장수가 톡톡히 재미를 보기도 했다. 세월이 흘러 수입자유화 후에는 화장품이란 자기 피부에 맞아야 한다고 또 외쳐댔으니 오랫동안 사용한 국내산에 익숙한 피부가 서양 피부와 다를지 모른다는 불안감 때문에 처음엔 외제 화장품이 맥을 못 추기도 했다. 길거리에는 요구르트와 화장품을 들고 집집마다 세일하러 다니는 여자가 참 많았던 것도 당시의 자화상이었다. 지금도 고가 화장품을 세일하러 다니는 여자를 봤지만 예전보다는 확실히 적다.

『한국여자 비판』이란 책 때문일까? 요즈음 그렇게 찐하게 화장하고 다니는 사람이 많지 않다. 기초화장만 하거나 맨얼굴로 다니는 여자도 제법 많다. 비싼 기초화장품 때문에 돈 들기는 마찬가지라고 하나 그래도 자연스러워 좋다.

화장품시장 세계 7위의 우리나라는 화장품 많이 쓰기로 소문이 나 있다. 1인당 인구로 따지면 아마 세계에서 제일이지 않을까 싶다. 2007년 세계적 화장품회사 '로레알' 조사에는 우리나라 여성이 낮에는 13가지, 밤에는 6.5가지 화장품을 사용한다고 되어 있고 2010년 5

월(KBS) '화장품의 진실'에서는 판매가의 약 15%인 원가제품이 회사별로 13배 이상의 가격 차이가 난다고 했다.

화장도 화장이지만 우리나라 여성의 성형 또한 무시하지 못하게 되었다. '여자의 변신은 무죄'라는 1980년대 화장품 광고의 카피가 온 나라에 회자되고 한국 여성 사회를 휩쓰는 대표적 문구로 정착하고 있다. 최근 뉴욕타임지는 19세 이상 49세 이하 한국 여성 5명 중 1명은 성형수술을 했을 거란 추측 기사를 낸 바 있다. 연예인은 물론이고 술집에 가면 모 당 대표의 말처럼 자연산을 찾기 어렵다. 내가 아는 북경 출신의 한 젊은 여자는 한국을 화장과 성형의 공화국(The republic of cosmetic and plastic surjury Korea)이라고 표현했다. 한류가 중국을 휩쓸자 한국의 탤런트들이 성형미인이라는 걸 이미 알고 있는 중국의 젊은 여성들 사이에 성형수술이 유행하여 그들은 매일같이 강남으로 수술하러 온다. 이래저래 의학도에게 성형외과는 최고 인기다. 물론 여성이 아름다운 건 치하할 일이지만 화장과 성형에 따른 사회적 지출과 사고(思考)에 미치는 영향도 무시하지 못할 것이다. 그래도 어쩔 수 없는 일이다. 여자의 변신은 무죄니까.

그러나 뭐니 뭐니 해도 요즈음 우리나라 여성 이미지를 한마디로 말하라면 '기(氣)가 세다'고 해야 맞을 것 같다. 나는 요즈음 여성의 기가 살아 움직임을 피부로 느낀다. 가정에서도 바깥에서도 세계에서도 대한민국 여자의 기는 하늘 높은 줄 모르고 치솟는다. 바야흐로 앞치마를 두르고 집안일을 하던 시대는 점점 지나고 있다. 남자를 아예 부엌 근처에도 못 오게 했던 옛날과는 판이하게 다르다. 술 먹고 마누라를 패던 시대나 여자를 하인이나 몸종처럼 부리던 시대는 언제였는지 모를 정도다. 요즈음 각계로 진출하는 여성들을 보라. 세계의 역사(力士)가 탄생하는가 하면 은반 위의 여왕이 피겨 역사(歷史)를 새로 쓰고 있고 미국 LPGA 선수권을 휩쓸고 있다. 뿐만 아니라 각종 고시의 반 가까이를 여자가 차지하고 있다. 여당 대표가 여성이고 얼마 안 있으면 대통령 후보도 나올 것이다. 지금 그들은 잘 날고 있다. 조선시대 억눌렸던 압박과 설움에서 벗어나 안으로 쌓였던 한(恨)이 용수철처럼 폭발하고 있다. 칠거지악과 삼종지도 때문에 삭여오던 분노를 이제는 그것을 만들었던 남성에게 앙갚음해주는 모습이다. 지금 한국 남성은 통쾌히 당하는 것 같은 기분이다.

덧붙여 나는 그들이 한몫 하기를 바란다. 사랑스러운 그들에게 자유의 옷을 입히고 싶다. 노라에게 인형의 집을 지어줘 그들을 더 높이 날게 하고 싶다. 유교경전 '상서'에는 암탉이 울면 집안이 망하고, 논어에는 소인배와 여자는 가까이하기 힘든 존재라고 되어 있지만 나는 이 말을 믿고 싶지 않다. 이제 여자들은 남자의 부속물이 아니다. 아직 선진 외국만은 못해도 동성동본 혼인법, 상속법, 남녀차별 금지법, 호주제 폐지 등 요소요소에서 그들의 권리를 신장시키고 있다. 특히 성희롱과 관련해서는 상당부분 여자들의 주장에 달려 있다. 그럼에도 불구하고 여성 단체들은 원시의 자유를 더 많이 줘야 한다고 주장한다. 이제 시작이니까.

역사를 보면 청소녀 중심이었던 원래의 화랑제도나 3명의 여왕이 등극했던 신라시대는 말할 것 없고 고려시대 때도 여자의 억눌림이 적었다고 한다. 적어도 가정에서만은 평등했고 일부일처제이면서 처가살이가 존재했고, 재혼도 자유로웠고 서자 출신도 과거를 보는데 하등 영향이 없었다고 한다. 상속도 받고 자연스런 연애관계도 가능했던 것 같다.

고려의 안향이 중국으로부터 주자전서를 가져온 후 100년, 이성계의 조선이 건국되면서 새로운 건국이념이나 철학이 필요했고 강요됐을 거다. 삼강오륜의 유교가 지배하고 칠거지악이 강요되면서부터 여성의 기는 수그러들기 시작했던 것 같다. 이제 그 기가 억눌린 만큼 반발계수를 일으켜 다시 원상 회복된다니 반길 일이라 하겠다.

사족으로 또 하나 곁들인다면 처녀 때 남자 앞에서 그리 내숭 떨던 여자가 결혼 후 뻔뻔스러움으로 급변한다는 것이다. 일단 아줌마가 되면 눈에 무서운 게 보이지 않는다. 뻔뻔스러움이야 나이 들수록 늘어나게 마련이지만 우리 여성들처럼 돌변하기는 쉽지 않을 것 같다. TV '미수다' 프로에 나오는 핀란드 여자는 그렇게 변하는 한국 여자의 변신에 소름이 끼친다고 했고 남자 앞에서 술 한 잔 못한다던 동료가 거푸 원샷을 하는 것을 본 젊은 중국 여자도 동료를 죽이고 싶도록 밉다고 말했다. 물불 가리지 않는 뻔뻔함은 특히 애를 위한 교육열에는 막무가내다. 큰 학원의 입시설명회는 드넓은 체육관에 발디딜 틈이 없는데도 비집고 어떻게든 자리를 마련한다. 좋게 말하면 강인하다. 웬만하면 우리들 아줌마의 뻔뻔함을 이길 수 없다. 요즘 Y담에는 아줌마와 조폭의 닮은 점까지 회자된다.

그러나 결혼 시기가 늦춰지는 일, 농촌 총각 때문에 동남아에서 여자를 데려오는 일, 연하의 남자가 선택받는 기쁨을 누리는 일, 황혼 이혼이 증가하는 일, 단지 남자라는 이유만으로 점점 행세하기 어려워지는 풍조 등 사회가 발전할수록 비슷한 일이 한일 간에 시차를 두고 벌어지고 아마 이러한 현상은 조금 있으면 중국에서도 일어날 것이다. 세상 조류이자 시대 흐름이다.

11. 직업소명의식과 의료관광

19대 국회의원 총선에서 0.7%의 득표율밖에 얻지 못한 '국민생각' 대표 박세일 교수는 우리가 선진국으로 가기 위한 3가지 조건 중 하나가 직업의식이라 했다.

예전 초등학교에 다닐 때는 생활기록부에 부모의 직업과 생활 정도를 적는 난이 있었다. 왜 이런 걸 물어보나? 썩 내키지 않았지만 할 수 없이 적었던 기억이 난다. 지금 생각하면 이것도 인권유린에 해당한다. 그러면서 직업엔 귀천이 없다고 가르쳤다. 솔직히 직업에 귀천이 없다고 배운 건 순 거짓말이다. 직업에 귀천이 없다고 말하는 건 인간이 평등하다고 말하는 것과 똑같다. 인권이나 정치적으로는 평등한지 모르나 사회경제적으로는 그렇지 않다. 그래서 모두들 피하려고 하는 3D 업종이 있고 몇 년을 고생해서라고 갖고 싶은 직업이 있다. 이유는 간단하다. 소득과 안정성에 있다. 명예롭게 일하고 많이 받는데 싫어할 사람 없다. 그런데도 좋은 직장에 애착이 부족한 사람이 많다. 뚜렷한 목적의식 없이 흥미 없는 직업을 택했기 때문이다. 이렇다 보니 자신의 일과 직장에 대해 자부심 없는 직장인이 적지 않다. 이것은 직업선택의 기준에 안정성과 소득의 과다보다는 자신의 적성과 기호, 능력이 우선한다는 것을 보여준다. 은퇴 후 지나온 경험을 봐도 그렇다. 잘못된 직업선택은 인생을 쓸데없이 낭비한 것 같다. 개인 한 사람의 문제라면 간단하지만 국가전체로 놓고 보면 큰 손실이다.

근 10년 전 이야기지만 다국적 여론조사 전문업체인 테일러넬슨소프레(TNS)가 전 세계 33개국에서 직장인 1만 9,840명을 대상으로 일과 직장에 대한 애착도를 조사한 결과 한국인의 일과 직장에 대한 애착도가 33개국 중 최하위를 차지해 충격을 주었다. 이 조사에는 한국의 직장인 638명이 참가했고 이들 중 일과 직장에 대해 애정을 느낀다는 사람은 겨우 35%에 불과했다. 이에 비해 애착도 1위를 차지한 이스라엘의 경우는 70%나 됐다. 일과 직장 양쪽 모두 애착을 갖는 직장인은 33개국 평균이 44%인 반면 우리나라는 겨우 25%였다.

일과 직장에 대한 경험담 한마디를 적겠다. 한때 한밤중에 병원 가기가 겁나던 시절이 있었다. 무서워서가 아니라 의사와 간호사의 불친절을 견디기 힘들어서다. 그럴 당시 나는 태국에 간 적이 있었는데 공교롭게 한밤중에 이마를 크게 다쳤다. 순간 '이 시간에 병원에 가면 의사도 간호사도 없을 것이고 설혹 있다 하더라도 우리보다 후진국인 태국에서 얼마나 친절할 것이며 영어도 할 줄 모르는 내가 병원이 어딘 줄도 모르는데…… 군대 시절 국군통합병원에서 퇴근시간에 왔다고 아무렇게나 수술해서 지금도 보기 싫게 흉터가 남아 있는 내 손목처럼 수술하면 내 이마에는 영원히 보기 싫은 상처가 남을 텐데' 하는 불안감이 엄습했다. 그래도 어쩔 수 없이 피가 뚝뚝 흐르는 이마를 부여잡고 가이더를 따라간 병원에서는 불안감에 떨고 있는 나에게 그러한 우려가 기우였음을 보여준 사건을 아직도 나는 또렷이 기억하고 있다. 도착하자마자 튀어나오는 의사와 간호사는 왜 그리 친절했는지 그리고 다음 날 일정 때문에 그곳을 떠나 다시 들르지 못했는데도 그 후 상처 하나 없이 깨끗이 나았던 걸 보면 10바늘인가 꿰맨 나의 상처가 깊숙하지 않아서였을까? 알 수 없지만 그때 나는 감동 먹었다. 우리 같았으면 어땠을까? 무슨 죄라도 짓고 교도소에 들어온 죄수마냥 이렇게 늦게 와서 죄송하다는 무언의 표정 정도는 지어야 의사의 환심을 샀을 것이다.

의대생은 대학을 졸업할 때 '나는 명예와 양심을 걸고 의술이 아닌 인술로 인간을 치료하겠다'는 히포크라테스의 선서를 한다. 간호사는 '성심으로 보건의료인과 협조하겠으며 나의 간호를 받는 사람들의 안녕을 위해 헌신하겠다'는 나이팅게일 선서를 한다. 그렇지만 그 선서를 실행하는 의사와 간호사가 있을까? '쿠바'처럼 의사의 학비를 정부에서 대주지 않았기 때문에 물론 의사는 봉사자가 아니다. 남보다 10년은 더 고생하고 얻은 직업이라 이해는 가지만 환자가 돈으로 보이는 의사와 환자의 안녕을 무시하는 백의의 천사는 없었을까? 이젠 많이 달라졌다고 하지만 아직 당시의 태국을 따라 잡을 수 있을까 의심해본다. 그 후 나는 태국을 다시 본다. 아, 이래서 태국은 세계 유명인들이 찾는 관광 명소로구나.

그간 제일 공부 잘하는 학생들이 간 덕분일까? 현재 우리의 의료기술은 가격에 비해 훌륭하다는 정평이 나 있다고 한다. 가슴 뿌듯하다. 공공성이 강한 의료비의 가격결정권을 보건복지부가 갖고 있어 진료비는 미국의 약 1/3 이하라고 한다(일본의 2/3, 싱가포르와 비슷, 태국과 인도의 2배). 외국인을 불러들이면 당연히 외화획득을 할 수 있다. 태국과 싱가포르가 의료관광으로 벌어들인 돈이 적지 않으며 맥킨지 보고서에 따르면 앞으로 매년 15% 정도씩 의료관광은 늘어날 거라고 예측한다. 환자 수로 따지면 2010년 해외환자는 900만 명에 이르고 금액으로 따지면 1,000억 달러에 다다른다. 부가가치율은 대충 제조업의 2배인 약 50%, 상당히 구미가 당기는 산업이다. 그래서 정부는 의료관광을 꽤 적극적으로 추진하고 있다. 2010년 국내 입국한 의료관광객 수는 8만 명. 계획을 늘려 2012년에는 15만 명을 목표로 하고 있다. 이를 위해 보건복지부는 2019년 4월부터 해외환자 유치를 보장한다는 법을 통과시키고 2012년까지 코디네이터 10만 명을 양성할 계획이라고 했다. 그러나 법만 통과되었지 의료 관련 비자 허용, '세브란스' 하나밖에 없는 국제인증(JCI) 병원 등 아직까지 해결해야 할 과제가 많다. 특히 의료특구를 설립하는 데도 찬반양론이 팽팽히 맞서 있다.

그래서 나는 답보상태를 면하지 못하고 있는 의료관광산업 해외유치와 민간영리의료법인 자유화를 위해서 전부터 생각해온, 누구나 생각할 수 있는 한 가지 방법을 제안하고 싶다. 의료민영화 계획까지 세우고 민간영리의료법인을 공식화하려는 기획재정부와 이를 반대하는 보건복지부가 충돌할 게 아니라 이해득실이 대립하는 기존지역보다는 새로운 지역을 의료특구로 지정, 마치 사행성 오락산업을 외국인에게만 허용하듯 새로운 지역에 외국인 전용병원을 만드는 것이다. 가령 단체장의 애정 어린 발전전략에도 불구하고 제주특별자치구의 의료민영화가 안 되면, 송도특구와 새만금, 부산의 어느 지역 정도는 외국인 전용 영리의료법인 설립을 자유화하고 국제인증 받는 병원(싱가포르 24곳, 태국 13곳)을 늘리는 것이다. 민간이 참여하지 않는다면 국가가 먼저 재정투자를 하고 공기업을 만들어 잘 되도록 노력한 다음 기회가 되면 나중에 프리미엄을 받고 팔면 된다.

그러나 이러한 난제를 물리친다 해도 막상 20년 전 경험했던 태국의 의사와 간호사처럼 직업에 대한 소명의식을 가지고 정성스러운 서비스를 해줄지는 잘 모르겠다. 그렇지만 가야 할 길이다. 직업에 대한 소명의식은 의사와 간호사뿐 아니라 모든 직업에 필요하다. 3D 업

종에도 필요하고 질 낮은 서비스업에도 필요하다. 특히 공(公)직원에
게 직업에 대한 소명의식은 절실히 요청된다. 개신교의 캘빈은 직업
을 하나님이 주신 소명(Calling)이라 했다.

12. 나눔과 베풂

사회적 약자를 돕는 일은 감동이고 베풂은 무소유의 소유
다. 유고마저 책으로 만들지 말라는 법정 스님은 무소유도
소유라고 말했다. 나눔은 가진 것 없이 부자로 살 수 있는
것이라고 구두수선공 고(故) 이창식씨는 말했다. 그는 희망
제작소와 아름다운 재단의 기부천사였다.

한국여성정책연구원의 자료에 따르면(조선주연구위원) 자원봉사
자 2000명의 봉사활동과 기부현황을 기회비용으로 미루어 산출한
2008년 전체 자원봉사활동의 경제적 가치는 약 3조 7000억 원이라
고 한다.

예부터 우리 겨레는 품앗이를 해왔고 인심도 후했다. 양극화가 심
해지고 인심이 사나워져서일까, 현대에 들어서는 많이 각박해진 것
같다. 옆 사람이 죽어가도 모른다. 밥 한 술 달라는 여류 문학도의 죽
음도 모른 체한다. 우리는 너무 나누지 않는다. 가끔 스팟으로 어려운
기사가 매스컴에 등장하면 금방 돈이 쌓이기도 하지만 평소 꾸준히
세상을 돕는 일에 기부하지 않는다. 그러나 기부는 있는 사람만이 하
는 것이 아니다. 수입의 최소 1%만이라도 자기가 좋아하는 일에 기
부했으면 좋겠다. 그것은 세상을 바꾸는 일이다.

근년 들어 '굿네이버스'나 '유니세프'에 후원자와 후원금이 급증하
는 반가운 현상도 있지만 아직 경제력에 비해서 우리나라의 기부지
수는 상당히 낮다. 숫자로 이야기한다면 세계 81위다(2010년 영국자
선구호재단 발표). 2009년 기준 1인당 평균기부액은 20만 원이 안 되

는데 미국은 110만 원(2006년 기준)이 넘는다. 기부자 유형도 미국은 개인이 압도적인데 반해 우리는 기업이 60%에 가깝다. 개인의 경우 기부보다 경조사비와 종교헌금이 훨씬 많다. 그러나 사회복지 공동모금회에 따르면 연간 1,000만 원 이상 고액기부자는 일반서민이 90% 이상이다. 사회저명인사가 하는 기부가 훨씬 적다는 뜻이다.

독지가의 1회성 거액 기부도 물론 좋지만 포인트는 기부를 생활화하고 있는가 아닌가 여부다. 미국은 정기기부자가 70%인데 반해 우리는 24%에 불과하다. 그래서 어떤 사람은 영국처럼 경조금의 일부를 자선단체나 모금단체에 기부할 것을 제안한다. 그리고 그만큼 소득공제비율을 높여주자는 것이다. 우리나라 연간 경조금이 10조 원에 가까우니 쓸 만한 아이디어 같다.

우리는 개인의 기부만 적은 게 아니라 정부의 무상원조(ODA)도 다른 나라에 비해 적다. 이제 겨우 걸음마다. 유엔 사무총장과 세계은행 총재가 당선되는 것도 어쩜 한국의 위상에 맞는 기부를 바라는 세계인의 간접표현인지 모른다.

기부를 하지 않는 이유 중의 하나는 아까워서라기보다 남을 믿지 못하는 마음도 도사리고 있다. 어느 단체나 모임에 돈을 주는 것은 고양이에게 생선을 맡기는 것이라며 자위하기도 한다. 그래서 내가 직접 내야만 직성이 풀린다. 모금액이 3억 원을 넘는 경우 행안부의 허가를 받아야 하고 필요경비는 2% 이내라고 되어 있지만 이런 조항을 믿지 않는다. 실제로 이보다 훨씬 많은 기부가 공중으로 날아가 사리사욕으로 채워진 적도 있기 때문이다.

그러나 기부는 꼭 돈으로만 따질 일은 아니다. 몸으로 기부하는 자원봉사도 있고 재능기부도 있다. 몇 년 전 유행하던 신지식인이라는 말이 지금은 들어가고 없지만 모든 신지식인은 재능을 기부할 수 있다. 아니 재능을 기부하는 모든 사람은 다 신지식인이라 해도 과언이 아니다. 더 많은 재능기부가 필요한 시대다.

통계청이 발표한 '2009 한국의 사회지표'에 따르면 15세 이상 자원봉사활동에 참여한 사람은 20%에 못 미치고 성인만 따지면 3500만 명의 약 10% 정도만이 자원봉사활동에 참가하고 있다. 이는 전 국민의 60% 이상이 자원봉사활동에 참여하는 미국이나 영국, 일본 등 선진국과 비교해보면 아직까지 다양한 형태라고 볼 수 없다.

기부문화의 정착을 위해서는 이타(利他)하겠다는 인생관이 중요하다. 따뜻한 공동체를 만들어가기 위한 큰마음이 필요하다. 그런 마음은 세상에 대한 끊임없는 호기심을 바탕으로 변화에 도전하는 창조적인 마음이 있어야 가능하다. 나를 위해 살기도 바쁜데 무슨 되지 않는 소리냐, 일단은 성공 후에 보자, 나도 이렇게 선행을 했다고 밝히고 싶은데 무슨 소리냐고 할지 모른다. 당연히 이름을 밝히고라도 작은 기부문화에 동참하는 것을 나는 칭찬하고 싶다. 이름 모를 민초의 작은 손길은 우리를 감동케 한다. 없는 사람이 주는 것은 나눔이다. 기부는 나눔이 되지만 나눔은 기부 이상이다. 영어로 이야기 하면 쉐어링(sharing)이다. 이런 나눔의 정신이 없으면 잡(job) 쉐어링은 되지 않는다.

나누고 베풀고 사는 게 그리 어려운가, 나누고 베풀고 사는 맛을 모르기 때문이다. 기부도 처음이 어렵지 한 번 시작하면 모든 걸 다 주고 싶어진다.

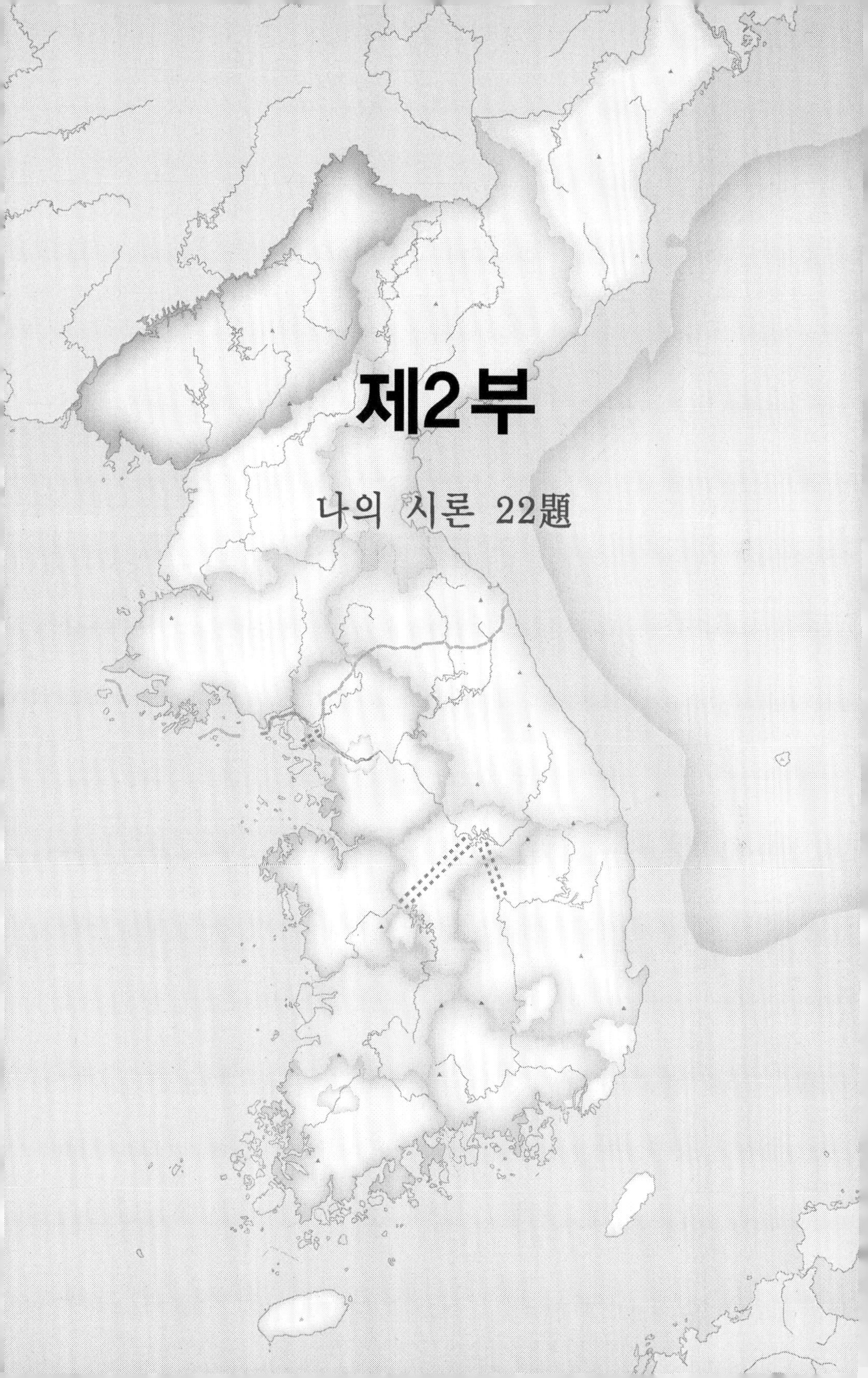

제2부

나의 시론 22題

나의 시론 22題는 평소 생각한 것 중 일부를 정리 기록한 것이다. 사람에 따라 중요하고 시급한 것이 다를 수 있으므로 논제가 마땅찮아 보일 수 있다. 부족한 것은 다음에 보충하겠다.

1. 4개 州 연방국가론

연방국가란 여러 지역국가가 모여 하나의 국가를 형성한 나라를 말한다. 연방국가의 잇점은 여러 가지가 있다. 우리 같은 좁은 나라에서 무슨 연방국가가 필요하냐고 말들 하지만 연방국가를 국토의 넓이로 나눌 일은 아니다. 연방국가와 현대 행정자치가 지향하는 신광역주의가 일치하는 것은 아니지만 이제 우리도 연방국가를 검토할 때가 됐다고 판단한다.

지구 상에 존재하는 28개의 연방국가에는 세계 인구의 약 40%가 거주하고 있다. 그러나 연방국가라 하더라도 여러 형태가 존재한다. 지역과의 관계에서 분권이 잘 된 나라가 있는가 하면 분권이 약한 중앙집권적 연방국가도 있고, 의원내각제를 취하고 있는 나라가 있는가 하면 대통령중심제를 택한 나라도 있다. 선거제도도 연방국가마다 다르다. 그러나 형태는 다르지만 지역국가와 지역분권을 기본 골격으로 헌법개정 등 중요한 의사결정에 참여하고, 분쟁 발생 시 중재를 통해 해결하는 공통점은 있다. 확실하게 말할 수 있는 건 북한에서 주장했던 통일 관련 고려연방제하고는 하등 관련이 없고, '대한민국은 민주공화국이다'라는 대한민국 헌법정신을 위배하는 것도 아니다.

가. 왜 연방국가인가?

세계화에 따른 연방제의 필요성과 당위성은 갈수록 증가한다. 교통통신의 발달과 다국적 기업의 출몰은 지역이 곧 국가를 대표하지 않으면 경쟁에서 처지고 세계화를 이룩할 수 없다. 학문 이론적으로도 지금까지의 통합주의와 분할주의에서 다시 신광역주의의 이점이 부각되고 있다. 외국의 예에서 볼 수 있듯이 강소국 연방제, 도시권 광역화, 광역 경제권 등의 신광역주의는 세계적 추세다. 행정계층도 파리, 베를린, 뉴욕 등 단층제를 채택하고 있는 나라가 많지 도쿄나 런던처럼 중층제를 채택하고 있는 나라는 별로 없다. 그중에서도 세계화, 분권화, 지역화를 동시에 이룰 수 있는 연방제는 단연 화두다. 대표적으로 현재 연방화를 진행하고 있는 프랑스와 일본의 예를 보자(조선일보 2008.9.9 a5쪽 사진).

일본 : 일본 정치 실력자 중 한 사람인 오자와 이치로는 이미 10여 년 전에 "일본개조계획"에서 실질적인 광역지역 분권화를 실시해야 한다고 주장했다. 일본은 그때부터 메이지 유신 150주년이 되는 2018년 실시를 목표로 연방제와 같은 도주(道州)제 실시를 착실히 진행해 오고 있다. 총리실 산하 도주제비전위원회는 현행 중앙정부와 47개 도도부현을 10~13개 안팎의 도와 주로 재정비하는 지역주권형도주제를 추진 중이다. 2009년 3월 중간보고서를 정부에 제출했고 2011년 6월에는 중앙정치권 여야의원 130여 명이 참여하는 '도주제연구회'를 발족했다. 한마디로 일본이 구상하고 있는 인구 1,000만 명 규모의 도주제는 미국의 연방제와 비슷한 구상이다. 땅덩이가 넓지 않은 일본에서 시대착오적이라는 비난이 있음에도 불구하고 지역분권을 실시하려는 이유는 무엇인가? 물론 현 중앙집권체제의 한계를 극복하고자 함이다.

일본의 경제평론가 게니치 오마에(Kenichi Ohmae)는 「The rise of region state」(1993)라는 논문과 『The Next Global Stage』(2005)라는 책에서 광역국가(region-state)의 필요성을 제안했다. 광역국가란 국제공항,

미래지향적 대학, 개방적인 체제와 주민, 선순환적인 경제구조를 가진 100～1,000만 정도의 정부를 일컫는다. 그는 세계화된 국경 없는 경제시대에는 지역이 국제경쟁단위가 되므로 지역발전에 도움이 되지 않는 일본의 47개의 현을 11개의 도주로 통합할 것을 제안했다.

> * 11개 도주의 GDP를 보면 도쿄중심의 간토지역의 경우 프랑스보다 GDP가 높고, 두 번째 지역인 오사카 중심의 간사이지역의 GDP는 캐나다보다 높으며, 10번 째 시코쿠지역은 덴마크와 비슷하다.

프랑스 : 중앙집권제의 전통이 강한 프랑스도 현재 22개로 나누어진 지방행정단위를 6개의 지역으로 나누고 인구 천만 명 정도의 연방제를 실시할 계획을 진행시키고 있다. 세계화에 대응하면서 국제경쟁력을 갖출 수 있고 지방과 정부의 균형발전 및 정치행정 비용의 감소로 효율성을 높일 수 있는 점 등이 장점으로 꼽히고 있다. 수많은 협의와 토론이 필요한 노사정 합의를 이루기 쉽고 변화에 신속 대응하며 투명한 정책결정을 할 수 있다. 눈여겨봐야 할 프랑스 광역국가의 커다란 특징은 기존의 경계대신 강(江)을 따라 지역을 구분한다는 점이다.

나. 4대강 살리기의 정치적 의미

이명박 대통령의 대선공약인 한반도 대운하가 4대강 살리기로 변질되면서 운하냐 아니냐를 놓고 벌인 설전은 이제 옛이야기가 돼버렸다. 공사가 지연됐던 낙동강 구역의 사업권을 회수한 사건의 소(訴)는 기각당했고 2년 동안 4대강 관련 예산안을 놓고 여야는 팽팽히 맞섰지만 소용없었다. 드디어 2011년 가을 16개의 보와 자전거길이 그 모습을 드러냈다. 정부는 홍보를 계속했고 졸속 공사로 인한 땜질 공사는 지금도 진행되고 있다.

사실 64% 이상이 산지인 우리나라에서 반쯤 운하인 4대강 살리기는 경제성이 부족한 게 사실이다. 그러나 4대강 살리기는 경제성만으로 따질 수 없다. 대통령이 후보시절 내놓은 공약에는 한반도 대운하의 이점을 여러 측면에서 주장하고 있다.

> 이명박 대통령은 한반도 대운하에 대한 자신의 포부를 『한반도 대운하는 부강한 나라를 만드는 물길이다』라는 책에서 이렇게 밝혔다. "한반도 대운하는 수도권과 지방을 연결하는 새로운 통로입니다. 수도권에 대응하여 국토 균형발전을 이끌 새로운 발전 축입니다. 남과 북, 동과 서, 영남과 호남을 통합시키고 상생케 하는 실천적 비전이 됩니다. 지역 간의 빈부격차를 줄이고 국토를 고르게 발전시킵니다. 한반도 대운하는 이런 점에서 선진국을 앞설 수 있는 획기적인 경영전략입니다. 따라서 이것은 저의 오랜 신념이자 국가 경영전략입니다. 저는 국회의원 시절이던 지난 1996년 7월 국회 대정부 질의를 통해 경부운하 건설을 제안했었습니다. 역사는 가능하다고 생각하고 행동하는 사람의 손에 의해 이루어졌습니다."

필자는 한발 더 나아가 정치적 의미를 나름대로 부여하고자 한다. 그것이 무슨 뚱딴지같은 소리냐고 무시하겠지만 나는 한반도 대운하 공약이 나올 때부터 엉뚱한 생각을 했다. 현대건설의 불도저였고 효율성에서 누구보다 앞선 이 대통령은 한반도 대운하를 어떤 난관이 있더라도 기필코 밀어붙일 것이다. 절대권력의 대통령제에서 그것이 소망이고 공약이라면 국가의 백 년 아니 천 년 대계를 위해서 우리는 그것을 좀 더 효율적으로 이용해야 하지 않을까 하고 말이다. 한반도 대운하를 꼭 경제적인 측면에서만 논할 수 없다는 말이다.

4대강 살리기 반대론자들은 기회비용과 생태계 측면만 강조한다. 속이 좁은 게 아니라 시야가 좁다. 경제 중심으로만 생각한다. 어떤 이는 홍수 걱정까지 한다. 아름다운 자연을 훼손한다고 한다. 자연 그대로 놔둬야 재앙이 없다는 자연주의적 사고로 일관한다. 그리고 땅속에 묻혀 있는 언제 어디서 어떻게 파헤쳐질지 알 수 없는 사소한 문화재도 걱정한다. 건설하는 데 몇 십조가 들어가는데 편익효과는 고작 얼마밖에 안 된다고 반대한다. 지금까지 역대 대통령들이 해온 과업에서 골칫거리로 남은 여러 개의 예를 들어 대운하도 그렇게 되리라고 장담한다.

과연 그럴까? 그러나 인간의 의지와 기술의 발달은 많은 한계를 극복시킨다. 많은 부분에서 시너지 효과가 날 것으로 필자는 본다. 물론 보와 준설이 문제지만 4대강 살리기는 접근성이 부족한(보통 일반인은 도로가 없으면 잘 가지 않는다) 자연미로 그대로 둘 것인가, 접근성을 확보한 인공미인을 볼 것인가의 차이라고 나는 생각한다.

지금까지 우리는 산맥 위주로 행정구역을 정했다. 이는 옛날 교통통신과 기술이 발달하지 못했던 시절에 지리적 편의에 의한 구분이었지 국가전체를 고려한 경계는 결코 아니었다. 넘나들기 어려운 점을 감안하면 산맥은 오히려 지역 간 소통을 더욱 소원하게 하여 지역주의를 양생시키는 제도였다. 이제는 산맥이 문제가 아니다. 산맥은 터널로 뚫리는 평지와 같다. 험준한 산을 위주로 경계를 표시하는 것에서 발상을 전환하여 강을 따라 행정구역을 나누면 경계구분이 보다 명확하고 쉽다. 따라서 산보다 강 위주로 행정구역을 정하는 발상의 전환이 필요하다.

군이 4대강 살리기를 거론하는 것은 **강소국 연방국가의 지역정부의 경계를 3대강으로 구분**하면 반대 측이나 찬성 측이나 서로 명분이 서는 윈윈게임이 될 것이기 때문이다. 강소국 연방제를 택하고 3대강줄기를 따라 동서남북 4개 주(州)를 만들어 지역주권을 인정하는 연방국가를 만들면 지금처럼 지역을 담보로 싸우지 않아서 좋고, 나라를 위한 균형발전의 원천적 해결방안이어서 좋다. 그런 의미에서 이번 대운하는 우리 한반도에 가해지는 신선한 충격이다. 어디까지나 긍정적, 미래지향적 사고를 가지고 말이다. 한 번 더 강조하면, 4대강 살리기를 정치에 이용하여 국가의 근간을 바꾸자는 것은 다름 아닌 3대강을 연결시키는 한반도 대운하를 중심으로 4개 주정부를 만들어 연방국가를 설립하자는 대국가개조론이다. 이는 이회창 자유선진당 총재와 선진화재단 이사장 박세일 교수가 주장하는 강소국 연방정부의 틀을 변형시켜 국가를 대개조하자는 복안이기도 하다. 혹자는 좁은 나라에서 그것도 한 번도 서양의 봉건제나 일본의 번주제를 해본 적이 없는 나라에서 역사와 전통에 맞지 않는다고 주장한다. 설마 잘 될까 하는 차원에서 반대한다. 그러나 오랜 숙성기간을 걸쳐 실행하면 여러 면에서 실보다 득이 훨씬 많은 연방제를 많은 국민이 찬성할 것이며 그 시기는 빠를수록 좋으므로 수차례 논의가 연기되어온 헌법개정작업에 그 내용을 포함시켜 20년 앞을 내다보는 장기 비젼을 제시 실행하여야 할 것이다.

다. 4개 주 연방국가의 이점

구체적으로 어떤 이점이 있는가? 4개 주 연방국가를 가정한 이점 10가지만 열거해보자.

첫째, 지역주의 희석과 소수자 보호

둘째, 수도권 과밀(서울공화국) 해소와 지역균형 발전

셋째, 일자리 창출

넷째, **규모의 경제**로 국제경쟁력 제고

다섯째, 대통령의 절대권력 분산 – 죽기 살기 식 대선 지양

여섯째, 실질적인 지역자치

일곱째, 정치발전 및 정치인의 욕구 해소

여덟째, 부정부패의 감소

아홉째, 효율적 행정관리 – 광역과 기초 2원화로 시간과 에너지 절약

열째, 삶의 선택 – 다양화된 주정부를 골라 삶을 선택

한마디로 국가 갈등요소의 본원적 해결방안이라고 할 수 있다.

1) 지역주의 희석과 소수자 보호

지금까지 우리는 지역 색 때문에 많은 갈등을 겪어왔다. 경상과 전라 그리고 충청인의 자존심을 건드려왔고 그것을 정치에 이용해왔다. 김영삼 대통령이 민자당 후보 시절 나왔던 '우리가 남이가'란 말은 우리나라 사람이 얼마나 지역주의에 얽매여 있는가를 단적으로 보여준다. 그 소리는 경상도만이 우리 편이지 다른 지역은 남이라는 소리다. 단순히 표를 얻기 위한 전략이라고 생각하기에는 상당히 거부감을 주는 소리다. 그 말을 듣는 타도 사람은 정말 기분 나쁘다. 타도 사람은 같은 국민, 같은 나라 사람이 아니라는 섬뜩한 느낌이 든다. 이렇게 지역 색으로 심하게 대립하는 경우 영남(신라공화국)을 제외한 여타 지역의 사람은 소수자다. 이럴 바엔 아예 구역을 나누지 구태여 왜 같은 국호를 쓰면서 서로 역겹게 사는지 이해가 안 간다. 쪼개고 나누면 될 것을. 그러나 쪼개고 나누기 어렵다면 국가를 나누지

않고도 잘살 수 있는 연방국가를 세워 경상, 전라, 충청으로 갈라진 민심을 독립시키면 경상도에 대한 타 지역의 소수자를 보호할 수 있다. 지역감정은 지금 거의 태생적 수준이고 정서에 관련된 문제라 쉽게 극복될 사안이 아니다. 따라서 다른 환경적 방법을 찾아야 한다. 말의 억양이 어느 때부터 달랐는지 모르겠지만 행정구역이 다른 것도 문화와 지역 색깔을 다르게 하는 데 큰 영향을 준다. 원래는 같은 마한이고 백제였지만 조선시대 들어와 충청도와의 지역 색이 발생하는 것은 행정구역이 다른 데 기인한다고 할 수 있고 특히 남도와 북도가 조금씩 다른 것을 보면 더욱 그런 느낌이 든다. 4개 주 연방국가를 택해야 하는 큰 이유 중의 하나가 여기에 있다.

2) 지역균형발전과 수도권 과밀 해소(서울 공화국)

세계 유례를 찾아볼 수 없는 서울 및 수도권 과밀화는 이제 더 이상 방관할 수 없는 상태다. 전 국토의 11.8%에 모든 것이 반 가까이 밀집해 있는 세계 초유의 과밀현상을 그대로 두면 종국에는 서울공화국 부산시가 되거나 서울시 부산구가 될 것이다. 수도권은 인구, 재정, 지역 내 총생산, 제조업 고용원 수 등 모든 면에서 우리나라의 약 반을 차지하고 있다. 서비스업까지 따지면 고용인구는 반을 훨씬 넘을 것이다. 모든 것이 서울에 몰려 있다 보니 노숙자들도 거개 서울로 몰린다. 작년(2011)에야 최초로 서울 인구가 극소의 출초 현상을 보였지만 아직 서울의 인구밀도는 1만 7,000명이 넘는다. 원래 우리나라의 인구밀도는 산악비율을 감안하면 도시국가를 제치고는 세계 최고다. 다행히 서울은 중앙에 한강이라는 큰 강이 있고 주위에 좋은 산이 있다. 하늘이 주신 선물이다. 이런 선물에도 불구하고 답답하기는 매한가지인 게 공기 나쁘고 교통 막히고 복잡하다. 최근 스위스 다보스 경제(WEF)포럼에서 발표한 2010년 환경평가지수(EPI)에서 우리는 94위(163개국)를 획득했다. OECD는 물론이고 주요부분에서 세계 꼴찌에 가깝다. 환경평가지수 94위 국가가 과연 세계적인 녹색성장을 주도할 수 있을지 우려된다.

세수도 마찬가지다. 수도권의 지방세 징수율은 반을 넘고 내국세 징수율은 70%를 넘는다. 그러니 가히 지방은 중앙에 의존할 수밖에 없다. 말이 분권이고 지방정부지 중앙집권이 될 수밖에 없다. 그런데도 불구하고 국가경제를 위하고 국제경쟁력을 위해서 수도권 규제를 풀자고 주장한다. 이런 상황에서 수도권 규제를 풀면 지방은 지방대로 홀대라고 볼멘소리다. '억울하면 수도권으로 오라'는 식의 모순을 풀 수 있는 길이 곧 연방정부제다. 실질적인 지역주권을 가진 강소국 연방제만이 진정한 지역발전을 이룰 수 있다. 모든 게 서울과 차별이 없다면 지방도 인구가 줄지 않을 것이다. 사업하기에도 불리하지 않고 각 주마다 국제공항이 있고 국제사회에 나가 각 주를 대표하여 서명한다면 명실공히 지역정치를 하는 데도 지장이 없어 국토의 균형발전을 이룩할 수 있다.

또 하나 있다. 노무현 대통령이 걱정했던 지방 땅값은 왜 이리 차별받느냐에서 해방될 수 있다. 중앙정부에서 지역균형발전을 위한다고 많은 돈을 풀고 기업도시니 특화도시니 억지로 만들지 않아도 된다. 각 지역정부에서 중앙정부보다 더 훌륭하게 그 지역의 특성을 살려 개발하기 때문이다. 그렇다고 부동산가격이 부분별하게 오르지도 않는 이유가 지역민의 지역 사랑과 서울처럼 돈과 사람이 많지 않기 때문이다.

3) 일자리 창출

2012년 2월 통계청이 발표한 실업률은 3.5%로 실업자 수는 85만여 명이고 청년 실업률은 8%로 34만 명이다. 그러나 현대경제연구원이 발표한 2011년 사실상 실업자 수는 300만 명을 넘고 청년 실업률은 20%를 넘어 100만 명을 웃돈다. 청년 5명 중 1명이 실업자다. 15세 이상 비경제활동인구 중에서 구직 단념자, 취업준비생, 취업 무관심자까지 실업자로 간주할 경우다. 이 중에는 일하지 않아도 먹고살 수 있는 사람도 있지만 더 많은 숫자가 일하고 싶어도 일자리가 없어 노는 백수들이 대부분이다. 현대 자유자본주의는 산업이 발달하고 경제가 성장해도 일자리가 늘지 않는 현상이 다반사다. 기업은 일자리 나누기보다 효율을 중시하여 1인당 생산성만 높인다. 더욱이 세계화는 국제 분업을 가능케 하여 지구 상 최적지를 찾아간다. 저소득층은 늘지만 고용 없는 성장은 계속된다. 정규 취업자와 비정규 취업자와의 소득격차는 점점 커져 중산층은 엷어지고, 능력 있는 자와 능력 없는 자로 구분된다. 소득격차는 능력 이상으로 커진다. 지금 우리 경제가 그렇다. 특단의 정책을 취하지 않으면 이러한 경향은 미래에도 계속될 것이다.

만약 강소국 연방제로 4개의 지역정부를 갖는다면 입법, 사법, 행정 3권을 가진 4개의 지역정부는 지금보다 훨씬 많은 일자리를 창출한다. 하나의 정부로서 구색을 갖춰야 하므로 각 방면의 일자리가 늘 수밖에 없고, 주정부는 주인의식을 갖고 온갖 취업정책을 총동원할 것이다. 중앙정부의 포괄적인 정책보다 지역정부의 적재적소 정책이 취업에 훨씬 체감적이라는 소리다. 생각해보라. 입법, 사법, 행정 3부을 가진 4개의 주정부가 생긴다면 그만큼 일자리가 늘지 않겠는가? 통폐합되거나 없어지는 중앙관서의 공무원 때문에 4배는 아니지만 지금보다 늘어날 것은 명확관화하다. 현재 중앙부처의 공무원은 과도하게 일하고 있다. 통폐합되는 중앙관서 및 지자체 공무원은 신설되는 부서에 배치하고 그래도 불일치하는 공무원은 본인의 의사를 존중해 불이익이 없게 하면 된다.

4) 부정부패 감소

부정부패는 망국의 원인이고 사회 병리현상의 근원이다. 부정부패는 효율과 사기를 떨어뜨리는 가장 기본 되는 요소며 사회적 자본을 갉아먹는 나쁜 문화적 습성이다. 그런데 인간은 자신이 갖고 있는 권력을 남용하게 되어 있다. 누가 보지 않으면 게으름도 피운다. 거기서 부정부패는 싹튼다. 그런 의미에서 중앙집권적 정치는 부정부패를 일으키고 적정규모 이상에서는 비능률과 비효율을 초래한다. 부정부패와 부조리를 없애는 방법 중의 하나가 지역자치다. 권력과 권한을 지역분권화시키면 규모나 권한 면에서 분산 축소되므로 그만큼 부정부패를 감소시킬 수 있다. 건수는 늘어날 수 있으나 규모는 줄어들 것이다. 또 선거제도를 바꾸면 그만큼 견제기능이 강화되어 부정부패를 감소시킬 것이다. 후술하겠다.

5) 실질적인 지역자치

교통통신의 발달로 행정자치의 광역화는 피할 수 없는 시대적 흐름이다. 또 고령화로 인한 생산력 저하는 생산인구를 찾아 지자체의 권역을 넓히고 복지국가로의 지향은 행정수요와 업무범위를 넓히고 있다. 이러한 행정환경 변화는 필연적으로 자치와 주권을 요구하고 있다. 그렇지 않으면 고비용 저효율로 살아남지 못한다. 다만 광역화의 적정규모가 어디까지인가 하는 문제는 엄밀히 따져야 하지만 지역자치의 필요성은 절실히 요청된다. 이러한 시대적 변화 속에 강소국 연방제는 지역주권에 의한 실질적인 지역자치가 가능하다.

지금의 지방자치는 실질적인 지역자치가 아닌 중앙정부에 예속되어 있는 형식적 지방자치에 불과하다. 모든 것이 중앙집권에서 우러나온 지방분권적 성격을 띠고 있으며 특히 재정에 있어서는 더욱 그러하다. 따라서 재정의 독립성을 어느 정도 보장하고 실질적 지역자치로 가야 한다. 결국 연방국가 내 지역정부를 세움으로써 현재의 예속적, 형식적 지방자치에서 탈피하여 명실상부한 지역자치를 이룰 수 있다. 지방정부끼리 분쟁이 발생할 때도 중앙정부를 통한 상하 수직관계에서 협력하는 것보다 대등한 지방정부끼리의 수평적 협력이 쉽다는 것이 정설이다. 작은 정부의 수평적 결합을 중시하고 행정문제 발생 시 특별구역조성이나 협의조정청을 통한 문제해결을 처방으로 제시한다.

6) 정치발전 및 정치인의 욕구 수용

연방국가를 건설하여 내치와 외치를 나누고 중앙과 지역을 나눔으로써 정치인의 무한 욕구를 상당부분 해소할 수 있다. 즉, 권력구조와 정부형태를 연방체제로 바꾸면 정치발전과 함께 정치인의 욕구를 해소할 수 있는 정치적 자리가 늘어난다. 4개 주정부 연방국가를 택하면 지금보다 전체 의원 수는 줄지만 주정부의 정치적 자리(하원의원)가 늘어난다. 구체적 방안은 후술하겠다.

아직도 많은 국민은 과도한 정치적 관심을 가지고 있다. 나이 들수록 누구나 정치 담론을 즐긴다. 참여라기보다 관여의식의 문화다. 그 중에 국회의원 되는 것을 고시합격처럼 평생 꿈으로 알고 지내는 정치지망생이 많다. 이러한 열혈 정치지망생에게 보다 많은 기회를 줌으로써 욕망의 배출구를 선사할 수 있다. 비록 현재와 같은 특권과 특혜는 아니지만 그들 하원의원에게 지금 국회의원에 준하는 대우를 선물할 수 있다.

7) 규모의 경제로 국가경쟁력 제고

규모의 경제란 투입하는 단위가 너무 크거나 작지 않고 적정규모일 때 투입(input) 대비 산출(output)의 양이 최적이라는 경제적 용어다. 생산관리에서 말하는 규모의 경제란 고정비용, 비례적으로 증가하는 비용, 불비례적으로 증가하는 비용을 모두 믹스한 비용이 어떤 규모일 때 가장 효율적인가를 나타내는 용어다. 이를 나라 전체에 적용하면 생산과 소비의 주체인 인구가 한 지역에서 어느 규모일 때 투입대비 산출의 효과가 극대화할 수 있는가 하는 문제로 귀결된다. 결국 가장 큰 변수는 인구다. 따라서 보다 큰 국가적 차원의 정책을 취하려고 할 때 빚어지는 과당경쟁과 지역 간 다툼이 중앙집권에서 오는 문제점 중의 하나라면 이를 분산 처리할 필요가 있다. 그런데 유럽의 여러 강소국을 볼 때 일정지역의 능률을 감안한 인구가 보통 1,000만 명 선이 적정하다 말한다. 예를 들면 원자력발전소 건설과 그 폐기물 처리지역도 인구 천만 명 정도를 기준으로 하는 게 알맞다는 소리고 한 나라 전체 노사문화가 정착하기에도 적당한 규모가 1,000만 명 선이라는 것이다.

세계적으로 인구 천만 명 정도가 경제발전에 가장 효율적 규모라는 것은 선진 여러 나라를 보면 알 수 있다. 덴마크나 네덜란드, 북유럽 3국, 싱가포르 같은 강소국이 그러한 경향을 실증하고 있다. 우리도 4개 주 연방국가를 만들면 더욱 좁아져 가는 국제사회에서 지역정부가 신속하게 경쟁력을 가지고 대처할 수 있다. 강소국 형태의 연방정부가 요구되는 중요한 이유다.

전국을 4개 주정부로 나눔으로써 경제발전에 도움이 되는 이유는 첫째, 지역사정에 정통한 주정부 책임하에 지역특성에 맞는 사업타당성을 검토하는 것이 중앙정부보다 낫다는 점이다. 특히 주인의식을 갖고 사업을 시행하느냐 않느냐는 천지 차이의 결과를 가져온다. 둘째, 국가적 사안에 대해 중앙정부는 명제만 던져주고 4개 주정부가 알아서 하게 함으로써 경쟁적으로 비용과 낭비를 줄일 수 있다. 효율적이 될 뿐 아니라 현재 16개 광역지자체별 과당 중복현상을 피할 수 있다. 의료산업단지 건설이 좋은 예며 지난 10년간 3조 이상 투입된 지역산업진흥정책 또한 좋은 예다. 시, 도 단위로 사업을 추진하다 보니 지자체 간 과도한 경쟁이 일어나고, 개별사업의 유사 중복지원 현상이 발생하고, 산술균형을 맞추려고 함으로써 성과와 효율성이 떨어졌다(행안부 담당관). 셋째, 강소국 연방정부의 경우 정치권의 입김으로 인한 예산낭비가 방지된다. 1995년 민선단체장 출범 후에도 정치권의 입김으로 무모한 대형사업을 정권이 바뀔 때마다 추진한 바 있는데 이것은 전 국가예산을 한곳에서 컨트롤하는 중앙집권의 대표적인 단점이라 하겠다. 대구의 밀라노 프로젝트, 광주의 제2순환도로, 남해안 관광벨트, 15개의 지방공항 중 10개 공항의 적자(최근 2005~2007년 3년 사이 약 1,200억) 등이 그 좋은 예다.

지금 무엇보다 중요한 것은 국제경쟁력인데 현 상태로 가면 수도권만 경쟁력을 갖춘 절름발이 국가로 변할 것이다. 혹자는 수도권을 점점 발전시켜 수도권이 더 이상 발전할 땅과 조건을 충족시킬 수 없을 때, 즉 수용의 한계를 느낄 때 주변지역으로 발전이 전이된다는 현실적인 이유를 들고 있으나 그때까지 수십 년을 기다려야 하는 말도 안 되는 논조다.

8) 대통령의 절대권력 분산

지금까지 우리는 대통령의 절대권력 때문에 많은 골머리를 앓아왔다. 사소한 것까지 대통령이 결정하고 모두가 대통령의 결정을 기다린다. 헌법이 그렇게 만들어놓은 점이 첫째지만 예부터 상하질서에 익숙한 제왕적 권력에 예속되려는 군신관계 경향도 있다. 북한과 대치하고 있는 한반도의 지정학적 상황에서 모래알 같은 기질을 콘크리트로 양생하는 가장 적절한 해결방안이 무엇일까? 두말할 필요도 없이 뛰어난 리더십을 가진 전지전능한 지도자다. 그러나 그것은 쉬운 일이 아니다. 대통령도 인간이다. 오히려 제도적으로 대통령의 권한을 줄이고 합의에 의한 민주주의를 확고히 하는 방향이 더 쉽고 빠르다. 그 방안 중의 하나가 필자가 주장하는 4개 주 연방국가다. 연방국가를 만들어 대통령은 외치, 주정부는 내치로 권한을 이분화 하면 대통령의 절대권력을 막을 수 있고 모든 게 훨씬 쉽고 빠르게 돌아갈 것이다. 연방정부는 헌법적 권한을 부여받는 주권을 가진 4개의 지역정부가 모여 성립한 연합국가를 다스리고 지역정부는 삼권분립 아래 실질적인 자치단체를 가지고 지역발전에 힘쓰는 정부가 되므로 국가 전체로 보면 권력과 권한이 배분되고 훨씬 민주적이다.

9) 효율적 행정관리

연방정부가 필요한 또 다른 이유는 효율적인 행정관리다. 현재 16

개 광역단체 아래 230개 기초단체는 광역행정 측면에서는 너무 작고 풀뿌리민주주의 측면에서는 너무 크다. 즉, 16개 광역단체는 너무 많고 230개 기초단체는 주민 수에 있어 세계 제일이다. 따라서 광역행정단체는 줄이고 주민자치단체는 늘려야 한다. 행정비용과 공무원 수, 생활권을 무시한 주민불편 외에도 교통통신의 발달로 시공의 격차가 좁아져 큰 광역행정, 작은 주민자치를 구상 지향해야 한다. 따라서 첫째, 4개의 지역정부를 두고 한 지역정부당 10~20개의 중규모 자치단체 아래 다시 10개 내외의 기초자치단체를 두는 것이 규모면이나 주민자치를 하는 데 최적이라 생각한다.

둘째, 4개 주 연방정부가 갖는 정체(정부형태)에 따른 의원 수 감소다. 후술하겠지만 기초의원을 뽑되 현재의 시·군·구 기초의회를 없애고 그들로 하여금 주정부의 하원의원을 겸하게 함으로써 국가전체 의원 수는 현재의 기초의원과 광역의원을 합한 수보다 훨씬 적게 하면서 효율은 그대로 유지하는 체제다. 풀뿌리 주민자치 위원은 따로 자발적으로 선출하면 국가적으로 상당한 절약을 가져올 수 있다.

셋째, 주정부가 광역단체의 상급기관이 되나 행정은 광역자치단체장 위주로 이루어지면 '핌피현상 및 님비현상'을 지금보다 훨씬 많이 타개할 수 있다. 쓰레기 매립장이나 소각장 같은 보다 광역화가 필요한 행정서비스를 제공하려 할 때 빚어지는 반발을 230개의 소규모 지자체로는 해결하기 어렵지만 50~70개의 광역단체를 만들어 보다 넓은 지역으로 분산하면 지역선정이 쉬어질 것이다.

그 외 국제무대에서 지금의 16개 광역단체가 경쟁하는 것보다 4개 주정부가 경쟁하는 것이 모양새도 좋고 조정하기도 쉬어 효율적이다. 만약 분할하기 어려운 행사나 큰 사업이라면 지역정부에 하나씩 배분

함으로써 분쟁의 소지를 없앨 수 있다. 천 만의 인구를 가진 규모로
봐서 웬만한 사업이나 행사는 규모의 경제를 이룰 수 있기 때문이다.

   * 핌피현상 - Please in my front yard(PIMFY) 좋은 것은 내 앞마당에 하고
     님비현상 - Not in my back yard(NIMBY) 나쁜 것은 내 뒤마당에도 안됨

10) 삶의 선택

삶에 있어 시간, 공간, 비용은 3대 요소다. 시간과 비용이 많은 것
을 결정하지만 장소 또한 삶의 테두리를 결정짓는 중요한 요소다. 삶
의 넓이를 한정하는 장소를 선택하는 것이야말로 자신의 생을 풍요
롭게 할 것인가 결정하는 요소 중 하나다. 사람에게는 그곳을 찾아가
고 싶은 본능이 있다.

그런데 연방국가를 세워 4개의 지역정부를 구성한다면 각 정부마
다 좀 더 다양한 정책과 정치 색깔을 갖게 될 것이다. 개인의 자유가
창달되지만 불합리한 불평등을 가져오는 시장만능주의가 지배하는
사회에서부터 공공선과 평등을 제일 모토로 하는 사회복지국가에 이
르기까지 하나의 중앙정부가 추구하는 정책과 방향보다는 알게 모르
게 많은 차이를 가져올 것이다. 그런 의미에서 4개 주 연방국가는 자
기 취향에 맞는 주정부를 선택할 수 있다는 장점이 있다. 4개의 지역
정부와 2개의 특별자치구(후술하겠다)가 나름대로 특색 있는 정견과
정책을 펼치는 국가에서 각자 자신이 추구하는 이상에 가까운 장소
로 떠날 수 있다면 행복에 더 가까운 삶이 될 것이다. 관할권이 다른
다수의 정부가 상생 협력하고 합리적 경쟁의 원리를 통해 능률과 효
율을 발휘하는 최적의 자원배분을 가져오는 국가에서 주민은 자신이

선호하는 지역정부를 택함으로써 그곳에서 더 행복할 수 있다는 말이다. 자, 이제 자기가 살고 싶은 곳으로 떠나자.

라. 문제점

문제점은 없을까? 첫째는 재정문제다. 주정부의 재정균형이 당장 현안으로 떠오른다. 2010년 국세 대 지방세의 비율이 약 8:2(78:22)이고 세출의 비율은 교육예산을 포함하면 거꾸로 약 4:6인데 어떻게 하여 세입과 세출의 균형을 맞출 것인가? 다음으로 각 지방자치단체의 재정자립도가 상당히 큰 차이가 나는데(2011년 서울 90%와 전남 20%) 4개 주로 나누었을 때 재정자립도의 불균형은 오히려 심화되지 않겠는가 하는 점이다.

둘째는 업무배분이다. 현재 중앙과 지방의 업무기능 배분은 '포괄적 예시원칙에 보충성의 원칙'을 가미하고 있다. 이를 바꿔 중앙정부와 지역정부의 업무권한 배분 시 보충성의 원칙을 기본으로 하고 포괄적 예시원칙을 가미하는 식으로 바꿔야 한다. 또 각 지역정부가 대내외적인 업무에서 경합할 시는 어떻게 할 것인가 하는 문제 등이 중요한 이슈로 남아 있다. 첫째와 둘째 문제는 단원을 나눠 따로 설명하겠다.

> * 보충성의 원칙 : 모든 공공업무의 기본은 지방정부 위주로 하고
> 　중앙정부는 보충하는 입장
> 　포괄적 예시원칙 : 법률과 규정에 금지된 업무를 제외한 지방자
> 　치단체의 업무 범위를 예시하는 원칙

셋째, 새로운 지역주의를 발생시키는 것은 아닌가? 3대강을 중심으로 동·서·남·북 스테이트를 만들었을 때 그것 자체가 새로운 지역갈등을 조장하는 것은 아닌가? 그래서 자체 내에서 또 분리하자고 주장하는 것은 아닌가? 여기에 대한 해답은 사실 따지고 보면 없다. 다만 남 스테이트인 경남과 전남·북이 그럴 가능성이 있을지 모르겠으나 인구 측면에서 그럴 가능성이 희박하다. 그러나 지금까지의 우리 역사 속에 이 정도의 개조를 이룰 수 있다는 것 자체가 지역주의를 해소하자는 차원이고(지역갈등에 대한 현실적 방안) 가능한 서로 균등한 차원에서 다시 시작하자는 논리다.

넷째, 미국처럼 땅이 넓지 않은 좁은 나라에서 굳이 연방국가가 필요한가? 좁은 나라에서 뭐 연방제가 필요하냐고 이야기하는 사람이 많지만 좁은 나라에서도 온갖 갈등은 꼬리를 물고 발생한다. 따라서 지역보다는 인구가 중요하며 우리가 세계의 강소국과 비교하면 결코 작은 나라가 아니다. 미국도 1개주에 평균 600만여 명에 불과하다.

다섯째, 개편 시 드는 비용과 혼란은 어떻게 감당할 것인가? 이에 대한 답변은 '혼란스럽기만 할 텐데 통일은 왜 하는지 모르겠다'라는 소리와 같다. 힘들고 어렵지만 후손을 위해 아니 국가와 겨레를 위해 통일이 필요하듯 언제 다시 지정학적 리스크를 안게 될지 모르는 상황에서 오랜 시간을 두고 검토하고 준비하여 연방국가를 건설하는 것은 대한민국을 부강하게 만드는 일이다.

여섯째, 정체성은 있는가? 정체성은 어디서 찾을 것인가? 정체성이란 과거 역사를 기준하거나 이데올로기적 주의 주장을 펼치는 경우가 많은데 왕조의 역사밖에 없는 우리에게 연방국가의 정체성은 없다. 굳이 정체성을 따진다면 옛 가야연맹을 가졌던 삼국시대를 떠올린다. 옛 삼국시대만큼 우리의 찬란한 역사는 없었다. 4개 주 연방국가는 통일된 삼국시대를 다시 만드는 것과 같은 원대한 꿈이라고 강력히 주장할 수 있다.

마지막으로 당장 큰 문제점 중의 하나는 국론분열일 것이다. 이성적으로 따져보면 그리 떠들 일이 아닌데도 온갖 시끄러움이 나라 안팎을 휩쓸 것이다. 그러므로 차분히 차근차근 오랜 시간(차기 총선과 대선이 마주치는 20년 후)을 두고 접근해서 꼭 이룩해야 할 시대적 사명이다. 위에서 이야기했지만 강대하고 행복한 대한민국 공동체, 이보다 더 좋은 방법은 없을 것 같다.

자치권과 재정은 지역자치의 양 날개다. 앞에서 언급했듯 재정문제와 업무권한 문제는 더 자세히 다루겠다.

1) 재정문제

누가 세금을 부과하고 징수하고 지출하고 배분하느냐 하는 문제는 연방국가에 있어서 특히 중요하다. 제도와 체제만 국가의 기능과 구조를 갖춰서는 연방제다운 국가라 할 수 없다. 다른 것을 해결해도 돈이 없으면 빈껍데기다. 3권을 갖고 업무권한을 나눈다 하더라도 재정자주권이 없다면 연방정부의 예속을 받게 된다. 따라서 연방국가에서 과세입법권을 지역정부가 갖는 것은 당연하다. 학자들도 어느 정도 조세경쟁을 인정하는 것이 다수설이다.

그러나 연방제 역사가 전무한 우리나라에서 조세경쟁은 갈등을 부추길 소지가 있으므로 과세입법권은 유보하는 게 좋겠다. 지역정부끼리 기업과 주민들을 유치하기 위해 조세경쟁을 벌인다면 큰 혼란에 빠지므로 조세경쟁은 제한을 두는 게 바람직하다. 특히 현재 국세 : 지방세의 비율이 8:2이고 지역별 조세수입의 격차가 크게 벌어지고 있는 현실을 감안할 때 과세입법권을 주어 조세경쟁을 시키는 것은 세계화로 국제경쟁을 해야 할 시점에 내부경쟁을 유도하는 바람직스럽지 못한 일이 발생하므로 과세입법권 문제는 유보하는 것이 타당하다. 한반도 공동체를 좀 더 발전시키고 대한민국을 웅대하게 만들기 위한 방안의 하나로 강소국 연방제를 제창하는 마당에 서로 다른 크기의 세율과 과표 및 세원으로 갈등을 부추기는 일은 삼가야 한다. 따라서 조세법률주의 기본은 연방정부에서 그대로 유지하되 모든 조세의 한 자리(10%) 수 범위 내에서 지역정부가 자율권을 갖는 것이 바람직해 보인다.

그러나 재정자주권은 충분히 보장해야 된다. 지역에서 거둬들인 세입을 중앙정부가 배분하는데 관료적이고 권위적인 상황에서 재정자주권은 필수불가결하다. 재정자주권을 갖기 위해서는 큰 틀에서 새로운 방안을 강구하여야 한다. 왜냐하면 중앙정부는 예산과 인사를 자치단체를 통제하는 수단으로 활용하여 우월적 권위의식과 평가방법을 통해 지방정부와 수직적 관계를 계속 유지하고 있다. 또한 기부문화가 정착되지 못한 우리 문화습관으로 볼 때 독일처럼 스테이트(주정부) 간 재정지원에 대한 후한 마음도 없을 것이기 때문이다. 이러한 중앙집권식 발상과 제도적 문제점을 근본적으로 해결하지 않고는 상당히 고심한 흔적이 있는 참여정부라 할지라도 지방균형 발전의 성공을 거둘 수 없었던 것과 같다.

그러므로 국세와 지방세의 비율을 변경하고 교부세와 보조금을 합쳐 자주재원에 포함시키는 새로운 배분기준과 개념을 제도적, 법적으

로 규정하여 중앙부처의 재량권을 최대한 줄이고 지역정부의 자율
과세권과 징수권 및 부과권을 최대한 늘려서 미완성인 지역자치를
완성된 지역자치로 만들어야 한다.

> * 과세입법권(재정입법권) - 조세법률주의에 따라 조세의 종류와 세
>   율뿐만 아니라 과세대상, 과세표준, 납세의무자, 납세의무의 한계
>   등을 법률로 규정하도록 하는 조세징수와 관련된 입법권을 말함
> * 과세(조세)자주권 - 과세입법권까지는 아니나 조세법률주의하에
>   서도 법을 어기지 않는 범위 내에서 과세할 수 있도록 하는 권한
> * 재정자주권 - 자치단체가 재정운영을 자주적으로 실행 할 재정
>   권한. 그러나 100% 재정자주권을 갖는 연방국가는 없다.

가) 현황

2010년 현재 지방재정에 관한 사항을 총괄하면 첫째, 국세와 지방세
의 세입비율은 78:22이고 국가예산 대비 지방예산(2010년 지방자치단체
순예산 약 141조)은 교육예산 포함 56:44이나 총재정사용액 기준으로 보
면 반대로 44:56으로 지방이 재정을 더 많이 사용하고 있다. 지자체의 세
입구조는 자체수입 57%, 중앙정부로부터의 교부금과 보조금을 합친 의
존재원비율이 39%, 나머지 4%는 지방채다. 즉, 지방세입과 세출과의 높
은 괴리가 지방재정의 자율성과 재정책임성 결여의 원인이 되고 있다.

둘째, 2010년 현재 지방재정자립도는 평균 52%로(2006년 대비 10%
나 다운) 날로 악화되어 가고 있다. 지자체의 자체수입 비중이 57%라
는 것도 전국 평균이다. 재정자립도는 서울의 83%에 비해 전남은 11%
에 불과하다.

셋째, 1997년 경제 환란 이후 수도권과 지방과의 경제격차는 더욱 벌
어졌다. 1인당 지역 내 총생산인 GRDP의 지니계수는 10여 년 전보다 2

배 이상 증가했으며 어음부도율과 은행점포 수 비교에서도 수도권은 좋아지는 반면 지방은 계속해서 악화되고 있다.

2010년 현재 16개 특·광역시별 재정자립도와 재정자주도는 다음 표와 같다.

<table>
<tr><td colspan="3" align="center">2010년도 자치단체
재정자립도 · 재정자주도</td></tr>
<tr><td align="center">구분</td><td align="center">재정자립도</td><td align="center">재정자주도</td></tr>
<tr><td align="center">전국평균</td><td align="center">52.2%</td><td align="center">75.7%</td></tr>
<tr><td align="center">서울</td><td align="center">83.4</td><td align="center">84.2</td></tr>
<tr><td align="center">부산시</td><td align="center">54.1</td><td align="center">68.2</td></tr>
<tr><td align="center">대구시</td><td align="center">52.7</td><td align="center">68.9</td></tr>
<tr><td align="center">인천시</td><td align="center">70.0</td><td align="center">76.7</td></tr>
<tr><td align="center">광주시</td><td align="center">43.2</td><td align="center">65.2</td></tr>
<tr><td align="center">대전시</td><td align="center">52.1</td><td align="center">67.7</td></tr>
<tr><td align="center">울산시</td><td align="center">60.2</td><td align="center">70.9</td></tr>
<tr><td align="center">경기도</td><td align="center">59.3</td><td align="center">61.4</td></tr>
<tr><td align="center">강원도</td><td align="center">20.8</td><td align="center">39.1</td></tr>
<tr><td align="center">충북도</td><td align="center">25.1</td><td align="center">42.2</td></tr>
<tr><td align="center">충남도</td><td align="center">24.0</td><td align="center">41.9</td></tr>
<tr><td align="center">전북도</td><td align="center">17.3</td><td align="center">38.4</td></tr>
<tr><td align="center">전남도</td><td align="center">11.5</td><td align="center">30.2</td></tr>
<tr><td align="center">경북도</td><td align="center">21.7</td><td align="center">41.1</td></tr>
<tr><td align="center">경남도</td><td align="center">34.2</td><td align="center">42.7</td></tr>
<tr><td align="center">제주특별자치도</td><td align="center">25.7</td><td align="center">61.0</td></tr>
</table>

* 재정자립도=[(지방세 + 세외수입 − 지방채)÷일반회계예산]×100
* 재정자주도=(지방세+세외수입+지방교부세+재정보전금+조정교부금)÷일반회계예산규모×100

나) 4개 주 연방정부를 가정한 해결방안

지방재정의 타개책은 우선 지역소득세와 지역소비세를 신설하는 등 국세와 지방세 비율을 조정해야만 된다. 따라서 현행 78:22 비율인 국세와 지방세의 비율을 5:5 정도로 맞춘 다음 국세의 반은 각 주정부의 인구와 면적을 1:1 가중치(구체적 가중치는 공청회를 통하여 정한다)로 안분 비례하고 연방정부는 국세의 나머지 반 범위 내에서 집행하도록 한다. 이러한 배분기준은 법률에 명시하고 구체적 배분방법도 아예 법률로 정해야 한다. 이렇게 나누는 가장 큰 이유는 대한민국 공동체를 세우기 위함이며 현재 예산에서 외치(外治)업무가 차지하는 비중이 약 1/4이기 때문이다.

특히 강남 특별자치구(강남 3구를 합쳐 강남특별자치구를 지정, 제주도처럼 자치사법권 인정)와 제주도 특별자치도는 자치입법권과 과세입법권을 주는 대신 강남특별자치구는 국세의 1/2 안분비례에서 제외한다. 강남 3구는 현재도 재정자립도가 높고 모든 경쟁제한을 푸는 경쟁특권을 부여하면 다른 세원을 충분히 발굴할 수 있기 때문이다. 강남특별자자치구는 경쟁의 천국을 만들어 한반도 공동체를 이끌어가는 리더그룹으로 발전시키되 하부계층 없이 상부계층은 존재하지 않는다는 인식도 함께 갖게 한다. 다만 전체에 영향을 주는 무분별한 과세입법권은 자제시킨다. 제주도는 세입과 세출이 균형을 이룰 때까지 국세의 1/2 안분비례에 포함한다.

기타 지역경제 활성화대책으로 지방이전기업 세제감면확대, 이전보조금제도 확대, 성장거점 육성지원 등 강소국 연방제 실시 후 지역별 특성화 전략에 맞춰 어느 정도 주정부의 과세재량권(과세자주권)은 인정한다.

왜 중앙정부의 예산을 국세의 1/4로 하는가에 대해 부연 설명을 하면 2009~2013년까지 국가재정운용계획의 주요항목별 비율을 보면 대략 국방 10%, 교육 13%, 경제 16%(R&D, 농수산, 중소기업·산업·에너지), SOC 8%, 복지 28%, 일반행정 17%, 공공질서 안전 4%, 통일외교 1%, 환경과 문화체육관광 합쳐 3%로 짜여 있다. 따라서 국방 10%를 포함하여 안전과 통일외교, 국가적 SOC와 환경 및 체육을 포함 통합 조정업무에 약 25%의 예산을 배정하는 것은 무리가 없어 보인다. 물론 중앙정부와 지역정부 사이의 조세배분에서 지금까지의 비율을 참작하여 한 자리 숫자의 증감은 있을 수 있겠으나 꼭 세계 다른 연방국가의 비율을 따를 필요는 없다고 본다. 이 규정은 차후 논란에 휩싸일 수 있으므로 연방정부법에 규정하는 것이 현명하다. 참고로 세계 연방국가의 지역정부가 이전재원에 의존하는 비율은 50% 이하인 경우가 대부분이다. 자유선진당 강소국 연방제 포럼에서 나온 자료를 보면, 세계 연방국가의 연방정부가 거둬들이는 수입은 전체 수입의 45~80% 정도이고, 지출은 전체의 30~78%다. 대체로 연방정부의 수입이 필요한 것보다 많다는데 의견이 일치하고 있으나 미국 같은 나라는 조건 없는 정부 간 재정조정은 하지 않는다. 하지만 연방정부의 지출권을 헌법에 명시적으로 규정한 나라도 많다. 특히 독일은 연방정부에서 지역정부로 수직적 재정조정뿐 아니라 지역정부 간 수평조정도 자연스럽게 받아들이는 공동체문화를 갖고 있다. 결과적으로 국가가 튼튼하고 건강해질 수밖에 없다.

다) 2010년 정부자료를 근거로 4개 주 재정자립도와 인구를 가상한 표는 다음과 같다(우선 세부자료를 구하지 못해 4개 주 재정자립도를 정확

히 계산하는 것은 어려웠음을 고백한다. 계산방법은 광역단체별로 재정자립도를 계산하되 경남은 남 스테이트로, 강원도는 동 스테이트로 편입하고 충북은 1/3씩, 경기도와 서울은 한강 이남과 이북을 나눠 인구수를 감안한 가중평균으로 러프하게 계산했다).

	예상 재정자립도	인구	면적	비고
동 스테이트	46.1%	11,035,585		
서 스테이트	60.25%	16,465,282		
남 스테이트	39.65%	10,876,577		
북 스테이트	62.7%	11,086,113		

상기 수치가 보여주는 것은 인구는 모두 천만 이상으로 지역정부를 구성하는 데 무리가 없어 보이나 재정자립도 측면에서는 4개 주정부끼리 크게 차이난다. 북 스테이트의 63%와 남 스테이트의 40%는 20% 이상의 차이가 나는데 이를 어떻게 극복하느냐가 중요한 과제로 떠오른다(자립도 수치나 인구는 물론 정확한 건 아니나 비율의 단순평균이 아닌 발표된 수치의 합으로 계산했으므로 어느 정도 신빙성 있음). 이를 해결하지 않고는 4개 주 지역정부를 만드는 데 어려움이 클 것이며, 만약 초창기에 이를 감수하고 재정자주도를 높여 4개 주 연방정부를 만드는 것이라면 충분히 찬성할 가치가 있다.

* 재정자립도 계산은 다음 방법으로 했다(지역 간 경계는 3대 강줄기). 행정안전부 홈페이지 '2010년 지방자치단체 예산개요'를 바탕으로 강줄기를 따라 주경계가 달라지는 다음과 같은 예상지역을 전체예산에서 가감했음. 가감하는 방법은 인구비례로 안분 추출하였음. 즉, 2010년 자료를 근거로 경계가 달라지는 시군구의 순계예산과

세입을 선거관리위원회에서 최근 작성한 인구 비례로 추출하여
2010년도 시도별 순계예산과 지방세 및 세외수입에 가감하였다.

a) 동 스테이트 재정자립도=((경북 - 상주, 김천, 성주, 고령, 구
미)+(강원 - 화천, 양구, 철원, 고성)+양평+여주+충주+제천+단
양+괴산+창녕+밀양+양산)의 자체수입/동 지역의 일반회계예산
b) 서 스테이트 재정자립도=((인천 - 강화, 옹진)+(서울 - 강북구
전체, 강남, 서초, 송파)+(경기 - 김포, 여주, 양평 포함 한강이
북 경기)+(충남 - 금산, 논산, 부여, 공주, 계룡)+진천, 음성, 증
평)의 자체수입/동 지역의 일반회계예산
c) 남 스테이트 재정자립도=(전남+전북+(경남 - 창녕, 밀양, 양
산)+상주, 김천, 성주, 고령, 구미+청주, 보은, 옥천, 영동+대전
+공주, 부여, 논산, 계룡, 금산)의 자체수입/동 지역의 일반예산
d) 북 스테이트 재정자립도=(서울 한강이북 자치구+강남, 서초,
송파+한강이북 경기+강화, 옹진, 김포+철원, 화천, 양구, 고성)
의 자체수입/동 지역의 일반예산

* 다만 주정부 경계에 따른 재정자립도 계산 시 주정부의 새로운
경계(3대강 및 대운하 가상)에 따른 인구규모를 정확히 알 수 없
고 시·군·구별 세입과 세출예산 규모가 세분해서 나와 있는
자료를 구하지 못해 큰 틀에서는 맞으나 정교하지는 못함.
* 북스테이트의 재정자립도 계산에 제주도의 수치를 넣으면 더 떨
어질 것으로 예상.

2) 연방정부와 주정부의 업무권한 배분

업무권한 배분은 주정부의 경계를 가르는 문제만큼 중요하다. 결
론부터 이야기하면 입법, 사법, 행정의 3권을 주정부에 주되 조세자
주권으로 표현되는 재정책임주의는 피하는 게 좋겠다는 생각이다. 다
만 조세법률주의는 연방정부에서 정하되 최대한 지방세를 늘리는 입
장에서 탄력세율을 적용하고 수익자 부담원칙에 따른 세외수입과 여
타 세수가 있다면 주정부에 권한을 주는 게 좋겠다.

연방국가의 권한 배분에 관한 일반적인 경향과 세출현황에 따른

기능 배분 및 미국의 예를 들겠다.

가) 연방국가의 권한 배분에 관한 일반적 경향

연방국가의 권한 배분에 관한 일반적인 경향은 다음과 같다.

- 통화: 항상 연방권한
- 국방: 항상 연방권한, 경우에 따라서는 지방국가도 가짐
- 국제법상의 조약: 대개의 경우 연방국가, 때때로 지방국가
- 대외무역: 일반적으로 연방국가, 경우에 따라서는 경합 혹은 공동 또는 분리관할
- 지역국가 간 거래: 일반적으로 연방국가, 경우에 따라서는 경합, 공동 혹은 분리관할
- 지역국가 내부거래: 일반적으로 지방국가, 경우에 따라서는 경합관할
- 대형 인프라: 통상연방국가, 경우에 따라 경합, 공동, 분리관할 혹은 지방국가
- 초중등 학교교육: 일반적으로 지방국가, 종종 경합적, 드물게 연방국가
- 고등교육과 연구: 매우 다양하여 경향성을 찾기 어려움
- 사회보장: 연방관할과 경합, 공동 또는 분리관할의 혼합
- 연금: 경합, 공동 또는 분리관할 혹은 연방관할
- 보건: 일반적으로 지방국가, 경우에 따라서는 경합, 공동 또는 분리관할
- 지하자원: 명확한 경향을 찾기 어려움
- 농업: 명확한 경향을 찾기 어려움
- 환경: 경합, 공동 또는 분리관한, 지방국가 관할은 드묾
- 지방자치 업무: 일반적으로 지방국가, 경우에 따라 공동 혹은 분리관할
- 사법: 일반적으로 공동 혹은 경합적 관할, 경우에 따라서는 연방, 드물게 지방국가
- 형법: 일정한 경향이 없음
- 경찰: 일반적으로 공동관할, 경우에 따라 경합적 관할, 드물게 연방관할 또는 지방관할
- 관세/통관: 대부분 연방국가, 경우에 따라 경합적 관할
- 법인세 및 인세: 일반적으로 공동, 분리 혹은 경합적 관할, 경우에 따라서 연방국가

출처: 자유선진당 강소국 연방제 포럼

나) Shah(1994)의 기능별 지출책임 배분체계

외부서비스의 범위, 규모의 경제, 행정비용 등을 감안한 업무 배분에 따르면,

a. 중앙정부 업무 - 국방, 외교, 국제무역, 금융정책, 통화, 은행, 각 주정부 간 통상, 개인 생활보조, 산업장려, 이민, 실업보험, 항공철도 업무

b. 중앙정부와 광역단체와 기초단체 경합 업무 - 재정정책, 법규, 천연자원, 환경, 산업경제, 교육, 보건, 공원오락시설, 각 주정부 간 고속도로 업무

c. 광역단체와 기초단체 경합 - 사회보장, 경찰, 지역 고속도로, 주정부 고속도로

d. 기초단체 단독 업무 - 상하수도, 소방, 지방 고속도로

다) 미국 예

〈중앙-지방정부의 권력배분 현황〉

	헌법에 의해 인정된 권력
연방정부	조폐, 외교, 주간통상 규제, 조세부과·징수, 선전포고, 군대 양성 지원, 우체국 설치운영, 하급법원 설치, 주의 연방가입 승인
주정부	주내 통상규제, 선거관리, 공중보건·안전·도덕증진, 지방자치단체 설립, 헌법수정 비준, 주방위군 설치

출처: 자유선진당 강소국 연방제 포럼

라) 의견

상기 표에서 보면 명확하게 구별되는 업무는 많지 않다. 따라서 지역정부와 연방정부가 경합을 벌일 경우 보충성의 원리에 따라 지역정부가 우선임을 명시해야 한다. 현재(2004)의 지방자치법을 보면 주민의 복리증진 및 생활환경시설, 산업진흥, 지역개발, 교육·문화·체육·예술, 지역민방위 및 소방에 관한 사무는 지방자치단체에 허용하고 국가존립에 관한 사무, 전국적으로 통일을 요하는 사무, 전국적 규모의 사무, 기술 및 재정능력으로 감당하기 어려운 사무는 처리제한 규정을 두고 있다.

지방자치법과 다른 필자 의견을 표출한다면, 중앙정부 권한에서 삭제 내지는 검토해야 할 권한으로는 헌법을 제외한 입법, 사법, 물가정책, 근로기준법 등이고 대신 조세, 화폐, 국적, 치안, 외환, 국가통계, 전기통신, 고속도로, 지역정부 경계를 뛰어넘는 국유림과 국립공원 업무 및 수자원 등은 중앙정부에서 맡아야 할 것이다. 그 외 지역정부는 치안(주로 형법 관련)을 제외한 자치경찰업무 등을 맡고 헌법에 명시되지 않은 잔여업무는 미국처럼 주정부가 우선으로 해야 할 것이다. 마지막으로 주정부끼리 대외업무에서 경합할 시는 연방정부 내에 통합관리청을 신설, 그곳에서 문제를 해결하면 된다.

결론적으로 말해 4개 주 연방국가는 현행 대한민국 정체보다는 월등 많은 문제점을 해결하는 제도임에 틀림없다고 생각한다. 모든 것을 서울에서 쥐고 통제하는 중앙집권적 권력에 회의와 싫증을 느낀다면 국가와 겨레를 위하고 지역균형발전을 위한 일환으로 동, 서, 남, 북 4개 스테이트를 이명박 대통령의 3대강 물줄기(한반도 대운하가 되면 훨씬 분명해지지만)를 따라 만들자. 물론 강 하나를 사이에 두고 주정부가 갈려 생활에 불편함을 가져올 수도 있다. 하지만 부차적인 세세한 것까지 고려하면 보다 나은 제도를 도입할 수 없다. 잠금쇠를 풀자. 왜냐하면 지금의 갈등상태를 개선하는 이 이상 최선의 방법이 없다고 생각하기 때문이다. 프랑스도 강을 경계로 6개 권역으로 나눈다고 하지 않는가! 이렇게 새로운 발상과 전환을 통하여 한반도 공동체가 세계 역사의 주역으로 등장할 수 있다고 필자는 믿는다.

마. 지역정부의 구역과 경계 문제

현재의 지방행정구역은 약 100여 년 전 고종황제에 의해 정해진 것으로 현 실정과 동떨어진 면이 너무 많다. 농업기반 사회에서 산업화를 거치는 동안 대도시의 인구는 현저히 증가하고 시골의 인구는 급속도로 감소하는 데 따른 변화를 수용하지 못하고 있다. 행정비용과 공무원 수, 생활권을 무시한 주민불편 외에도 교통통신의 발달로 시공의 격차가 좁아져 규모의 경제와 국제경쟁력을 실현하는 데도 효율적이지 못하다. 한마디로 주민의 경제, 사회, 문화의 생활권이 옛날과 전혀 다르다. 이러한 점을 감안한 강소국 연방제의 구역 배분을 어떻게 할 것인가는 매우 중요한 문제다. 비근한 예로 조선 8도 오백년 흘러온 피가 향토적 연대성, 문화적 연관성, 정치사회적 정체성으로 우리의 지역갈등을 부추기고 지역정서와 기질에도 영향을 주듯이 구역의 경계는 재정 및 권한 배분 문제와 더불어 매우 중요한 문제다.

주정부의 경계

연방국가를 구성하기 위한 주정부의 경계를 어떻게 정할 것인가는 소위 통합시(현 시군구를 2~3개로 묶는)로 표현되는 광역지방자치단체의 구역을 설정하는 것보다 우선돼야 할 문제다. 지금까지 산맥에 따른 지리적 행정구역을 정했다면 산맥은 이제 더 이상 넘기 어려운 장애물이 아니므로(터널을 뚫고 달리는 평지와 같다) 이를 염두에 두지 말고 첫째는 지역갈등을 조금이라도 희석하는 차원에서, 두 번째는 인구 안배 차원에서, 세 번째는 역사 문화 정체성 차원에서, 네 번째는 경제력 차원에서 주정부의 경계를 설정해야 한다. 그러나 이를 모두 만족하는 경계를 찾기란 쉽지 않다. 마침 이명박 대통령이 선거공약으로 약속한 한반도 대운하가 그 역할을 대신하기에 안성맞춤이라고 나는 생각한다. 한반도 대운하 안대로 큰 행정구역을 정한다면 위에 열거한 조건들을 상당부분 구현할 수 있으리라 단언한다. 환언하면 이명박 대통령이 구상했던 한반도 대운하를 중심으로 주정부 경계를 설정하면 지역갈등과 인구 안배, 역사 문화 정체성과 경제력의 차이를 어느 정도 감안할 수 있다는 점이다. 즉, 경인운하와 한강을 따라 양평과 충주를 기점으로 남한강과 북한강, 금강과 낙동강을 연결하여 동·서·남·북 4개 주정부의 경계로 삼으면 많은 문제점이 해결된다. 필자의 소신을 말하기 전 지금까지 대표적으로 거론돼 왔던 4가지 행정체제 개편 안을 살펴보고 비판적 견해를 싣는다.

  1안 - 현 정부 안 : 5+2 광역경제권
  2안 - 이회창 자유선진당 안 : 6개의 경제권 또는 7개의 생활권
  3안 - 박세일 교수 안 : 4~5개의 광역권
  4안 - 국회 안 : 60~70개의 통합 시
  5안 - 의견 : 3대강을 따라 4개의 스테이트

1안) 현 정부 안 – 광역경제권 중심 5+2(동서남북 4개 발전벨트 및 내륙권 3개 벨트)

MB정부는 10군데 기초자치단체의 통폐합을 제외한 광역지방행정체제 개편에 대해 소극적이라 말할 수 있다. 현 정부 안은 지방행정체제 개편과는 무관한 경제권 중심의 안이다. 특히 국민의 입장에서 보면 과거정책들이 지방경제발전에 크게 기여하지 못했기 때문에 인수위 시절 발표한 5+2 광역경제권에 기대하는 바도 컸지만(2008년 7월 제1차 국가균형발전위원회에서 시도 단위를 넘는 5+2 광역경제권 중심의 발전전략을 확정) 2009년 4월 국가균형발전특별법이 개정되기 전까지 계획안을 준비해야 할 행안부와 기획재정부에서는 세부적인 실천 안을 갖고 있지 못했다. 추후 국가균형발전위원회를 지역발전위원회로 변경하고 국가균형발전특별회계(균특회계)가 광역지역발전특별회계(광특회계)로 첫 운용되는 2010년 광특회계의 주요 내용도 경제사업의 시도 간 연계 및 성과에 중점을 두고 있었다.

이명박 정부의 5+2 광역경제권 중심은 수도권, 충청권, 호남권, 강원권, 대경권, 동남권, 제주특별경제권으로 구역을 나눠 각 권역마다 중점산업을 지정했다. 대표적으로 수도권의 발전영역을 보면 국제금융, 비즈니즈, 첨단산업 중심으로 육성한다고 되어 있다.

그림으로 표시하면,

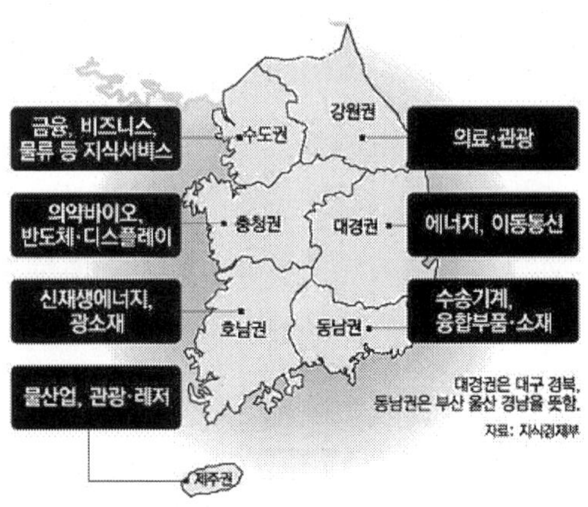

■ 비판

인수위시절 만들었던 5+2 광역경제권 중심 안은 현 행정체제를 바탕으로 광역별로 산업을 특화하겠다는 구상이다. 따라서 엄밀한 의미에서 행정체제 개편 안은 아니다. 문제는 위와 같은 전략이 계획처럼 먹혀 들어가느냐는 데 있다. 가령 물 산업이나 의료, 통신 등은 어디나 필요하다. 또 5+2 광역경제권은 자발적인 협의에 의해 구체화된 방안이 아니라 중앙집권적 국토발전계획이라는 점에서 과거방식과 접근측면에서 동일하다. 실질적 지방분권이란 지방정부의 자율권과 재정자립을 기반으로 하는데 인수위에서 제시한 '지방분권이 조화를 이룬 창조적 광역발전의 추구'를 행정구역의 정비 없이 단순히 시도를 연계한 협력으로 이룩하겠다는 것은 발상이 너무 도식적이다. 더구나 수도권 규제완화를 실시한 걸 보면 좀 늦더라도 전체가 고루 발전해야 한다는 당위론은 선택되지 않았다. 강원권이나 호남권, 제주경제권은 앞으로 불균형을 해소하기 지극히 어렵다. 오히려 현재의 지역주의를 심화시키고 수도권으로 몰려드는 불균형을 고착시키는 발전전략이다. 현 상태에선 수도권 규제를 완화해야 경쟁력이 생기게 되어 있으므로 어쩔 수 없다는 불가피론을 이해는 하지만 국가의 장기균형발전전략에는 차질을 빚을 수밖에 없다. 5+2 광역경제발전전략은 행정의 관할권 측면에서 봤을 때 단순히 경제적인 측면만 고려한 느낌이 들며 다른 면에서는 현 상태의 고착화를 가져온다. 한마디로 현 정부의 5+2 광역경제권, 동서남북 4개 벨트, 내륙의 3개 벨트 그리고 163개 시군을 도시형, 도농연계형, 농산어촌형으로 유형화하는 전략은 조감도일 뿐 5년 내 실현가능성도 희박하며 선언적 서비스에 불과한 것이다.

또 하나 MB정부의 안을 받아들이기 어려운 이유는 우리와 마찬가지로 프랑스와 일본도 수도권 규제정책의 실패로 두 나라 모두 지역주권형 연방제 안으로 변화를 모색하고 있다는 점이다. 따라서 어떤 국가적 전략을 수립할 때는 반드시 국민생활 전체를 장기적으로 훑어보는 결정이 필요하다.

2안) 자유선진당 안

자유선진당 이회창 전 총재는 '국가의 틀을 바꾸는 대개조 차원에서 연방제 수준의 광역분권화에 필요하다면 개헌도 고려해야 한다'고 했다. 전국을 인구 500~1,000만 명 규모의 권역으로 나눠 국방과 외교를 제외한 모든 권한을 지방에 이양해 각 지방정부를 유럽의 강소국 수준으로 육성하며, 장기적으로는 지금의 중앙집권적 권력구조에서 연방제 수준의 분권국가 구조로 바꾸자는 강소국연방제를 주장하고 있다. 이 총재의 구상은 지방을 골고루 균형 발전시킨다는 차원을 넘어 지방 자체를 강소국 같은 경쟁력 있는 정부로 만든다는 것이다.

행정구역은 경제권 중심의 6개 광역지방정부(서울, 중부권, 서부권, 남부권, 동부권, 제주도) 아래 200여 개의 시군을 두는 안과 생활권 중심의 7개 광역지방정부(서울, 경기권, 충청권, 호남권, 경상권, 강원도, 제주도) 아래 120~140개의 시군을 두자는 안을 제안하고 있다.

이명수 자유선진당 정책위원장은 강소국 연방제가 한마디로 세계화 + 지역화 + 분권화 ⇒ 강소국 연방제 → 세계일류국가를 뜻한다고 표현했다.

권역	인구	면적	비고
서울시	1,042만 명	605Km^2	
중부권	1,376만 명	11,185Km^2	경기도와 인천광역시
서부권	683만 명	24,624Km^2	충청남·북도와 전라북도(광역시 포함)
남부권	1,121만 명	24,940Km^2	전라남도와 경상남도(광역시 포함)
동부권	667만 명	36,783Km^2	경상북도와 강원도(광역시 포함)
제주도	56만 명	1,848Km^2	

■ 비판

지방정부가 하나의 국가와 같은 권한을 가지고 지역의 역량을 극대화시킨다면 국가전체의 경쟁력과 효율성은 한층 더 높아질 것이다. 분권 그 자체를 목표로 한다는 점에서 근본적인 개혁이라고 할 수 있다. 그러나 경제권 중심의 6개 광역지방정부 안은 지역감정을 해소한다는 차원에서 어느 정도 고려할 수 있으나 서울과 중부권에 몰려 있는 인구과밀 및 집중현상을 해결하는 데 큰 도움이 못 된다. 또 생활권 중심의 7개 광역지방정부 안은 현재의 지역 색을 더욱 강화하는 안이며 지역 간 불균형 성장을 촉진할 수 있는 안이다. 예를 들면, 공장이 많은 지역은 발전이 더욱 잘 될 가능성이 커지지만, 호남과 영동은 더욱 낙후될 것이기 때문이다. 민주당도 "지방정부의 재정자립도에 큰 차이가 있어 지역 불균형이 심해질 수 있다"고 말했다.

3안) 한반도 선진화재단 박세일 교수 안

박세일 이사장이 이끄는 한반도 선진화재단에서는 국제경쟁에 대비하고 광역분권화 되는 세계적인 추세에 맞춰 4~5개의 광역론을 주장했다. "현재 세계적인 추세는 국가에서 도시와 지역발전으로 간다. 1인당 소득 3만 달러 이하 세계 20개 나라 중 11개 나라가 강소국이고 9개 나라가 부분연방제를 취하고 있다. 미국도 100대 도시를 새롭게 해보자고 한다. 100년이 넘는 현 행정구역체제로는 세계와 경쟁할 수 없으므로 국제경쟁력을 갖춘 인구 1,000만 정도의 광역단체가 필요하다. 광역정부가 하나의 독립적 강소국(强小國)처럼 되고, 이 광역단체들 간의 국제적 경쟁을 통해 국가전체의 경쟁력도 함께 커질 수 있다"고 주장한다.

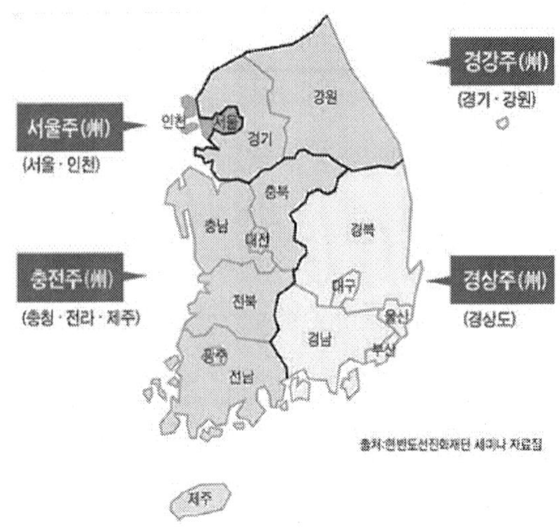

　이런 취지로 한국법경제학회장 신도철 교수가 제안한 내용을 보면 서울, 인천을 중심으로 한 서울주, 경기 강원을 중심한 경강주, 충청 전라 제주를 중심한 충전주, 경상남북도를 합한 경상주로 구분하고 그 아래 100여 개 기초단체를 두자는 안이다.

　현재의 행정체체를 중앙정부 → 인구 5~15백만의 4~5개 광역지방정부 → 100여 개 시군구로 바꾸자는 안이다. 중앙정부가 대부분 권한을 갖고 있고, 지자체에는 일부 재정과 행정기능만 분산되어 있는 행정, 교육, 치안 등 내치를 광역지방정부로 이관하자는 안이다.

　재정에 있어서는 "국세를 중앙과 광역정부가 50 대 50으로 나누면 지방재정 자립도가 높아질 수 있다"며 "위 4개 광역지역의 현재 1인당 지방세 수입은 큰 격차가 없다"고 했다.

한반도 선진화재단 안은 1인당 지방세 수입이 어느 정도 균형을 이룬다는 면에서 고무적이나 전체 경제력과 인구수의 지역 간 격차 때문에 이를 채택하기 어렵다. 앞으로 장구한 세월이 흐른 뒤의 변화 또한 고려하지 않을 수 없기 때문이다. 또 지역주의에 치를 떨고 있는데 지역 색을 더욱 강화하는 대결구도가 된다. 민주당도 "4~5개의 광역단체로 나누게 되면 현재도 심각한 지역갈등이 더욱 커진다"고 말했다. 이회창 총재의 생활권 중심 7개 안과 같이 잘못하면 대한민국 공동체가 지금보다 더 혼란에 빠질 수 있다. 한나라당도 국세와 지방세를 5:5로 나누면 되고 4개 광역지역의 1인당 지방세 수입은 비슷하므로 검토할 수 있다는 입장이나 이것은 그야말로 지역갈등을 굳히는 완전한 신삼국이다. 어쨌든 자유선진당 안과 박 교수의 안은 서로 비슷한 면을 가지고 있다.

4안) 국회 안 - 지방행정체제 개편에 관한 특별법 국회통과(2010.9.16)
가) 지방행정체제 개편 필요성

100여 년 전 고종에 의해 나누어진 13도 지방행정체제는 많은 환경변화에 의해 고비용 저효율의 행정체제로 전락하였다. 이를 바로잡고 국가의 경쟁력을 제고하기 위해 현재의 지방행정체제의 개편은 불가피하다고 모두들 공감하고 있다. 환경변화로 인한 개편 이유를 구체적으로 나열하면 다음과 같다.

① 교통통신의 발달로 인한 시공의 격차해소로 지역과 시간의 단축
② 인터넷의 발달로 업무의 효율화 필요성

③ 한 세기 동안 변화된 생활문화 경제권과 행정구역의 불일치 해소
④ 다단계 행정계층구조로 인한 예산, 인력, 시간의 낭비 및 권한
   과 책임의 불분명 타파
⑤ 도시와 농촌의 인구격차로 인한 현 행정체제의 불합리 해소
⑥ 발전지역과 쇠퇴지역의 격차로 인한 지역 및 지자체 간 불균형
   해소
⑦ 증대되는 복지수요의 감당을 위한 재정력 결합 필요
⑧ 실질적인 지방자치로 주민편의 생활자치 및 민주정치의 발전
⑨ 광역행정화 및 지역화로 인한 규모의 경제촉진으로 국제경쟁력
   제고
⑩ 중앙집권으로 인한 중앙정부의 과부하를 해소하고 역할분담

나) 경위

　김영삼 대통령 때 잠깐 언급된 적이 있었지만 본격적인 지방행정
체제 개편에 관한 언급은 노무현 대통령 때다. 2005년 노무현 대통령
과 박근혜 한나라당 대표 간에 시작된 지방행정체제 개편에 관한 언
급이 2010년 9월에야 비로서 국회 본회를 통과하였다. 이렇게 오랜
시간이 걸린 것은 선거제도와 선거구가 맞물려 있기 때문이다. 2006
년 지방선거를 앞두고 17대 국회에서는 큰 진전을 보지 못하였다가
그 후 여러 과정을 거쳐 18대 국회에 들어와 2009년 10월까지 허태열
의원을 포함한 8명의 국회의원이 지방행정체제 개편에 관한 비슷하
면서도 조금씩 다른 8개의 안을 발의한 후 1년이 지나서야 (2009.3.3.
지방행정체제개편특위 재발족) 합의를 본 것이다. 지방행정체제 개편
에 관하여 여야 간에 합의한 이면의 주된 내용은 16개의 광역시와 도
를 폐지하고 60~70개의 통합 시를 주축으로 지방행정체제를 개편하
되 국가지방특별행정청을 권역별로 둔다는 것이다.

다) 내용

국회 본회의를 통과한 지방행정체제개편특별법의 주요내용을 정리하면 다음과 같다.

① 27인의 지방행정체제개편위원회(행개위)를 구성하여 구성한 날로부터 1년 이내에 종합적인 기본계획을 만들어 대통령과 국회에 제출한다.

② 특별시, 광역시는 존치하되 그 내에 있는 소규모 자치구는 적정규모로 통합을 유도하며 자치구의회의 존폐 및 지위와 기능은 행개위가 개편안을 2012.6.30.까지 마련한다.

③ 道도 지자체로 존치하되 도의 지위 및 기능에 관한 개편방안을 2014년 동시 지방선거 1년 전까지 만든다.

④ 시군구의 광역화를 위한 시군구 통합표준안를 2012.6.30.까지 마련하여 국회심의를 거친 후 행안부장관은 지자체에 권고, 지자체는 2014년 초까지 주민투표나 의회의결로 최종 결정토록 한다.

⑤ 통합의사가 확인되면 지자체장과 지방의회가 추천하는 추천자로 하여금 통합추진공동위원회를 만든다.

⑥ 읍, 면, 동은 지금의 사무소 대신 주민자치회를 둘 수 있으며 주민들로 하여금 자치단체가 위임하는 소규모 개발사업, 공공시설관리, 쓰레기 분리수거 등의 사무를 관장케 하고 복지업무는 시, 군, 구로 전환한다.

⑦ 통합을 위한 인센티브를 제공하고 통합지방자치단체에 대한 불이익은 없다(공무원 처우, 통합비용, 특정지역 개발을 위한 지구·지역의 우선 선정, 종전 보통교부세의 4년간 보장 및 통합 전 기준재정수요에서 기준재정수입을 뺀 합계액이 통합 후 그것보다 작을 경우 4년 내 보전하는 등).

⑧ 특·광역시가 아닌 인구 50~100만 이상 대도시에 특례(행정, 재정운영, 지도감독 등)를 인정하고, 30만 이상 지자체로서 면적 1,000㎢ 이상인 경우에는 인구 50만 이상 도시의 대우를 준용한다.

⑨ 인구 100만 이상 도시에는 지방재정법에 따른 재정보조금과 별도로 해당 시에서 징수하는 도세의 10/100 이하 범위에서 일정비율을 직접 교부한다.

⑩ 지방분권의 강화를 위하여 특별지방행정기관을 관장하는 중앙
   행정기관의 장은 이 법 시행일로부터 1년 이내에 특별지방행정
   기관의 사무를 지자체에 이양하는 계획서를 개편위원회에 제출
   하며 교육행정과 일반행정을 통합토록 하고 경찰사무를 이양하
   여 자치경찰제를 실시한다. 소방업무는 100만 이상의 대도시에
   한해 업무 이관키로 하고 우선 창원, 마산, 진주 통합 시부터
   적용키로 한다.

그 결과 1년 여가 지난 2012.6.14일 지방행정체제 개편추진
위원회(위원장강현욱)는 전국 16개 지역 36시·군·구가 통
합을 추진중이라고 발표했다. 그 대상은 ① 의정부+양주+
동두천 ② 전주+완주 ③ 구미+칠곡 ④ 안양+군포 ⑤ 통영+
고성 ⑥ 동해+삼척+태백 ⑦ 홍성+예산 ⑧ 안동+예천 ⑨ 군
산+김제+부안 ⑩ 여수+순천+광양 ⑪ 서울 중구+종로구 ⑫
부산중구+동구 ⑬ 부산 수영구+연제구 ⑭ 대구 중구+남구
⑮ 인천 중구+동구 ⑯ 청주+청원 이다.

* 참고로 2006년 당시 국회 특위의 지방행정체제 개편 논의 안 중
  의 하나를 보면 광역시의 경계를 다음과 같이 정한 그림이 인터
  넷에 나와 있다.

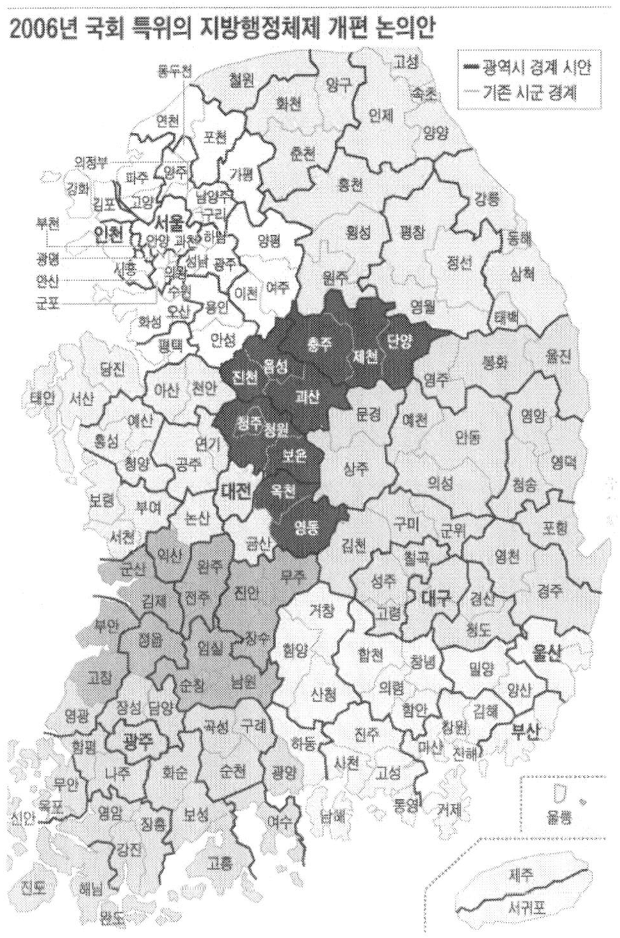

라) 문제점

동 특별법이 가지고 있는 선거구와 주민자치 및 정부 주도의 중앙
집권식 개편에 대해서 문제점을 지적하고 한발 더 나아가 연방제 측
면에서의 비평을 간단히 하겠다.

① 선거제도

국회의원들이 논의한 통합 시에 따른 선거제도의 개편은 다음 세 가지로 요약된다. 첫째, 통합 시를 갑, 을, 병 식으로 나눠 시의원 2∼5인을 뽑는 중선거구제 둘째, 전국을 몇 개의 권역으로 나눠 득표율을 계산하여 각 정당에 배분하는 권역별 비례대표제 셋째, 가장 적은 득표율 차로 낙선한 후보를 비례대표로 선출하는 석패율 제도(일본이 채택하고 있음. 상대당의 텃밭에서 석패한 후보를 선출함으로써 지역주의 희석 목적)가 그것이다. 지역주의를 해소하기 위해 상당히 고심한 흔적이 보이나 만약 군소정당의 반발로 석패율 제도가 실시되지 못할 경우 지역 색을 완화시키기 어렵다. 군소정당에 유리한 완전한 정당명부식 비례대표제도 좀 곤란하다. 지역구도를 완화할 수 없기 때문이다. 따라서 이를 보다 원천적으로 해소하기 위해 석패율 제도를 가미한 권역별 비례대표제를 도입하는 게 바람직하다.

② 주민자치

인구 20만 명 규모의 현행 시·군·구 규모를 늘릴 경우 주민자치가 훼손될 수 있다는 우려다. 현재도 우리의 기초단체 주민 수는 세계 최고다. 따라서 통합 시(평균인구 50∼100만 기준+면적 감안) 아래 5∼10개의 기초단체를 두고 그 아래 읍·면·동을 두는 것이 바람직하다고 본다. 읍·면·동에는 주민자치위원회를 둠으로써 풀뿌리 민주주의를 실현할 수 있다. 이렇게 되면 많은 기초단체가 생기게 되므로 기초단체장은 직선하되 기초의회는 없는 미국의 뉴욕시처럼 하면 된다. 읍·면·동은 주민자치위원회에서, 기초자치단체는 통합시의회로 하여금 감시와 감독기능을 하게 한다. 현행보다 늘어난 기초의원은 통합시의회의 의원이 됨과 동시에 주정부의 국회의원을 겸직하는 상근직을 수행한다.(기초의원 수=인구 10만 명당 중선구제로 2名이라고 가정할 시 약 1000名, 만약 70개의 통합 시, 700개의 기초단체로 만들 경우는 약 1400名)

    * 현재 우리나라 의원 수는 총 약 4,200명이 넘는다.
    ㉮ 시도별 자치구·시·군 의회의원 총 정수 2,922명(2005.8.4.)+
       비례대표 10%
    ㉯ 시·도 의회의원 지역선거구 총 수 651명(2010.3.12. *행
       정구역의 2배수)+비례대표 10%
    ㉰ 국회의원 지역구 총 수 245명(2008.8.29.)+비례대표=299인
       –>300인(2012.3.)

③ 정부주도의 중앙집권식 개편

아직 확정된 바는 없지만 지금까지의 논의를 추론할 때 이번 개편이 중앙집권식 개편이라는 것은 도의 위상과 기능을 약화시키고 중앙정부의 권한과 권력을 강화시키는 점에서 찾아볼 수 있다. 도를 폐지하고 싶으나 반발 때문에 존치시키되 도의 위상을 단순한 국가사무를 처리하는 지위로 전락시킨 점을 말한다. 이렇게 되면 65개 내외의 통합 시는 전부 중앙정부에 매달리는 꼴이 되어 중앙정부의 권한과 권력은 자연히 커질 수밖에 없다. 이러한 단점을 없애기 위해 허태열 지방행정체제개편위원장은 광역행정청을 구상하고 있으나 그것은 옥상옥을 만드는 것이다.

외국의 기초자치단체별 인구비교

국가명	기초자치단체 수	평균인구
한국	234	206,800
영국	434	138,600
핀란드	452	11,500
스위스	3,021	2,210
프랑스	36,700	1,600
덴마크	275	18,732
스웨덴	310	28,400
노르웨이	435	10,400
네덜란드	548	29,300
벨기에	589	17,046
독일	15,300	5,400
일본	3,229	39,400
미국	35.963	7,200

출처: 1. 이명수(자유선진당), 2. 강은희 지방행정체제에 관한 진보신당의 입장(2010)

④ 연방제 문제

개편안의 의중이 도를 폐지하고 전국을 몇 개의 권역으로 나눠 광역행정청을 신설하고 광역행정청으로 하여금 65개 내외의 통합 시를 관리하게 하는 것이라면 차라리 연방국가를 설립한 뒤 지역정부로 하여금 소속 통합 시를 관리하게 하는 것만 못하다. 연방제 국가가 되면 현행 대통령 절대권력으로부터 나오는 각종 폐단을 막을 수 있고, 중앙정부의 막강한 권한을 외치와 내치로 나눔으로써 보다 자연스럽게 권력을 균점하게 돼 민주주의를 발전시킬 수 있다. 또한 인구 1,000만 명 정도로 규모의 경제를 이룰 수 있을 뿐 아니라 국민이 원하는 지역정부을 택해 삶을 영위할 수 있다는 덤도 있다. 이것이 곧 지역경쟁력을 강화시키는 세계화라고 본다. 구상 중인 통합 시는 국제경쟁력을 갖추기에는 인구와 면적이 부족하고, 도의 기능과 위상이 재편됨으로써 실무적인 면에서는 230개 기초지자체보다 오히려 번거로운 행정이 될 수 있다.

찬반에 대한 일반론적인 설명을 보태면 허 위원장은 도를 60~70개의 통합 시로 분할함으로써 현 광역자치단체의 정치적 영향력과 권한을 축소하고 지역주민의 편익과 발전을 도모할 수 있다고 주장하는데 필자가 보기엔 이도저도 중간이다. 또한 우리 역사에 봉건제적 경험이 전무하고 남북분단과 지역감정 때문에 연방제적 분권형 지역자치를 시행하기 어렵다는 논거도 역시 설득력이 부족하다고 본다. 연방제 같은 초광역지역정부를 만들자는 안은 헌법개정이 필요하고 정치권과 국민이 반대한다는 구실을 들어 이번 지방행정체제개편 특별법에 그 내용이 포함되지 못하였다고 하는데 얼른 납득하기 어려우며 그 점은 못내 아쉽다.

또 도 폐지로 계층이 줄어 행정의 효율성이 있는 반면 지방정부의 위상이 약해져 중앙정부 통제의 가능성이 높아지면 오히려 중앙집권이 강해진다는 비판도 있으며 만약 도와 시군의 기능이 어정쩡하게 분리되어 2계층제가 되면 업무에 대한 효율성이 저하되고 명확한 사무구분이 어렵다는 쟁점도 생기게 된다.

■ 비판

특별법이 바라는 지방행정체제 개편의 장점은 우선 행정비용과 시간을 절감할 수 있고 둘째, 통합 시의 경우 도 단위의 지역 색을 군소

단위로 희석시킬 수 있으며 셋째, 중대선거구가 될 수 있으므로 정치적 안정도 꾀할 수 있다는 점이다.

그러나 특별법은 기존의 행정구역을 광역화하고 지역분권을 강화하는 세계적 추세에 역행하는 발상이다. 세계 선진국과 직접 경쟁할 수 있는 지역정부가 되기 위해서는 세계 강소국들과 같은 인구 500~1,500만 명 정도의 효율적인 규모가 되어야 함에도, 오히려 시도를 폐지하고 인구 30~100만 명 정도의 '통합 시'를 만들면 중앙정부에 대한 자치단체의 힘을 약화시킬 뿐만 아니라 세계 선진국과 직접경쟁하기에는 너무 왜소한 규모가 되어 국가경쟁력을 떨어뜨리게 된다. 또한 민간기구라 할지라도 만약 '국가지방행정청'을 권역별로 신설하게 되면 결국은 중앙통제를 용이하게 하고 행정계층의 슬림화를 표방하면서 또 다른 행정계층을 만드는 꼴이 된다. 중앙정부 입장에서는 관리 통제하는 데 간편해질 수 있을지 모르나 3단계 행정계층제는 결국 없어지지 않을 것이며 급기야 중앙권력체계가 더욱 공고화될 것이다.

또 70개의 통합광역시끼리 우선순위를 정해야 할 필요성이 대두될 때, 예를 들면 70개나 되는 각 광역자치단체가 저마다 개발 프로그램을 가지고 국토개발을 한다면 좁은 국토에서 얼마나 난개발이 될 것인가? 이를 방지하기 위해 권역별 국가행정청을 통해 설득과 협의를 한다고 하지만 오히려 민간기관이기 때문에 더욱 갑론을박하고 부패의 사슬에 연결될 것이다. 설혹 통합과 조정이 이루어진다 하더라도 중앙집권이 강화되는 결과를 초래할 것이다(허태열 안 2008.9.1. 조선일보).

선진화 재단의 신도철 교수는 "70개 광역시 개편에 그치면 지방의 중앙정부에 대한 의존이 커진다"고 했고 자유선진당은 "시군구를 70개로 통폐합만 하면 지역단위에서 대형 프로젝트를 수행할 수 없고 세계를 상대로 경쟁할 수 없다"며 확대된 광역행정체제로 가야 한다고 말했다. 또 한편으로 광역행정청에서 하는 업무와 중앙정부에서 하는 업무로 분화되는 결과를 가져와 기획과 집행 사이에 혼선을 빚을 가능성도 많다. 교과부와 교육청 관계가 될 것이다. 광역행정청은 원래 지방분권이 갖는 가장 큰 목적인 민주화, 효율화, 능률화를 반감하는 것이 되고 분권화 측면에서 개개의 지방자치단체는 지금보다 힘이 약화될 가능성이 많다. 외국과의 거래관계 시에도 큰 조감도를 그릴 수 없어 국제경쟁력이 떨어질 것은 분명하고 규모의 경제면에서도 비효율화를 초래할 것이다.

개편위원장인 허태열 의원은 (2009년 7월 25일) 행정체제 개편은 지방자치의 분권을 강화하는 것이고 지금이 적기이며 모두가 찬성하는 길이라고 했지만 국회의 특별법 안은 지금까지의 논의과정을 볼 때 지역주권을 인정하지 않는 신중앙집권이 될 수밖에 없고 국제경쟁력을 갖추는 데도 문제가 있으며 이해관계자 특히 단체장이나 지방의원들의 반발을 무시해야 하는 어려움도 크다고 사료된다.

5안) 의견 - 행정구역 이렇게 정하자

지금까지 위에서 밝혀온 내용을 보면 필자가 주장하는 바를 대강 짐작할 것이다. 그리고 그 모형은 이 책의 표지에서 상상할 수 있다.

가) 크게 고려해야 할 점

① 지역 색

위에서 여러 안이 나왔지만 한반도 공동체가 하나의 강력한 선진국가로 도약하기 위해서는 물리적일망정 지역 색을 조금이라도 희석시키는 안이 중요하다. 경제권 중심이나 생활권 중심의 행정구역 개편은 근본적인 지역색 타파는 아니다. 국가 장래를 위해서는 생활권과 경제권을 다소 흡족하게 하지 못하는 경우가 있더라도 지역 색을 줄여야 한다고 믿는다. 조선 8도를 나누어 지금의 지역감정을 만들었다면 그러한 갈등을 해소하는 행정구역을 만들어야 한다. 아마 한 세대나 두 세대 정도 지나면 지금보다 훨씬 덜한 지역 색이 될 것이고 혈연, 지연, 학연의 귀속주의 또한 줄어들 것이다.

② 저비용 고효율

행정단위를 대폭 광역화해 행정효율을 높이자는 데는 의견이 일치한다. 고비용 저효율의 행정체제에서 저비용 고효율의 행정체제를 만들자는 것이다. 그러나 규모의 경제를 통한 광역행정권을 부르짖지만 사실은 지역개편에 따른 정치인과 관료들의 장래가 걸려 있고 반대로 지역주민은 얼마큼의 재정확보가 되느냐에 관심이 집중되어 있으므로 관련 정치인과 주민, 공무원 사이에 모두가 만족하는 행정체제 개편은 현실적으로 불가능하고 중구난방이 되기 쉽다는 점도 물리적으로 고려해야 할 점이다.

나) 한반도 대운하를 중심으로

그렇다면 어떻게 해야 할까? 우선 큰 단위의 경계를 정하고 60∼70개의 광역시, 군, 구를 정하는 것이 순리상 맞다. 그러면 개편하기기가 한결 쉬워질 것이다. 큰 단위의 경계는 4개 주정부를 말한다. 경계의 구분은 이 대통령이 외친 한반도 대운하다. 한반도 대운하야말로 지역주권 강소국 연방제의 좋은 경계가 된다. 많은 국민들의 반대에 부딪혀 4대강 살리기로 한 발짝 물러섰지만 그 포맷을 그대로 이어받아 한강, 낙동강, 금강 중심으로 경계를 정하면 지금까지 논설한 상기 내용을 정하는 데 큰 무리가 없다. 한반도 대운하는 4개 주 강소국 연방제의 주정부를 경계하는 훌륭한 도구가 될 수 있다. 구체적으로 경계를 말하면 충주에서 금강과 문경세재를 잇는다고 가정할 시, 동 스테이트는 낙동강을 경계로 남한강, 북한강을 연결하여 경남 일부와 경북 및 강원도 대부분을 관장하고, 서 스테이트는 금강과 남한강을 경계로 충청도 대부분과 한강이남 경기도를 관장하고, 남 스테이트는 낙동강과 금강을 경계로 전라도 및 경상남도 대부분과 충청 일부를 관장하고, 북 스테이트는 김포운하를 경계로 한강이북을 중심한 경기 및 강원 일부를 관장하여 4개 주를 만드는 것이다.

한강을 중심으로 현재의 서울을 나누되 강남 3구를 떼어 내어 제주도와 함께 특별자치구를 만들고 영종도와 함께 북 스테이트에 소속시킨다. 북서울은 연방정부 수도로 국회의사당이 있는 여의도와 함께한다. 강남 3구를 따로 떼어내는 이유는 앞에서도 이야기했듯이 그들은 우리 사회의 상류층이며 신자유주의를 펼치는 사람들이기 때문에 경쟁의 천국으로 만들어 한반도 공동체를 이끌어갈 능력과 원리를 발전시키려는 데 있다. 제주도는 어차피 비행기로 왕래해야 하므로 남 스테이트에 둘 하등의 이유가 없다. 특별자치구는 특별법에 의하여 주정부의 권한과 통제 없이 외교와 안보 등 외치업무를 제외하고 스스로 모든 것을 하게 한다. 그들에게는 근간을 흔들지 않는 범위 내에서 자치사법권과 상당한 과세자주권도 부여한다.

강을 사이에 두고 주정부가 경계를 이루는 것에 대한 비판도 있을
수 있으나 프랑스가 광역연방으로 새로운 구역을 정하려는 경계가
바로 강이며 미국도 다리 하나를 사이에 두고 주가 달라지는 경우가
있으므로 어색할 게 없다. 사고(思考)와 개념의 차이다.

다) 시행상 문제점

시행상 문제점은 없는가? 예를 들어 공무원의 조정은 어떻게 할 것
인가, 없어지는 시군구와 시도의 반발은 무마할 수 있는가, 정치적 이
해관계는 조정될 수 있는가 등 여러 가지 문제가 제기될 수 있다. 개
편 시 드는 비용도 만만치 않을 것이다. 자치단체장과 지방의회 의원
등 줄어드는 자리에 대한 불안감이 역작용을 가져올 수도 있고 일부
주민들의 반발 또한 피할 수 없을 것이다. 심지어는 몇 년 지나면 아
무 의미도 없는 자치단체 명칭을 놓고 줄다리기할 것이다.

그러나 가장 문제되는 것은 지역정부의 재정자립도와 인구, 면적
등일 것이다. 따라서 몇 년에 걸쳐 신중하게 변경시켜야 하며 그때그
때 공청회를 열고 최종 안은 국민투표에 부쳐야 한다. 졸속으로 처리
하지 말고 장기에 걸쳐 유연하게 다루어야 한다. 일본은 20년에 걸쳐
연구, 계획, 실행하고 있다. 덧붙인다면 여러 갈등과 문제점은 어차피
한 번은 짚고 넘어야 할 산이다.

6안) 기타 의견

이규환 중앙대 행정학과 교수는 5개의 광역도와 1개의 특별도로
가는 준연방제 안을 제시했다. 이 교수는 선거구제, 재정제도, 사무와
권한 배분 등 관련법을 개정하고 결국 개헌이 수반될 가능성이 높으

므로 장기 로드맵을 작성한 뒤 단계적으로 이행해야 될 것이라고 주문했다. 맞는 말이다.

바. 맺음말

인간의 삶을 경제 하나로 국한시킬 수는 없다. 경제력이 세계 10위권이고 수출은 세계 7위권을 넘보는 가운데 국가경쟁력은 30위권에 머물고 대학경쟁력은 50위권에 못 드는 나라를 한 단계 업그레이드 시키기 위해서는 경제 이외의 부분이 깊이 반성되고 발전돼야만 한다. 그중 제일 먼저 손봐야 할 것이 정치다. 정치는 국가의 근간을 흔드는 제일의 지주이기 때문이다.

5년 전 이 대통령의 한반도 대운하 건설과 이회창 총재의 강소국 연방제가 2007년 대선공약으로 등장했을 때 나는 두 개를 합치면 좋은 작품이 나오겠다는 엉뚱한 상상을 했다. 지역감정으로 얼룩진 대선에서 최대공약수를 결집 제3의 프레임을 짜는 것이었다. 그 후 한반도 대운하가 대선에서 통과된 통치행위(요즘 인정하지 않는 게 다수설이라지만)임에도 표를 얻기 위한 공약(空約)은 지키지 않아도 된다는 묘한 논리 속에 실속 없는 무모한 정책이라는 들끓는 비난을 이겨내지 못하고 4대강 살리기로 재포장되어도 내가 구상하는 4개 주 연방제를 실시하는 데는 큰 무리가 없다.

4개 주 연방국가란 무엇인가? 문자 그대로 우리나라를 지방정부가 아니라 4개의 지역정부로 나눠 외치(外治)는 중앙정부가, 내치(內治)는 주정부가 맡자는 것이다. 지금까지 자치사법권이 없는 이름뿐인 지방정부라는 말을 실제 미국처럼 어울리는 단어로 만들자는 것이다.

이점은 좁은 나라라는 개념을 벗어나 통일을 대비(북쪽에 지역정부를 설립)하는 외에도 이점이 무수히 많다.

그렇다면 주정부의 구역은 어떻게 가를 것인가? 오백년 정체성이 있다고 단순히 경상도, 전라도, 충청도로 가를 것인가? 그러나 그것은 지금과 같은 분열된 상태에서 진일보하지 못하는 프레임이다. 여러 면에서 오히려 후퇴하는 결과를 초래할 것이다. 국토지리 모양으로 봐서 전체를 모양 좋게 균등하게 나누기란 쉽지 않다. 관건이 되는 인구와 재정을 균등하게 나누기란 더욱 어렵다. 전라도와 경상도와 충청도를 아우르는 한 지역을 만들기란 정말 어렵다. 그렇다고 가로, 세로, 경계를 일정하게 가르자는 생각은 우스갯소리다.

그런데 이번에 한반도 대운하라는 아주 좋은 기회가 왔다. 바로 이명박 대통령이 그 길을 자연스럽게 연다. 아직도 4대강 살리기(한반도 대운하)에 대해서 반대론이 우세한 시점에서 찬성으로 가는 이처럼 좋은 명분은 없다고 생각한다. 한반도 대운하를 경계로 4개 주 연방국가의 구역을 가른다면 한반도 대운하는 여야 간에 서로 윈윈게임이 될 것이고 다음 시대를 여는 새로운 이정표가 될 것이다. 양수겹장이다. 한반도 공동체의 역사를 새로 쓰는 창조적 미래의 자산이 될 수 있다. 발상을 전환하여 새로운 패러다임을 형성하자. 국민 직선에 의해 선출된 대통령의 국가통치행위로서 4대강 살리기가 망국의 길이 아니라면 명분을 세워 즐기는 것 또한 괜찮다. 누가 천 년 후에 백마 타고 와 이 땅에서 목 놓아 부르리라. 4개 주 연방국가! 그때 현명하고 지혜로운 판단을 내렸다고.

2. 개헌

17대 국회 6개 정당 원내대표들은 2007년 4월 11일, 18대 국회 초반에 개헌문제를 처리하기로 합의한 바 있다. 그러나 누구의 잘못인지 흐지부지 사문화되고 말았다. 그 뒤 2011년 초 특임장관으로 하여금 개헌에 불을 당기도록 했으나 야권의 반발에 부딪혀 크게 여론이 형성되지 않자 조용해졌지만 개헌의 필요성은 지금 대부분 공감하고 있다.

가. 필요성

1987년 대통령 직선제 개헌 후 25년이 지난 지금 개헌의 필요성을 실감한다. 당시에는 5년 단임이라도 군부독재에서 벗어나야 한다는 일념에 6·29선언을 중심으로 장기적 관점 없이 타협하에 개헌을 했지만 세월이 흐른 지금 현행헌법의 단점과 결함을 개헌으로 바로 잡아야 한다는 데 공감하고 있다. 무엇보다 대통령의 절대권력이 문제라는 사실을 공감하고 (그래서 정권을 쟁취하기 위한 전력투구가 5년 동안 계속되고 3년만 지나면 레임덕을 걱정한다) 각종 선거기간이 불일치하는 데서 오는 시간과 비용의 낭비가 극심하다는 데 공감한다. 대통령 임기가 5년 단임이라는 짧은 기간에 국가적 대사나 전략적 정책을 시행하기 어렵다는 데도 공감하고 있다.

또한 시공(時空)의 격차가 급격하게 줄어든 21세기에 공공서비스의 효율성과 국제경쟁력 및 지역균형발전을 강조하는 신광역주의를 지방분권 차원이 아니라 지역주권 차원으로 변경하는 데도 개헌은 필요하다. 지방행정체제를 지역주권 차원에서 실시하려면 현행 헌법 제8장의 '지방자치'란을 바꿔야 하기 때문이다. 지방자치에 관한 한 우리처럼 헌법조문이 빈약한 나라도 없다. 그 외에도 많은 문제점을 내포하고 있어 개헌은 더 이상 미룰 수 없는 위치에 와 있다. 차제에 고쳐야 할 부분이 많다. 우선 필자의 견해를 밝히기 전 헌법연구자문위원회의 안을 검토코자 한다.

나. 헌법자문위원회 안

국회 내에 개헌에 관한 다른 연구모임도 있으나 여기서는 2009년 8월 발표된 국회헌법연구자문위원회(김종인 위원장) 연구결과 보고서를 검토한다. 크게 내용을 간추리면 첫째, 정부형태에서는 대통령과 총리가 권력을 분점하는 이원정부제를 1안으로 채택하고, 4년 중임 정·부통령제를 제2안으로 채택했다. 둘째, 상·하원으로 입법부의 권한을 강화하고 사법제도를 정비하였다. 셋째, 기본권을 강화했다.

그 내용을 간단히 적어보면 첫째, 이원정부제는 대통령이 하원에서 선출한 국무총리에게 치안, 경제, 국방, 외교, 안보 등에서 행정수반으로서의 권한을 부여하고 내각의 구성권을 갖도록 했다. 5년 단임 직선으로 선출한 대통령은 계엄권과 법률안 재의 요구권, 국회해산권을 갖고 의회는 내각 불신임권을 보장받게 된다. 제2안인 4년 중임제의 경우 순수 대통령제 요소를 강화해 정·부통령제를 도입했다.

둘째, 의회 선진화 방안으로 정부형태와 관계없이 상·하 양원제를 도입하고 상시국회를 헌법에 명시했다. 정부의 법률안 제출권을 삭제하는 등 정부권한을 축소하고, 국회에 예산편성권과 감사원의 회계감사권을 부여하는 등 국회권한을 강화했다.

셋째, 국민의 기본권을 대폭 강화했다. 생명권, 안전권, 정치적 망명권을 신설하고 사상의 자유, 알 권리, 정보기본권, 소비자 기본권을 명시했다. 또 기존의 언론 출판의 자유에 대한 제한규정을 삭제하고, 적법절차 원리를 모든 공권력 적용에 도입하며 남녀평등 의무조항을 신설했다. 군인에 대한 이중배상 금지조항은 삭제했다.

> * 언론 출판에 대한 제한규정 – 헌법 제37조 2항. 국가안보, 질서 유지, 공공복리를 위해 필요한 경우, 최소한의 범위내에서 제한할 수 있음. 예, 정기간행물 등록에 관한 법률, 출판 및 인쇄 진흥법, 군사기밀 및 시설보호법, 긴급명령, 비상계엄 등.
> * 적법절차 원리 – 국민의 권리를 국가가 제한할 경우 정당한 법과 공정한 절차를 거쳐야 한다. 지금까지는 주로 신체 구속이나 형사사법에 적용.

넷째, 사법제도 개혁으로는 대법원, 국회, 대통령이 1/3씩 갖고 있는 헌재 재판관 9인의 추천권을 모두 국회로 넘기는 한편 재판관의 자격을 법관 이외의 자에게도 개방했다. 임기는 현행 6년에서 9년으로 늘렸다. 대법원장과 대법관도 국회에서 선출토록 했으며 대통령은 임명만 하도록 했다.

다섯째, 지방자치단체는 법령에 저촉되지 않는 범위 내에서 조례와 규칙을 자율적으로 제정할 수 있는 권리를 부여하고 지방자치단체의 자율성과 책임을 강화하기 위하여 중앙정부는 지방의 재정균형을 유지할 의무를 법률에 명시하는 헌법적 근거를 마련했다.

다. 헌법연구자문위원회 안 비판

1) 양원제

가) 단원제, 양원제가 정부형태와 직결되는 문제가 아님에도 불구하고 미국처럼 상원의원의 임기는 6년, 하원의원의 임기는 4년으로 하고 상원은 2년마다 1/3씩 교체하는 양원제를 채택한 이유가 무엇일까? 미국처럼 연방제를 실시하지 않으면서 상원을 두는 것은 큰 의의가 있는 일인가? 오히려 절차상 복잡함 때문에 신속하지 못하고 예산 낭비만 가져오는 것은 아닌가?

나) 상원의원과 하원의원의 선출방법을 법률에 위임하는 것은 잘한 일일까? 지금까지의 행태로 봐 정치인의 가장 큰 관심사항인데 어느 정도 헌법에서 윤곽을 잡는 게 좋지 않을까?

다) 국회소속하에 회계감사기관을 두고 상시국회를 채택한 점은 잘한 점 같다. 한 발 더 나아가 선진 다른 나라처럼 감사원을 대통령 직속에서 국회 소속, 내지는 별도의 특별기구로 격상시키는 문제도 검토해야 한다.

2) 이원정부제

가) 이원정부제는 평상시 총리에게 보다 많은 실질적 권한이 주어지게 되는데 문제는 총리의 지명권이 대통령에게 있으므로 결국 대통령의 절대권력이 그대로 존치한다고 볼 수 있다. 현재 헌법에 있는 국무총리의 국무위원 임명제청권이 현실적으로 한계가 있는 상황에서 이원정부제는 효력을 발휘하기 어렵다. 따라서 총리 후보를 어떻게 세우냐는 방법이 중요할 것 같다. 국회에서 후임 국무총리를 선출

하는 건설적 불신임제는 잘한 제도 같다.

나) 대통령 임기를 5년으로 그대로 존속시켜 국회의원과 다르게 한 점은 지방선거, 보궐선거와 함께 선거풍년에 대한 국민들의 불만을 산다. 국민들은 선거가 너무 많다고 생각한다. 생업과 관련 없는 선거비용과 시간을 아깝다고 생각한다.

다) 국회의 동의를 거쳐 사면권을 행사하게 한 점은 잘한 점이다.

3) 대통령 중심제

가) 정·부통령제로 했을 경우 평시에 부통령의 역할과 직무집행이 불분명하다. 미국 부통령은 상원의장을 하는 것처럼 평시 역할이 있어야 한다.

나) 국회의 국무위원 해임건의 제도를 폐지하는 것은 바람직하지 않는 것 같다.

다) 행정전문가의 식견을 살리지 못하는 정부의 법률안 제출권을 폐지하는 것도 바람직하지 않다.

라) 정부만이 예산안 제출권에 대해 전속적 권한을 갖는 점도 문제지만 예산안 편성권이 전적으로 국회로 옮겨올 경우 지역구에 대한 편중이 교차한다는 점도 간과할 수 없다.

마) 대통령 비서실 운영도 대통령령으로 규정해 축소 제한해야 된다.

4) 사법제도

가) 이원정부제나 대통령 중심제나 모두 헌법상 주요 기관장 및 구성원 선출권을 국회가 갖도록 한 점은 현행제도보다는 진일보한 점이나 현실적으로 대법원장과 헌법재판소장, 그리고 국회의장 선출에

여당의 총재로서 대통령이 의견을 제시한다면 아무 의미가 없게 된다. 또 국민들이 국회를 불신하는 현 실정을 감안할 때 헌법기관의 장 및 구성원을 국회에서 모두 선출하는 방안은 제고할 필요가 있다. 따라서 입법과 사법에 대한 간섭을 없애기 위해 대통령은 선출과 동시에 당적이 자동 포기되도록 하고 대법원장의 선출은 직선제(국민 직선제가 어려우면 전·현직 법관 전체) 내지는 법관추천회의로 변경하는 것이 바람직하다.

나) 헌법재판소장의 임기를 9년으로 한 점은 1인 독점과 시대의 변화를 신속히 반영하지 못할 수 있는 점 및 고령에 따른 건강상의 이유 등으로 너무 길지 않나 하는 노파심이 앞선다.

다) 헌법재판관의 1/3은 대법관 중에서 선출한 점과 재판관 구성의 폐쇄성을 해소하고 민주주의적 정당성을 확보하기 위해서 재판관의 자격을 법관 이외의 자에게도 개방한 점은 잘한 개정 같다.

5) 기타

가) 중앙선거관리위원장의 선출은 선거관리위원 중에서 호선한다고 하나 정말 공정하게 될까 미덥지 않다. 따라서 국회에서 추천하는 3인을 제외한 대법원장과 대통령이 추천하는 3인은 선거구획정위원회처럼 학계, 법조계, 언론계, 시민단체 등에서 추천한다는 규정을 두는 게 바람직하다. 선거관리위원회가 헌법기관인지 법률기관인지 보다 중요한 것은 공정성을 갖느냐 없느냐다.

나) 재정의 장을 신설하여 기금의 근거를 명시하고 조세 외의 국민 부담에 대한 재정수입을 법률에 명시한 것도 바람직한 개정이다.

다) 지방화시대에 부응하는 지방자치제도의 합헌적 구현으로 법률

에 지방자치단체 간 재정적 불균형 등을 해소하기 위한 조항을 두도
록 합헌적 근거를 마련한 점 등은 분명 진일보한 방안이라 생각되나
좀 더 구체적 방법을 명시했으면 좋겠다. 갈등이 일어날 소지가 많기
때문이다.

　라) 차제에 검찰총장을 행정부 내에서 따로 떼어내어 독립기관으
로 만들고 선출에 관한 규정을 따로 두는 것도 고려 대상이다. 감사
원도 마찬가지다.

라. 개헌 시 고려해야 할 내용(견해)

　전문가는 아니지만 평소 살아오면서 느끼는 몇 가지 점에 대해 짚
어보고자 한다. 필자가 주장하는 강소국 연방국가의 권력구조와 주정
부의 형태를 기술하기 전 민주주의와 삼권분립이라는 측면에서 주요
부분 몇 개를 선정하였다.

　현행 헌법의 문제점으로는 민주주의와 삼권분립의 이념이 현실적
으로 제대로 구현되지 못하고 있다는 점이다. 그것은 무엇보다 대통
령의 절대권력 때문이다. 혹자는 제도는 잘 되어 있는데 그것을 운용
하는 사람이 잘 못해서라고 한다. 민주주의 역사가 짧고 시민혁명 없
이 남이 가져다준 민주주의를 후불제로 사용하고 있기 때문이란 말
도 맞다. 그러나 제도적으로 더 보완할 수 있고 우리의 문화습관도
더 개선할 수 있다면 문제는 다르다. 더 빠른 시간에 후불제를 청산
하고 민주주의를 성숙시키려면 제도적인 측면을 우선 생각해보지 않
을 수 없다.

1) 대통령

가) 권력 축소

모든 고위관료는 대통령의 말 한마디만을 기다린다. 대통령의 말 한마디가 떨어지지 전까지 아무 결정도 못하는 꼭두각시를 연출한다. 덧붙여 곡학아세하는 언론과 무리도 한몫 보탠다. 대통령은 신성불가침이다. 이래서 법치가 안 되고 온전한 민주국가가 되지 않는다. 구체적으로 말하면 국가수반과 행정수반이 뒤엉켜 분리되지 않고 있다는 점이다. 국가수반, 즉 국가원수는 국가를 대표하고 동시에 행정수반이며 군 최고 통수권자를 가리킨다. 그러나 예전의 3권을 가진 군주나 왕은 아니다. 그런데도 불구하고 행정수반은 물론 대법원장과 대법관의 추천 및 헌법재판소장과 헌법재판관의 임명으로 사법부에 입김을 불어넣고 당적을 보유함으로써 입법부에 막강한 영향을 미치고 있다. 검찰총장, 국가정보원장, 국세청장, 경찰총장 및 각종 권력기관의 장을 임명하고 국가예산의 편성권을 독점함으로써 절대권력을 뒷받침하고 각종 공공기관장을 임명한다. 탄핵 이외의 웬만한 잘못은 책임을 묻지 않고 총리만 경질되는 현 제도는 순수 대통령제가 아니다. 이러한 문제점을 가장 근본적으로 고칠 수 있는 방안을 검토해야 한다.

나) 임기

5년 단임은 너무 짧다. 사회를 변화시키기엔 부족한 시간이다. 특히 전체 국민의 1/3이 안 되는 찬성으로 국가 거대 전략사업 및 통치행위를 하니 좌충우돌 반대가 심하다. 인수 1년, 중간 3년, 마무리 1년으로 일할 시간이 부족하다. 레임덕 현상도 금방이다.

다) 사면권

대통령 사면권 조항에 대해서도 적절한 규제가 있어야 한다. 형식

적인 절차에 따라 청와대가 먼저 발표하는 사면권 발동은 자제되어
야 한다. 국가발전과 국민화합을 위한 사면권이 국가원수로서 누리는
특권이라는 측면에서 폐지해야 한다고 주장하는 것은 부차적이고 일
반인의 법질서와 법 준수를 대통령의 절대권력으로 무너뜨리고 있다
는 사실이 더 큰 문제다. 사면권의 남발은 도덕적 해이를 가져온다.

　라) 비서실 개편

　대통령 비서실의 막강한 파워도 문제점 중의 하나다. 과거도 지금
도 폐해를 일으키고 있다.

2) 선거제도

그중에서 중요한 몇 가지만 추리면,

가) 대표성 문제

　현재 우리나라에서 실현되고 있는 전체 국민의 '30% 대통령'이 과
연 사회적 난제들을 해결해나갈 수 있을 것인가? 국가권력의 최고 정
점에 있는 대통령이 정당성을 가지려면 국민의 자발적 지지를 기대
할 수 있어야 하는데 그렇지 못하기 때문에 사안마다 국민의 뜻을 물
어야 한다고 외친다. 다수결 투표의 맹점이다. 민주국가에서 선출직
에 대한 자발적 복종은 적법한 선거절차를 통한 국민 과반수 이상의
득표에서 온다. 따라서 헌법은 이에 관한 사항을 규정해야 한다. 대통
령의 실질적 대표성 확보를 위한 당선자 결정방식에 대해서 다수결
투표의 최대 단점인 '다득표' 하나로 결정하고 있는 것은 입법상 중
대한 실수다. 전 유권자의 1/3의 득표에도 못 미치는 대통령의 당선은
민의를 반영한다고 볼 수 없다.

나) 복수공천 및 비례대표

개정된 공직선거법에 정당에 대한 사표방지를 위한 제도적인 측면을 고려한 점, 지역구 시도의원 또는 지역자치구, 시군의원 선거 중 어느 한 선거에 국회의원 지역구마다 1명 이상의 여성후보 의무 공천제, 선거관리위원회에서 개최하는 대담 토론회에 정당한 사유 없이 참석하지 아니하면 400만 원 이하의 과태료를 물린다는 점 등은 잘한 개정이다. 그러나 정당의 복수공천제를 그대로 둔 점은 큰 잘못이다. 지역 색으로 인한 동일정당의 복수당선으로 자치단체를 감시 감독해야 할 반대당을 키우지 못하여 부정과 비리에 쉽게 물들게 된다. 또 기초의원의 정당공천제는 여전히 문제점으로 남는다. 특히 지구당 위원장의 영향력이 커 소위 말하는 공천장사와 지역구 관리차원으로 전락할 가능성이 많고 중앙정치의 예속화로 지방자치를 왜곡할 개연성이 충분하다. 주민을 상전으로 모셔야 할 기초의원이 단체장이나 소속 국회의원을 상전으로 모시는 경우가 허다하다.

다) 선거구 분할

정치인 및 정당의 게리맨더링 때문에 선거구 분할이 공정성을 잃을 염려가 있다. 지난 5기 지방선거에도 입맛에 따른 지역구 나누기는 횡행했고 이번 19대 총선에서도 선거구에 대한 협상이 여의치 않자 여야는 오히려 국회의원 1석을 늘리는 데 합의했다.

라) 1인 8표의 투표는 너무 많다

누가 누군지 모른다. 인물을 보고 투표해야 되는데 너무 많아 헷갈린다. 주위의 권고로 투표하고 정당 내지는 선번호에 투표하고 만다. 그래서 흑색선전이 난무하고 난데없이 길거리에서 춤추는 쇼를 연출한다. 선거운동은 쇼다. 이러한 것들이 투표율을 떨어뜨리는 요인이다.

3) 법률안 제출권

현행 법률안 제출권은 행정부와 국회만 공유하고 있어 정부실패와
시장실패에 대한 보완대책을 서두르는 데 능률적이지 못하며 대처능
력이 떨어진다. 특히 헌법자문위원회의 개정안에는 법률안 제출권을
입법부로 한정하고 있는데 입법부라는 명분보다는 행정부의 전문성
살리기가 더 중요할 것 같다. 또 현대 행정은 거버넌스이자 공공선택
(公共選擇)이다. 실생활에서 시민의 권리 및 소비자 보호가 그때그때
보장되기 어려운 점을 감안해 법률 안 제출권의 범위를 넓혀야 한다
고 판단한다.

4) 공익과 사익의 한계

상위법과 하위법이 마찰을 빚을 때 현실에서는 공익과 사익의 구
분이 모호하고 절충되지 않아 혼란스러운 경우가 많다. 어떤 경우에
는 상위법과 하위법과의 충돌도 일어난다. 건건이 법률과 판례를 다
제정할 수도 없기 때문에 어느 정도 구분점이 필요하다고 본다. 헌법
과 하위법률 간의 해석상 차이 또는 헌법의 정신을 포괄적으로 어디
까지 얼마큼 인정하느냐 하는 부분에서 공익의 기준이 있어야 한다.
예를 들면 교원노조 가입자의 신상공개 문제, 표현의 자유와 알 권리
가 개인의 프라이버시나 초상권을 침해하는 경우, 공무원노조에 가입
한 자가 시국선언에 가담한 경우, 흉악범이나 경제사범의 초상권 문
제 등 사익을 인정하는 공익의 기준 또는 공익과 크게 관련 없는 사
적인 프라이버시 문제 등을 검토해야 한다.

5) 진보와 보수의 시각차

우리는 진보와 보수의 시각차이를 좌파와 우파로 몰고 가는 경우
가 대부분이고 그것을 다시 북한과 연계시키는 경우가 비일비재하다.
누누이 이야기하지만 진정한 진보와 보수, 진정한 좌파와 우파는 가
를 필요가 없다. 정체성을 따져가며 가르려고 하는 것이 더 문제다.
극우와 극좌, 사이비 진보와 사이비 보수가 문제다. 예를 들면 대통령
제하에서 국회의원과 국무위원의 겸직 조항을 진보 측은 국회의 독
자성과 효율성을 침해하는 요소로 지적하는바 금해야 한다고 주장하
는 데 반하여 보수 쪽에서는 괜찮다고 주장한다. 이런 사소한 시각차
를 헌법조항과 관련지어 보면 영토조항, 기본권 조항, 통일조항 등에
서 차이가 나고 현행 헌법 제119조 2항 경제 관련 조항에서도 현격한
시각차가 존재한다.

6) 지방자치

현재의 지방자치는 절름발이다. 첫째, 재정에 있어서 자주권이 없
고 둘째, 중앙정부의 지나친 규제와 감독이 실질적 지역자치에 반하
고 셋째, 주민의 무관심이 그렇게 만든다.

7) 교육자치

교육제도에 관한 문제도 심각하다. 이는 제도보다는 높은 교육열
에 기인하는 바가 훨씬 크지만 제도적인 측면에서 교육감과 교육부

를 이원화하는 게 바람직한지, 즉 교육감이 집행기관인지 의사결정기관인지 혼란스러운 문제와 교육감의 정당추천제가 바람직한지도 제고해봐야 한다.

8) 4개 주 연방국가의 정체와 권력구조에 관한 문구는 필히 삽입해야 한다. 새로운 형태의 국가건설이므로 신중하되 단호해야 한다.

마. 4개 주 연방정부를 가정한 해결책

1) 대통령
가) 견제 없는 대통령 권력 축소
a. 사법적 권력 축소

대법원장과 검찰총장 및 헌법재판소장의 추천권을 없애고 단순한 임명 절차만을 하도록 한다. 현행 권력의 눈치를 살필 수밖에 없는 검찰의 인사제도와 대법관 및 대법원장의 대통령 추천제도에 문제가 있으므로 검찰총장과 대법원장을 국민 직선제로 바꾸는 것이 바람직하다. 최소한 법조인 직선제나 법관추천회의로 바꾼다면 검찰권 행사의 일관성을 목적한다는 검사동일체의 원칙이라는 듣기에도 민망한 원칙인지 관행인지 모를 전통이 존재하겠는가? 또한 법규적으로 독임(獨任)제 행정관청으로서 따를 필요는 없다고 하지만 법무부 장관 휘하에 검찰총장을 두는 문제도 검토해야 할 대상이다.

* 검사동일체의 원칙 – 검찰총장의 상명하복에 따른다는 원칙이나
검찰총장의 임명권을 대통령이 쥐고 있으므로 문제가 발생

b. 입법부에 대한 권력남용 방지

대통령이 당선되면 당적을 자동 상실시켜 당정분리를 함으로서 당 및 입법부에 대한 권한과 영향력을 행사하지 못하도록 한다.

c. 행정권의 포괄적 사용 금지

4개 주 연방제를 실시하여 외치는 대통령, 내치는 주지사 위주로 권한을 분산시키는 것이 좋은 해결책이다.

나) 5년 단임 문제

임기 안에 뭔가를 바꾸고 치적을 쌓으려고 하는 것은 권력을 가진 자의 욕망이다. 그러나 국가대사를 5년 내에 이루기에는 짧고 사회를 변화시키는 데 턱없이 모자라다. 그래서 무리수가 따른다. 또 국회의 원의 임기와 불일치하여 많은 예산과 시간을 낭비한다. 따라서 이미 공감대를 형성하고 있는 4년 중임제를 권한다. 4년의 성과가 나쁘지 않다면 연임시키는 전통을 세워야 한다. 중임제를 하면 연임하려고 별별 수단을 다 동원할 것이라는 소수 반대의견도 있으나 5년 단임보다는 낫다고 생각한다.

다) 비서실의 축소

통합과 조정 업무는 필요하지만 정무적인 것을 제외하고는 비서실보다는 새로 신설되는 통합행정청에서 하는 게 바람직하다. 비서실은 그야말로 비서의 역할을 충실히 해야 한다. 비선조직이 커지면 속과 겉이 다른 이중권력이 형성되어 조직적으로는 물론 업무적으로도 큰 혼선이 생겨 하부조직은 스트레스가 쌓인다. 문재인의 『운명』이란 책에는 강력한 개혁을 위해서 비서실의 권력이 막강(부처별 수석제)해야 한다는 식으로 기술된 것을 봤는데 잘 운영될 경우만을 상정한 것이지 부작용에 대한 생각은 고려하지 못한 것 같다. 오히려 비서실의 축소를 주장하는 박세일 교수의 의견에 무게를 더 두고 싶다. 대통령 비서실의 운영도 법률 또는 대통령령으로 좀 더 규제되어야 한다.

라) 사면권 축소

연방제를 취하여 사면권은 미국처럼 각 주 지사에게 이양함을 원칙으로 한다. 사면권의 남발은 선량한 일반인의 법질서 의식을 흐트러뜨리므로 엄격한 제한규정을 둬야 한다. 실무부서에 권한이양을 권고한다.

2) 선거제도

가) 대통령의 대표성 문제

a. 결선투표

대통령과 주정부의 지사는 실질적 대표성을 갖는 것이 요구된다. 그러나 투표율을 감안한 현실은 전체 유권자 과반수의 득표를 얻기 어려운 경우가 대부분이다. 점수투표제를 하는 것이 가장 바람직스러우나 현실적으로 쉽지 않다면 대통령 직선제를 하되 2차 투표제나 결선투표제를 도입하는 것이 바람직하다. 만약 2차 투표나 결선투표마저 어려울 경우 미국처럼 상하 양원 표결을 거쳐 최소 재적의원 과반수는 획득해야 한다. 대표성 문제는 광역단체장이나 상원의원(광역의원)까지도 재고해야 할 중대한 문제다. 외국의 예를 참고로 반드시 검토해야 할 문제가 아닌가 한다.

b. 강제투표제

투표율에 있어 가장 좋은 방법은 시대에 좀 뒤떨어진다고 말할지 모르나 투표를 하지 않은 국민에게 과태료를 부과하는 방안이다. 일종의 강제투표제다. 현재 돈의 개념으로 볼 때 한 3~5만 원 정도 과태료를 부과하는 것은 옆 나라 일본처럼 일요일 날 선거하는 것도 아닌

데 무리가 없어 보인다. 제재조항은 없지만 현재 세계에서 강제투표제를 규정하는 국가는 32개 국가나 된다. 예를 들어 1925년 호주에서 실시한 강제투표제는 투표율을 95%까지 올렸으나 1997년 강제투표제가 폐지된 후의 투표율은 47%로 크게 하락하였다(출처 ; 크리에이티브 커먼스 코리아).

c. 투표방법

투표방법을 바꾸는 것도 좋은 방법이다. 철저한 시스템 검토 후 컴퓨터나 핸드폰 투표를 병행하여 투표장소로 유권자를 불러들일 필요가 없다면 투표율은 상당히 올라갈 것이다. 문제는 모바일 투표의 폐해를 막을 수 있는 민도(民度)와 선거문화가 문제다.

나) 복수공천 및 비례대표

a. 사표 방지를 위한 비례대표제

소선거구제를 택할 경우 정당에 대한 지지율은 높아도 단 한 명의 의원을 선출시키지 못하는 경우도 있을 수 있으므로 강화된 비례대표제를 채택할 필요가 있다. 소수이지만 국민의 의사를 무시해서는 안 되기 때문이다. 그러나 지역 색에 의한 몰표가 일어날 수 있으므로 기초자치단체에서 선출하는 하원은 현행의 비례대표 10% 조항을 그대로 두고 광역자치단체에서 뽑는 상원의원에 한해 비례대표제 비율을 약 20~30% 선에서 인정하는 것이 좋겠다. 비례대표는 당선인 수와 전체 득표수를 감안 권역별 비례를 원칙으로 한다. 독일식 완전한 정당명부제는 지역별 인구차이로 인한 지역 색이 나타날 가능성이 많기 때문에 유보하는 것이 좋겠다.

b. 복수공천제 금지

연방제를 가정한 기초단체(약 600~700개 추산)에서 선출하는 하원의원은 중선거구제(2인)로 하되 1정당 1후보자만을 추천하도록 한다. 현재 시행되고 있는 기초의원의 정당복수공천에 의한 중선거구제(2인 이상 4인 이하)는 원래 중선거구제가 갖는 목적을 달성하는 데 기여하지 못하므로(지역감정에 의한 일당에 투표하므로) 복수공천을 허용해서는 안 된다. 그래야만 지역 구도를 타파할 수 있고 자치단체를 감시 감독하는 기능을 보다 강화할 수 있다.

c. 기초의원(주정부의 국회의원이자 국가 하원의원)의 정당공천

현 제도의 기초의원 정당공천은 문제점이 많으나 연방제의 기초의원은 주정부의 입법부 의원이자 연방국가의 하원을 구성하므로 당연히 정당공천을 해야 한다. 다만 기초단체의 수를 몇 개로 할 것인가는 공청회를 여는 게 좋겠다. 참고로 현재 우리나라의 기초단체인구는 20만 명이 넘는 세계 제일이다. 영국의 13.8만 명, 일본의 약 4만 명에 비해 프랑스나 스위스처럼 3,000명이 안 되는 나라도 있다. 여타 나라의 단순 평균은 약 2만 5,000명 선이다.

다) 선거구 획정

선거구 분할이나 선거구획정은 국가전체를 위한 분할이나 획정이어야 한다. 따라서 공정한 획정을 위하여 국회의원 선거구획정은 국회 내 선거구획정위원회(행정자치위원회)에서 중앙선거관리위원회로 이관하여야 하고, 시도의원이나 기초자치단체의원의 선거구획정은 지방선거관리위원회로 이관하여야 한다. 물론 중앙 및 지방 선거관리위원회의 중립성을 갖추도록 선거위원을 뽑는 데 신중을 기해야 한다.

라) 1인 8표

지난 지방선거처럼 1인 8표(광역 및 기초단체장, 광역 및 기초의원, 광역 및 기초의원 비례대표, 교육감 및 교육위원, 단 교육위원 선거는

다음 기부터 폐지)의 투표는 너무 많다. 정치와 정치인에 대해 염증을 느끼고 있고, 선거가 자신의 삶과 무관하고, 바꿔봐야 그 사람이 그 사람이라는 인식을 갖고 있는데 지방선거에서 기초의원 및 비례대표 의원에 플러스 교육위원까지 투표로 선출하기에는 벅차다는 생각이다.

만약 앞으로 4개 주 연방국가가 되어 전국 동시선거가 시행될 경우 광역시에서 선출된 의원은 상원의원이 되고 기초단체에서 선출된 의원은 하원의원(주정부의 입법부를 구성하고 광역의회의원을 겸함. 기초의회는 구성하지 않음)이 됨으로 대통령, 주지사, 광역자치단체장과 기초자치단체장, 광역의원(상원의원)과 기초의원(하원의원) 이렇게 1인 6표로 끝나게 된다. 만약 광역자치단체별로 교육감을 선출한다고 하더라도 4년에 한 번 1인 7표다. 대선과 총선, 지방선거를 따로 치를 필요가 없다. 이렇게 된다면 시간과 비용이 엄청나게 줄어들 것이다. 그 외 선출 고려 대상이 있다면 검찰총장과 대법원장 및 감사원장이다. 그래도 1인 10표다. 교육위원은 하원의 교육위원회나 신망 있는 교육계 인사 또는 NGO로 구성된 위원회로 대신한다면 오히려 유권자들의 투표에 대한 관심은 반사적으로 높아질 것이다. 4개 주 연방제하에서는 후보의 난립을 막기 위해 정당공천은 불가피하나 현재의 기초의회가 폐지되고 기초의원이 곧 하원의원이 되므로 투표에 임하는 국민의 의식이 달라져 묻지마 식의 투표는 줄어들 것이다.

3) 법률안 제출권

법률안 제출권은 행정부와 국회, 일정한 조건을 갖춘 시민단체 및 NGO에게도 허용할 필요가 있다. 앞서도 얘기했듯이 현대 행정학의 기본은 거버넌스이자 공공선택이다. 시장실패와 정부실패를 보완하며 완충 역할을 할 수 있는 것이 시민단체이며 NGO다. 지금도 헌법기관인 국회의원을 통한 입법활동은 가능하지만 일정한 조건하에 시민단체나 NGO에게 법률안 제출권을 직접 부여하는 것은 국민의 기본권이라 생각한다. 단 법률 제정권은 국회 고유권한으로 하는 게 바람직하다. 법률 제정권은 국회만이 가지고 있게 함으로써 이해집단에 의한 법률안 제출의 남발이나 남용을 허용해서는 안 된다.

4) 기본권 중 공익과 사익이 충돌할 경우

우리 사회에서 공익과 사익이 충돌하는 경우는 참 많다. 집회시위의 자유와 폴리스라인, 개인의 명예와 국민의 알 권리, 프라이버시 침해와 표현의 자유 등 공익과 사익이 충돌하는 경우 사익을 우선하느냐 공익을 우선하느냐 하는 딜레마에 빠지는 경우를 쉽게 본다. 기본권이 어떤 집단과 충돌할 경우도 마찬가지다. 이런 경우 공익이 우선하는 것이 타당하다고 본다. 이유는 불문가지다. 사익 또는 집단의 이해보다 공익 또는 전체의 이해가 앞서야 하기 때문이다. 그런데도 우리 사회는 사익에 무게를 더 두는 인상을 받는다. 문제는 어느 선에서 조화를 이뤄야 하는 가이다. 물론 공익만을 우선시하면 자칫 전체주의로 흐를 가능성이 있으나 접점을 찾아야 하고 그 접점이 지금보다는 공익 쪽으로 한 클릭 옮겨가야 하지 않나 하는 생각이다.

검찰의 기소독점주의 또한 국민의 기본권을 침해할 요소가 있으므로 제고되어야 한다는 생각에는 변함없다. 검찰과 경찰의 수사권 다툼도 가르마를 타야 하지만 검찰만이 기소권을 갖고 있다는 것은 실제로는 공익보다 사익을 침해할 요소가 크다. 형사법 절차의 모든 과정을 쥐고 있는 검찰공화국은 인간의 존엄성과 가치를 가벼이 여기고 물리력을 행사하는 구시대의 유물이다. 그런 의미에서 법원의 배심원 제도나 법관 경력제를 운용하는 것은 바람직한 방안이다.

5) 진보와 보수의 시각차

사법부의 판단을 검찰이나 국회에서 왈가왈부하는 것은 온당치 못하다고 본다. 판결의 정당성을 비판할 수 있으나 민주주의와 삼권분립을 훼손할 정도로 의견을 제시하는 것은 온당치 못하다. 실례로 헌재의 미디어법 판결, 광우병에 관한 PD수첩 판정, 국회 폭력 의원의 무죄 판결, 공무원 및 교원 노조의 정치적 표현의 자유 등에 관해 정치권과 검찰이 집단으로 사법부를 비토하는 것은 문제가 있다. 항소를 통하여 적법하게 다뤄야 함에도 불구하고 진보와 보수의 시각차를 반영하려 한다. 검찰제도개선 국회특위는 구성하지 않고 사법제도개선 특위만을 구성한 것도 검찰은 정부에서 인사권을 쥐고 있다는 이유 외에 사법부 내에 깔려 있는 좌성향 이념론을 극복고자 함에 있는 것 같다. 진보를 바라보는 보수의 버려야 할 시각은 진보를 좌파로 몰고 좌파를 북한과 연계시키는 편견과 고정관념이다. 따라서 진보와 보수의 시각차를 떠나 외치에 해당하는 것은 연방정부에서, 내치에 해당하는 것은 주정부에서 판단하도록 함으로써 이념에 대한 문제를 극복해야 한다. 실례를 들어 설명한다면 가령 한미 FTA 경우 상원과 하원을 전체적으로는 통과하였다 하드라도 개별 주정부의 국회(하원)를 통과 못한 주정부와는 미국은 재협상을 하든가 따로 협상을 벌이도록 하자는 것이고 제주 해군기지 건설 같은 경우는 안보에 해당하므로 개별 주정부를 떠나 연방정부와 군소정당이 아닌 전국정당(최소 전국 지지율 10% 이상)이 다룰 문제로 본다는 것이다.

6) 지역자치 문제
가) 헌법의 표현문제

영국이나 스페인 같은 단일국가이면서 지역정부가 입법권을 소유하여 실제로는 연방제적인 국가가 있는가 하면 헌법에 연방국가라는 표현을 쓰면서도 실제로는 중앙집권형 국가도 있다. 현재 행정구역의 개편은 법률사항이므로 별도의 헌법개정은 필요하지 않으며 법률의 제정 혹은 개정으로 충분하다는 주장도 있으나 국가구조와 개혁에 관한 사항이므로 헌법에 그 내용을 명시하는 게 좋겠다. 예를 들어 프랑스 헌법 제1장 제1조에 프랑스는 지방분권으로 이루어진다고 표현하고 있듯이 우리도 제1장 제1조에 대한민국은 민주공화국이다 외에 지역자치단체의 종류를 스페인이나 독일, 이탈리아, 프랑스처럼 헌법에 규정하여 함부로 변경하지 못하도록 할 필요가 있다(자유선진당 강소국 연방제 포럼에서도 그렇게 주장하고 있다). 한마디로 지역정부의 지위 및 권한, 지역자치단체의 종류와 지위를 헌법에 명시하는 것이 바람직해 보인다.

프랑스 헌법 제1장 주 권 〈제1조〉
① 프랑스는 비종교적 · 민주적 · 사회적 · 불가분적 공화국이다. 프랑스는 출신 · 인종 · 종교에 따른 차별 없이 모든 시민이 법률 앞에서 평등함을 보장한다. 프랑스는 모든 신념을 존중한다. 프랑스는 지역분권으로 이루어진다.

나) 지방자치 문제점 해결

풀뿌리 민주주의를 외치며 지방의회를 개원한 지 20년, 지방자치
단체장 시대를 연지 15년이 넘었다. 우리나라 지방자치의 목적은 주
민의 복리와 재산관리, 지역의 특성을 살린 균형발전과 민주발전에
있다고 되어 있으나 현재 많은 문제점을 안고 있는 게 사실이다. 기
초의원의 정당공천제로 인한 잡음, 중앙정부의 각종 규제와 예속, 자
치권과 재정력의 부족, 주민의 무관심, 부정부패 등이다. 이러한 문제
점을 해결하기 위한 방안으로 4개 주 연방국가를 구성하고 각 주 아
래 15개 정도의 광역자치단체를, 그 아래 10개 정도의 기초자치단체
를 구성하여 지역자치를 실시하면 많은 문제점을 해결할 수 있으리라
사료된다. 그 이유는 지금까지의 설명으로도 익히 알 수 있을 것이다.
그리고 읍면동에는 준자치화할 수 있는 주민자치회를 두고 읍·면·
동장은 단체장이 행정관료 중에서 임명한다면 기초의회를 두지 않고
도 잡음 없는 풀뿌리민주주의를 실현할 수 있을 것으로 보인다.

상당히 개혁적인 구상이지만 지금보다 훨씬 효율적이며 국민들의
관심을 끌 수 있는 제도라 판단된다. 중요한 것은 많은 국민들이 적
극적으로 제도개선을 요구해야 사회를 합리적으로 개선할 수 있다는
사실이고 지역자치 역시 주민들의 관심과 참여만이 안정적으로 정착
시킬 수 있다는 점이다.

* 드디어 지방행정체제 개편위원회는 구청장과 군수를 선출하
고 구의회는 구성하지 않으며 읍면동은 주민 대표로 구성되는
의결기구와 공무원으로 구성되는 집행기구를 통합한 형태의
주민자치회를 설치키로 결정했다(2012.6.14). 단, 광역시 구청
장과 군수는 시장이 임명하는 방안도 검토중.

7) 교육자치 문제

중앙집권으로 정부가 모든 것을 해결하려고 하니 교육열이 세계 제일인 나라에서 대책이나 방법이 없다. 이것이 교육자치를 심각히 고려해야 할 이유 중 하나다. 따라서 교육자치의 문제는 주정부 내지는 각 광역단체에 일임하는 게 좋다. 교육감을 주정부 단위로 뽑기보다 광역단체별로 뽑아 교육청을 두고 지리 환경적 특성에 맞는 교육을 시키는 게 더 교육적이라 생각된다. 각 지역정부의 교육부는 각 광역단체 교육청의 지원부서 역할을 원칙으로 한다. 학부모는 자신에 맞는 광역단체를 선택하면 된다. 현행 교육위원이 하는 업무는 광역의회에서 심의토록 한다.

8) 정체와 권력구조

가) 정체

동, 서, 남, 북 4개 주정부와 연방정부로 구성된 연방국가임을 선언한다. 연방정부에는 대통령을, 주정부에는 주지사를 둔다. 연방정부는 외치 중심의 업무를 하고, 주정부는 내치 중심으로 삼권분립을 한다.

나) 권력구조

a. 입법부 - 연방정부에는 상원을 두고 주정부에는 하원을 두는 양원제로 한다. 상원은 광역자치단체당 1명의 선출의원과 해외동포를 대표하는 약간 명과 비례대표를 포함 100명 선으로 한다. 상원의 의결은 각 주의 하원의 의결을 거친다. 의결기한과 의결정족수는 따로 정한다. 상원은 외치에 해당하는 사항을 먼저 의결하고 각 주의 하원이 이를 부결하면 통과되지 못한 것으로 한다. 단 재의를 요구할 수

있다. 하원은 기초자치단체에서 각 2명씩 중선거구로 선출하되 기초의회는 구성하지 아니하고 상시근무로 광역의회의원과 주정부의 입법부인 하원의원을 겸직한다. 하원의 의결은 상원의 의결을 필요로 하지 않는다. 상원과 하원의 대우는 따로 정하되 현 수준을 넘지 못하는 것을 원칙으로 한다.

　b. 사법부 - 연방정부에는 헌법재판소를 두고 위헌심사 및 연방대법원 역할을 한다. 주정부에는 3심제를 채택하고 위헌 및 다른 주의 판결과 어긋난다고 판단할 경우 연방정부의 헌법재판소에 제소할 수 있다. 연방대법원은 따로 두지 아니한다.

　c. 행정부 - 연방정부는 외치 및 국가전체로 통일을 필요로 하는 업무와 각 주의 통합조정업무를 한다. 주정부는 외치 및 연방정부의 업무를 제외한 모든 업무를 한다. 연방정부와 업무 경합 시는 보충성의 원리에 따라 주정부가 우선한다.

　내 손으로 대통령을 뽑아야 직성이 풀리는 역동성과 정치에 관한 관여의식이 충만한 우리 국민에게는 대통령 중심제로 하되 그 폐해를 줄이기 위한 정부형태가 필요하다. 그런 의미에서 정부형태를 이원정부제로 하는 것은 어울리지 않는다. 국민이 직접 뽑은 대통령이 총리를 지명한다고 하나 실질적으로는 무늬만 권력분점이 될 가능성이 많기 때문이다. 이제 모든 권한을 제왕처럼 휘두르는 시대는 지났을 뿐 아니라 절대권력은 절대부패 함을 세계사는 보여주지 않았는가! 현대는 한 사람이 모든 것을 하기엔 너무 벅찬 다양성을 가진 사회다. 시민의식 고양과 국민의 민주화 의지는 권한을 위임하고도 충분히 잘 돌아갈 수 있는 사회가 됐다고 생각한다. 따라서 꼭 강력한 대통령 중심제를 취해야만 된다고 생각하는 사람은 시대에 뒤떨어져 있거나 자신도 남도 믿지 못하는 사람이다. 이제 소수의 정치인과 권한을 쥐고자 하는 일부 파워 엘리트를 빼고는 어느 정도 권력을 이양하고 권한을 분산하는 데 반대하지 않으리라 본다. 현재의 대통령제의 장단점과 폐해는 국민이 잘 안다. 그러므로 새로운 형태의 정체와 국체를 갖는 게 필요한 시점이다.

참고로 각 국의 정치제도 및 선거제도를 간략히 알아본다.
1) 미국
미국의 정부형태는 겉으로 보기엔 상당한 대통령 중심제이나 법적으로는 지역주권을 연방정부에 위임하는 합중국이다. 즉, 각 주는 독립된 권한을 가지고 있으나 그 일부를 연방정부에 위탁하는 형식을 취하고 있다. 따라서 주정부는 상당한 권한을 가지고 있다. 주정부의 선거제도는 일률적이지 않아 한마디로 말할 수 없지만 대체로 주요 보직은 선출직이 많고 봄 예비선거, 봄 선거, 가을 선거 등 선거가 많다는 점이다. 봄 선거에서는 문교장관, 각급 법원의 판사, 주정부의 감독관과 수석 행정관, 시읍면 학교지구 선출직, 보안관, 검찰관 등을 선출하고 가을 선거에서는 주지사, 부지사, 총무처 장관, 재무장관, 검찰총장, 연방 및 주정부의 상하의원, 카운티 선출직을 뽑는다. 주지사는 사면권, 예산안 제출권, 법률안 거부권, 공직 임명권 등을 가지고 있다.
선거운동은 비교적 자유로우나 선거자금 출처에 대해서만은 엄격한 룰을 제시한다. 후보자에 대한 거짓 비방이나 선거에 관한 협박, 뇌물, 피고용자에 대한 고용주의 방해 등을 제외한 언론자유보도, 공무원 선거운동 등은 허용되는 대신 선거자금에 대한 기부제한이나 지출제한이 있다. 기부제한은 1인당 최대액수는 정해져 있으나 총액은 정해져 있지 않으므로 소액 다수를 모금할 수 있으며 지출제한은 '○○○ 후보 회계책임자 ○○○에 의해 대금 지불됨'이라는 자금출처를 명시하도록 하고 있다. 정당에서 주는 보조금은 없으나 정당 예비선거에서 6% 이상 지지를 획득하면 보조금이 있다.
연방정부의 입법부의 구성은 상원 100명으로 50개 주 2명씩 선출하고 하원 435명은 각 스테이트별로 인구수에 비례해서 선출한다. 하원의원의 임기는 2년이며 상원의원 임기는 6년으로 2년마다 1/3씩 교체한다. 상원의 결정은 하원의 의결을 전제하고 있다. 만약 상원을 통과한 안건이 하원에서 부결되었을 경우 상원은 하원에 재청을 요구할 수 있으나 다시 하원에서 부결될 경우(과반수 참석에 2/3 이상 찬성과 같은 절차적 규정) 이에 대한 비토(거부권)는 인정되지 않고 있다. 이러한 재청의 역할은 보다 더 신중한 의결을 목적으로 한 것이다.

2) 독일

연방 대통령제로 대통령의 임기는 5년, 1회 중임 가능하며 연방하원과 주정부 의회에서 선출한다. 대통령은 수상을 추천하고 연방하원에서 통과되면 임명권을 갖는다. 대통령은 외치 업무와 수상의 제청에 의한 각료를 임명하고 연방 재판관 및 연방 공무원과 군 장교 임명권을 가지고 있다. 또한 법령을 서명 공포하고 수상 제청에 의한 연방하원의 해산권을 갖고 있다. 반대로 연방하원은 수상 불신임권을 갖고 있다. 대통령에 대한 지지표명도 자유롭게 할 수 있다.

연방 하원은 총 16개 주 328개의 소선거구와 정당명부식 비례대표 328명, 총 656명으로 구성한다. 따라서 유권자는 후보자 1인과 1정당에 각각 한 번 투표한다. 연방 상원은 각 주정부에서 인구수에 비례한 대표 68명으로 구성되어 있다. 법률제정권은 국회만이 가지고 있으나 법률안 제출권은 연방정부에도 있다. 선거운동기간의 법적 규제는 없으나 보통 3개월 전(?)에 시작하며 선거비용은 정당 간의 협정을 통한 자율규제로 하고 있다. 신문광고에 대한 규제는 없으나 방송매체를 이용한 선거운동에는 제한 규정을 두고 있다. 선거운동에 필요한 경비는 국고보조금, 기부금, 당비로 충당한다.

3) 일본

의원내각제로 중의원과 참의원 양원제다. 중의원은 300개의 소선거구와 200명의 비례대표로 구성되고 참의원은 150개의 선거구와 100명이 비례대표로 구성되어 있다. 지방의회는 지자체법에 의한다. 선거운동은 차 위에서 떠들거나 야간 가두연설 등 기세를 고조시키는 선거운동은 금지하며 선거자금은 정령으로 정한 금액이 있다. 투표는 프랑스처럼 일요일에 한다.

그래도 투표율은 우리와 비슷하고 예전보다 총리의 사퇴와 불신임으로 총선이 자주 실시되는 경향이 짙다. 그래도 큰 탈 없이 지나는 것 같다.

4) 영국

대표적 입헌국가로 양원제를 택하고 있다. 선거관리를 담당하는 독립상설기관은 없고 선거운동기간은 정확히 공휴일을 제외한 17일, 약 3주간이다. 선거구 조정이나 획정과정에 정당이나 국회의원은 직접 참여할 수 없으며 최종결정은 환경부장관이 한다. 선거운동 방법에는 특별한 제한이 없고 선거비용에는 엄격한 제한이 있지만 정당에서 지출하는 선거 관련 비용에는 제한이 없다. 신문에 의한 선거운동에는 제한이 없으나 방송매체를 통한 선거운동에는 제한이 있다. 각종 압력단체나 노조 등은 자유롭게 지지표명을 할 수 있다.

5) 프랑스

이원정부제를 표방하는 강력한 대통령 중심제 국가다. 대통령 선출은 1차 투표에서 유효투표의 과반수를 얻는 후보자가 없을 때는 상위 2인에 대하여 결선투표를 실시하고, 2차 투표는 최다득표자를 당선으로 한다. 선거운동기간은 영국과 비슷한 20일 간이다. 선거운동 기간 중에는 출판물에 의한 상업적인 모든 광고나 수단은 허용되지 않으며 투표는 일요일에 한다.
상원의원 수는 305명, 임기는 9년으로 1/3씩 교체한다. 상원의원은 국민의회의원, 도의원, 꼬뮨의회(기초단체) 대표로 구성되는 선거인단에 의해 각 도에서 선출한다. 결선투표를 실시하는 것은 대통령 선출과 같다.

기타 강제투표제 – 상당수의 나라가 강제투표제를 규정하고 있으나 제재수단을 명문화하고 있지는 않다.

3. 행복도시 건설(행정중심복합도시 → 세종시)

커다란 국론분열을 가져온, 온 나라가 시끄러웠던 행복도시 건설 해결방안은 없었을까? 4대강 예산과 맞먹는 22조 5천억이라는 돈이 문제가 아니라 정치적 포퓰리즘이 문제였다.

가. 정운찬 서울대 총장을 총리로 지명하기 전 자유선진당 이회창 총재는 당내 2인자 격인 심대평 국회의원을 총리로 입각시키는 조건으로 행정중심복합도시, 즉 세종시 원안대로의 통과와 강소국 연방정부 건설을 이 대통령에게 요구했으나 받아들여지지 않았다. 총리 지명이 거부당하자 심대평씨는 그만 자유선진당을 탈당하고 말았는데 궁금한 것은 그가 총리가 됐다면 세종시의 수정안이 통과되었을까 하는 점이다. 교섭단체로 연대했던 창조한국당 대표마저 석연찮은 벌금형으로 의원직을 상실하자 교섭단체마저 무너진 자유선진당은 그야말로 충청지역당 상태로 전락하고 말았다. 문제는 행복도시 수정안 때문에 충청권마저 뚜렷이 지역주의로 부각되어 이 나라를 더욱 어렵게 만들고 있다. 강소국 연방정부를 주창하는 이 총재는 결국 충청권의 맹주로 끝나려는지? 최근엔 자유선진당 대표마저 물러주고 들어앉았다. 그 후 심 국회의원은 신당을 창당했다가 다시 합쳤고 19대 총선 참패 후 또 다른 지도체제로 가고 있다. 창당, 분당 이제 지겹다. 한국 정치사에서 창당, 분당이 사라질 날이 언제나 올까? 또다시 여론은 들끓고 국론은 분열된다. 조선 오백년 피를 이어받았나 대통령 한 명 나올 때마다 창당되고 총선 때마다 당이 생겼다 사라진다. 노

무현 대통령은 그런 의미에서 가장 큰 잘못을 저질렀다. 유시민 전 의원은 우리나라 정당이 비빔밥 정당이어서 당론이 분열되고 선명성이 부족하고 강경노선이 횡행한다고 했지만 그래도 잘 비벼서 전체를 안고 가야지 혼자 나가는 것은 좋지 않다. 그렇지 않으면 해방 정국처럼 수십 개의 정당이 출현할지 모른다. 이래저래 산하는 갈라지고 정치는 분열되고 모래알 민족으로 회귀한다. 언제까지 이럴 것인가! 학교 시절 4색 당파의 폐해에 대해서 그리 많이 배웠건만 어쩔 수 없는 겨레인가? 지금도 각자의 노선이 있다고 주장하는 군소정당들, 이데올로기와 파당, 보수와 진보, 좌파와 우파는 우리 겨레의 영원한 카테고리인가! 최근엔 통합진보당마저 찌우뚱 거린다.

나. 이미지와 다르게 인사청문회를 가까스로 통과한 정운찬 국무총리가 2009년 11월 29일 행복도시 수정안을 발표하자 자유선진당 이회창 총재는 성명을 발표했다. 이 총재는 "수정을 위한 어떤 조치에도 저항할 것"이라며 "노무현 후보가 느닷없이 천도론을 내놨을 때 충청권 표를 의식한 포퓰리즘이 동기가 된 것은 사실이지만 때로 비효율적이고 불편하더라도 국민 신뢰를 잃지 않는 게 국가 백년지대계"라고 비난 성명을 발표했다. 그는 4대강 사업에 대해서도 "청계천처럼 임기 내에 4대강 작품을 만들려고 하는데 여기에 세종시가 희생양이 됐다"며 "대통령은 미래의 재앙에서 손을 떼야 한다"고 격앙되게 말했다(2009.11.29). 2030년까지 건설하겠다는 계획을 앞당겨 2020년까지 그것도 17만 인구를 50만 자족도시로 만들겠다는 큰 계획을 발표했지만 충청도민은 별로 반가워하는 기색이 없었다. 분명 4대강 살리기에 행복도시가 밀려난 기분이 드는 것은 행복도시에 관심 있

는 사람이라면 누구나 느꼈을 것이다. 한나라당 소속 충남지사는 눈물을 머금고 사직서를 제출하고 삭발까지 했다.

원래 충남 연기군으로의 행정수도 분할 이전은 2002년 대선 때 노무현 대통령이 대전으로 수도를 이전한다는 선거전략으로 탄생했고 노 대통령은 그것으로 효과를 봤다. 그 후 노 대통령이 이명박 대통령처럼 국가경쟁력과 비효율을 내세워 헌재의 결정을 핑계 삼아 백지화시켰으면 이런 국론분열이 없었을 것을 효율보다는 약속을 중시하는 노 대통령의 스타일이 지금 이 순간 어려움을 갖게 하고 있다. 문제의 발단은 노 대통령에 있다. 또 그것을 받아들인 국민에게도 어느 정도 책임이 있다. 당시는 이명박 대통령이나 박근혜 한나라당 총재도 2007년 대선을 의식하여 행정수도 분할에 찬성 투표하여 법을 통과시켰다. 그리고 이제 와서 딴전이다. 이래서 국민신뢰가 안 간다. 따라서 일국의 대통령이 되려는 자는 앞뒤를 가리는 신중한 언행을 해야 되고 영 아니올시다 하는 공약과 정책에는 국민들도 표를 주지 말아야 한다. 이것이 포퓰리즘이다.

다. 당시 과감히 반기를 들고 의원직을 사퇴한 사나이가 있었으니 19대 총선 때 '국민생각'이라는 당을 세운 박세일 교수다. 당시 한나라당 정책위 의장이자 여의도 연구소장이었지만 행정수도 분할 안에 대해서 무력해진 박세일 의원은 2005년 3월 2일 행정수도 분할 이전에 반대하는 7가지 이유를 발표하고 의사당을 홀연히 떠났다. 그가 밝힌 7가지 이유는 대충 이렇다.

1. 국토균형발전은 중앙부처의 권한과 재정의 지방이양이 우선이다. 2. 반쪽 수도이전은 행정 비효율, 경제 낭비, 생산성 저하를 가져

온다. 3. 180여 개의 공공기관을 포함한 획일적인 대규모 이전은 정치적 갈등, 사회적 혼란, 경제 비효율뿐 아니라 국가경쟁력만 떨어뜨리는 오로지 선거를 의식한 평등주의적 개혁이다. 4. 만약 계획기간인 2030년 사이에 통일의 기회가 오면 동북아 시대에 걸맞는 수도이전을 고려해야 할 판에 남쪽으로의 수도분할은 제2의 새만금이 될 것이다. 5. 충청 발전을 위해서라면 행정도시보다는 교육과학기업도시를 만들어 고용창출을 우선해야 한다. 6. 세계화 시대는 국가 간 수도와 대도시들이 경쟁하는 시대인데 경제, 산업, 금융부처를 옮기고 동북아 허브를 꿈꾸는 것은 말이 안 된다. 7. 반쪽 수도 이전에 국민적 합의가 있었는가? 위헌 결정을 받았는데도 여야가 동의한 것은 반선진적, 반위헌적, 반통일적 결정이다. "오늘 죽고 영원히 살 것인가, 오늘 살고 영원히 죽을 것인가. 철회만이 국민에게 꿈과 희망을 주고 결국 승리하는 당이 될 것이다"고 강력히 주장하면서 의원직을 사퇴했다.

용기도 가상하지만 5년 후 박 교수의 생각대로 움직인 결과가 더 놀랍다. 몇 년 앞이지만 미래를 예측했다는 데 큰 점수를 주고 싶다. 한편 '정치인이란 다 그런 것인가!' 가끔 생뚱맞게 국민의 가슴을 후벼 파는 김동길 씨의 블로그에는 당시 행복도시에 반대하다 대선 패배 후 충청도당을 만들고 이제 원안고수를 사수하는 이회창 자유선진당 전 총재를 역겨워하고 있었다.

라. 정치가 신뢰를 기반으로 한다면 거기에 난제가 있는 것이지 한반도 대운하를 말도 안 되는 것이라고 하는 것과 행복도시 원안건설을 고집하는 것은 유사하다. 그렇다고 반쪽짜리 수도를 만들 것인가. 통일을 해야 하는 명제 속에 10년 이상 걸치는 남쪽으로의 수도 이전

사업은 국가 전체적으로 보면 바람직한 일도 아니다. 제일 큰 문제는 충청인의 자존심이다. 그렇지 않아도 의뭉하고 심지가 곧지 못하다는 평을 받고 있는 핫바지 충청인을 만만하게 보고 사탕발림으로 약속을 바꾸니 우리를 졸로 보느냐! 여기서 물러서면 '충청도는 역시 충청도야' 하는 빈말을 어떻게 역사에서 들을 것인가? 이것이 어찌 보면 행복도시 수정안의 핵심 요체다.

마. 그러나 한 가지 방법이 있다. 그렇게 역사의 발전을 거꾸로 돌리지 않고도 자연스럽게 행복도시건설 해법이 있다. 4개 주 연방국가를 설립하여 행복도시의 건설을 추진한다면 해법이 될 수 있다. 외치와 내치로 나누는 강소국 연방제를 실시하되 연방정부와 주정부로 분명하게 업무를 나눌 수 없는 국가 중요 공공기관과 주정부끼리의 조정과 통합을 위한 행정청을 행복도시로 옮겨 특별자치구를 만들면 명분도 서고 국가기관 이전을 고수하는 행복도시 건설에 사활을 걸고 싸울 필요도 없어진다. 충청인의 자존심도 살리고 정치신뢰도 쌓을 수 있다. 다시 말하면 강소국 연방제로 중앙정부와 지역정부 사이에 경합되거나 중복되는 업무의 통합 조정을 위한 행정청이나 전기, 통신, 수자원, 철도, 도로 등 지역정부로 똑 떨어져 나눌 수 없는 국가 공공기관을 이전하면 된다. 지금도 늦지 않았다. 위정자 및 국민 모두가 재고해볼 일이다.

4. 국가관

> 갑자기 무슨 국가관이냐, 케케묵은 소리하지 마라고 할지
> 모르겠으나 사분오열된 이 사회를 통합시키고 대한민국 공
> 동체 정신을 갖게 하는 데는 올바른 국가관이 근저에 깔려
> 있지 않으면 안 된다.

올바른 국가관은 공무원 교육훈련 프로그램에만 있는 건 아니다. 한미 FTA에도 있고 제주도 강정마을 해군기지를 건설하는 데도 있다. 국가가 위기에 처했을 때 불과 20%만이 귀국하겠다는 외국에 있는 한국 출신 과학자들에게도 국가관은 필요하다. 그들의 설문결과는 우리를 슬프게 한다.

현 정부 들어 '잃어버린 10년'을 되돌리기 위한 작업 중의 하나였던 '고등학교 근현대사 교과서에 대한 방송토론'은 한마디로 재미없었다. 딱딱한 논제라도 명쾌한 답이 있어야 흥미 있는데 상대의 질문에 제대로 논리적인 답변을 못하고 말꼬리를 잡고 늘어지는 면이 많았다. 그런데도 진행자는 방관하는 듯 했다. '교과서는 교과서일 뿐'이라는 대표저자의 말은 참으로 얄미웠다. 잘못된 것이라는 소리인지 아니면 사실은 다른 데 있다는 소리인지 궁색한 변명과 핑계만 대는 것 같았다. 교과서는 교과서일 뿐이라면 뭐하러 교과서가 존재하나 윽박지르고 싶었다. 결국 똑같은 역사적 사실을 가지고 서로 의견이 180도 다르니 안타깝기 그지없었다. 서로가 상대를 안고 긍정적이면 될 텐데 하는 느낌만 여러 번 갖게 했다. 오피니언 리더라는 사람들의 견해가 서로 잘났다고 상반되는 자기주장만 되풀이하니 착잡했다.

그런 토론을 볼 때면 으레 걸리지 않는 전화를 몇 번씩 들었다 놨다 한다. 걸고 싶은 생각이 굴뚝같다.

최근 역사교과서 수정은 2002년 187건, 2003년 207건도 모자라 2004년에는 교육과정발전협의회를 만들어 숱하게 개정했으니 각종 매스컴 및 한나라당에서 말하는 김대중, 노무현 정권 10년에 걸쳐 호도돼온 사실이라는 표현을 떠나 역사를 서술하는 데 있어 어쩌면 이렇게 자주 바뀔 수 있는가 말이다. 정부 및 한나라당을 중심한 19개 단체가 고쳐야 할 부분이 3,723개나 된다는 사실을 인정하지 않더라도 없는 사실을 조작하거나 있는 사실을 과장하거나 사실과 진실이 일치하지 않거나 해서는 안 될 것이다. 2009년 근·현대사 교과서 좌편향 논란은 결국 29개 항목 206군데를 수정했고 법원은 그것을 인정했다.

가. 사실(史實)부터 왜곡해온 예를 들어보자

'대한민국의 건국이 분단의 원인이고 한미동맹은 외세 의존적이고 대미 종속적인 침략동맹이다. 시장경제는 빈부격차를 심화시키는 반면 계획경제는 일반적으로 안정면에서 우월하다. 주체사상을 토대로 한 사회주의는 당면한 문제를 자체의 힘으로 해결하는 이념이다' 등의 내용이 가장 많이 채택되는 금성출판사의 고등학교 근현대사라면 역사관, 경제관, 정체성을 올바로 심는 데 고쳐야 할 점이라고 우리는 인정해야 할 것 같다. 하지만 밑도 끝도 없는 내용, 즉 단답형 내지는 흑백논리로 반대파를 내리누르는 것 또한 좋지 않다.

대한민국의 건국은 반대 입장에서 보면 분단의 원인이 될 수도 있었겠지만 미소 냉전의 시대에 나라 잃은 설움의 산물이었고 반대파의 주장대로 만약 대한민국이 소련식 계획경제 내지는 북한식 공산주의를 택했다면 어찌 됐을까 생각만 해도 아찔하다. '6·25 동란 곧 한국전쟁도 남한이 일으킨 것으로 잘못 알고 있는 초등학생이 35%, 한국전쟁이 일어난 해를 모르는 중고등 학생도 35% 내외로 친북한 교육은 이렇듯 성공을 축적해온 셈이다'라고 우향우 신문은 전한다. 그렇다고 많은 극우파 학자나 교수들이 노무현 정부의 통일부를 친북좌익 세력 집단으로 매도하는 것도 문제였다. 고쳐야 할 것은 고치되 주석을 달고 아우를 줄 알았으면 좋겠다(노무현 정부시절 북핵에 관해 평가하기를 군사적 목적을 없앴다거나 심지어 북한이 개혁개방이란 글자에 거부감을 표시한다고 해서 북핵에 관한 단어를 빼버린 것은 바람직한 조치는 아니었지만 그렇다고 친북좌익이라고 보는 건 심하다). 아울러 김대중, 노무현 정부 시절 대한민국 국익을 무시하고 퍼주는 데만 급급했다는 결론을 내리기엔 아직 너무 성급한 면이 있다. '그런 돈 있으면 나나 주지' 하는 사람도 여럿 봤다. 예산 대비 얼마인지도 모르면서, 반대급부로 돌아오는 저들의 행동을 보고 그렇게 판단할 수도 있지만 그러나 그들도 우리가 감싸야 할 동포라는 생각 이전에 우리는 북한을 국제사회에서 어떻게 대할 것인가 하는 일관된 정책이 있어야 한다. 그 돈이 거의 권력층과 군부에 가버리고 말지 모르지만 저 북간도까지 언젠가는 찾고야 말겠다는 큰 뜻을 품은 영도자는 없을까? 북핵에 관한 한 노무현 정부도 오버했는지 모르지만 현 정부의 대북정책은 오히려 미국이 주도하고 있다는 생각이 들어 안타깝다. '사실 통일되면 골치 아프잖아. 이대로 잘살면 되지 혼란스럽게 통일은 왜 해' 하고 내 주위에서도 여러 사람이 그렇게 이야기한다. 우리는 반드시 통일을 지향해야 하지만 김일성, 김정일 식

통일은 지양해야 한다고 해서 그들과 담을 쌓을 수는 없다. 저 만주 벌판의 동포처럼 그들도 우리 시대의 아픈 과거다.

반대로 사실을 왜곡하려는 수정을 예로 든다면 '전두환 정부는 일부 친북적 좌파 활동을 차단하는 여러 조치를 취하지 않을 수 없었다'로 광주 5·18 민주화 운동을 수정한다고 하는데 그 수정이 과연 올바른 역사의식을 갖게 하거나 우리 국가의 자긍심이나 자부심을 제대로 길러낼 수 있을까? 오히려 지역감정을 더 조장하지는 않을까 하는 두려움이 앞선다. 5·18 광주 민주화 운동은 전두환 군사정권에 반대하는 운동이었지 친북좌파 활동은 아니었지 않는가? 역사를 직시하는 올바른 표현이 아쉽다. 최근 2011년 5월 출범한 '한국현대사학회(교과서 포럼의 후신)'라는 단체는 교육과학기술부에 일제의 식민지 근대화론을 건의했고 대한민국 임시정부의 법통을 무시하고 유엔 건국론을 주창했다. 그뿐이 아니다. 2008년 말 서울시 교육청에서는 소위 말하는 극우인사(조갑제, 류근일, 유춘석 등)로 하여금 고등학교를 돌아다니며 역사특강이라는 미명하에 반공우익 교육을 실시한 점 등도 사실을 왜곡할 소지가 있다. 해서는 안 될 일이다.

나. 토론을 보고 느낀 바른 교육

역사에 긍지를 가지도록 고쳐야 할 부분은 이런 내용들이다. 첫째, 현대사에 대해 부정적 기술이 많다. 설혹 부정적인 내용이 있더라도 긍정적인 서술이 필요한데 오히려 부정은 키우고 긍정은 축소한 느낌이다. 4·19혁명 후 국민의 목소리라고 예를 든 대목은 하위계층에서 온통 정부를 전복시키고 싶은 마음만 들게 서술한 점이 좀 아쉽고,

군사정권하의 경제발전은 정치적인 독재에 비해 그 비중이 축소되어 있다는 점이다. 둘째, 꽤 많은 내용이 대한민국을 비하하고 북한을 칭찬하고 있다. 예를 들면 미군은 점령군이고 소련군은 해방군처럼 되어 있다. 만약 포고문 제1호가 그런 식으로 되어 있다면 이는 주석을 달아야 한다(왜냐하면 북한은 이미 소련의 지령을 받고 김일성 독재로 들어가고 있었다는 것이 문서로 밝혀졌기 때문이다). 셋째, 우리의 주적을 미국으로 오해하게 만드는 역사관을 갖게 만들었다. 육사생도나 사시 합격자들뿐 아니라 논산훈련소에 입소한 젊은이들을 인터뷰한 결과 미국을 주적으로 알고 있는 청년들이 꽤 있다는 것은 우려해야 할 사항이다. 2008년 광복절 날 박세일 한반도 선진화재단 이사장의 강연 중에는 '우리의 지정학적 위치에서 만약 누구와 동맹을 맺는다면 그것은 우리와 인접한 나라여서는 안 된다. 만약 그렇게 된다면 다른 인접국가가 가만히 있지 않으려고 할 것이다'라는 아주 현실적인 이야기를 귀담아 들을 필요가 있다. 아무리 굴절된 근현대사이고 미국과 소련에 의해 분할된 나라가 되었다고는 하나 지금 상황에서 미국이 주적이 될 수는 없다. 사실 주적 개념을 도입한다는 것 자체가 문제다. 국방과 안보를 튼튼히 하다가 침략해오는 국가가 주적일 수밖에 없는데(모든 것은 변하게 되어 있으므로) 평시에 이를 정해 놓고 교육하고 훈련한다는 것은 좀 이상하다. 넷째, 남한에서 나라를 세우니 북한에서도 정부를 세워 분단은 고착화되었다는 식의 표현도 검인정 교과서 치곤 좋은 내용이 아니다. 우리가 3주 먼저 정부를 수립했지만 당시 상황이 남북한 공동정부 수립이란 거의 불가능하고 어차피 갈라설 수밖에 없었다고 기술해야 맞을 것 같다. 사실 당시 소련과 미국이 패권을 다투는 상황에서 단독정부 수립은 쉽지 않았을 것이다. 김구 선생을 비롯한 많은 민족지도자들의 간절한 염원에도 불구하고 자력으로는 한계를 드러낼 수밖에 없었던 민족의 비극이라는 주석이 필요하다. 반성의 기회로 삼자는 다짐을 해야 된다. 다섯째, 세계가 칭찬하는 우리의 산업화와 민주화를 너무 평가절하하고 있다. 물론 선진국에 비해 많이 모자라지만 그래도 빠른 시간 내에 이룩한 업적이다. 세계 10위권의 경제력에 비해 여타 부분이 뒤떨어져 30위권의 국가경쟁력을 갖고 있지만 그래도 괄목할 만한 성과 아니겠는가? 많은 에너지가 경제 부문에 치우쳐 있고 계층 간 양극화가 너무 심한 점은 경계해야 할 점이지만 보편적 복지를 걱정해야 하는 수준에 올라 있지 않은가? 아무튼 친북적인 표현이 많다는 것을 인정하고 그들의 단점과 200만 이상을 아사시킨 북한의 지도체제에 대해서도 사실대로 언급해야 한다.

학교 때의 교과서는 단순히 교과서가 아니고 그 이상의 의미를 지닌다. 청소년 때의 교과서는 장래의 세계관, 역사관을 결정짓는 중요한 기초가 된다. 부언하면 국사는 픽션을 엮은 소설이 아니고 다른 나라의 다큐멘터리도 아니고 자기가 태어나 살아가야 할 이 땅의 과거 주소다.

결론은 이 나라의 청소년에게 부정의 에너지보다는 긍정의 에너지를 심어주는 교과서이어야 한다는 점이다. 과거의 역사로부터 미래의 꿈을 서술할 수 있게 해야 한다. 참석한 여당 국회의원의 주장처럼 자학하는 결과를 가져오는 교과서를 만드는 것은 피해야 할 대목이다. 자라나는 아이한테 교과서만큼 큰 영향을 미치는 것은 없다. 어른이 되어서 세상물정을 쳐다보는 데 기초가 되는 단 한 줄의 교과서는 부모의 지도나 선생님의 교육보다 중요하다. 그때의 지식이 피와 살이 되고 바탕이 된다.

　끝으로 교과서 수정은 교과부의 지시로 수정해야 할 일이 아니고 저자와 학자들의 양심에 의한 수정이 돼야 마땅하다. 방송국 토론 참 답답하고 한심했다.

5. 잃어버린 10년

> 이명박 정부가 시작되고 가장 먼저 튀어나온 어휘가 '잃어
> 버린 10년'이었다. 많은 매스컴들은 잃어버린 10년을 복구
> 해야 한다고 떠들어댔다. 지나간 이야기지만 지금도 밑기둥
> 엔 그 생각이 남아 있는 것 같다.

그런데 과연 무엇을 잃어버렸단 말인가? 신자유주의와 보수우익을 잃어버렸단 말인가? 지난 10년 동안 성장이 떨어진 것도 없고 산업화와 민주화가 후퇴한 것도 없고 사회복지가 줄어든 것도 아니고 인권이 말살된 것도 아닌데 얼른 이해가 가지 않는 소리다. 한마디로 보수우익 TK의 권력을 잃어버렸단 말밖에 되지 않는다. 보수우파가 보기엔 좌편향 진보의 발돋움, 친북성향으로 인한 정체성의 훼손, 평등지상주의로 인한 경쟁력 후퇴, 권위의 타파로 인한 기득권층의 불안 등을 이야기하는지 모르겠지만 틀린 생각이다. 옛날로 말하면 상놈의 신분상승으로 양반이 불안을 느낀 것은 아닐까?

그러나 감정적이 아닌 이성적으로 생각해보면 이유야 어찌 됐든 경제가 잘됐으니 1인당 국민소득이 2만 달러를 넘어섰고 평등주의로 인한 경쟁력의 후퇴는 어느 정도인지 가늠할 길이 없으나 그렇다고 얼마나 평등지상주의였는지 그 또한 모를 일이다. 다만 자유민주주의라는 대한민국의 정체성 훼손은 젊은이에게 영향이 큰 고등학교 근현대사 교과서를 보면 약간 수긍이 간다.

좀 더 구체적으로 밝혀보면, 경제성장과 산업화는 어느 정부 못지않았지만(경제규모가 커지고 선진국에 진입할수록 성장률에는 한계

가 있음을 인식해야 한다) 국가균형 발전이라는 철학 하에 쏟아 부은 토지보상비는 부메랑이 되어 전국 부동산 가격을 올려놓았으니 노무현 정부의 실책이라 하겠다. 물론 이전 정권에서도 부동산 가격은 상승(특히 박 대통령 시절 부동산 가격 상승은 해방 후 상승분 중 50%를 차지하고 성장과 함께 물가도 제일 많이 올랐다)했고 그 기간 다른 나라 부동산 가격도 올랐지만 그것으로 타당성을 인정받으려 해서는 안 된다. 자유자본주의에서 물가는 오르기 마련이지만 얼마나 합리적으로 이해할 수 있게 오르느냐 하는 것이 중요한 것처럼 삶에 있어서 부동산 가격은 실로 중요한 문제다. 자본주의 사회에서 모든 것은 가격으로 표시될 수 있으므로 너무 한꺼번에 많이 오르면 후유증을 가져오기 마련이고 이를 단숨에 극복하려는 것 또한 무리다. 인플레는 경제적으로 뿐 아니라 정신적으로 미치는 영향도 대단하므로 정도(正道)를 가는 것이 가장 바람직스럽다.

정치는 어땠는가, 열린우리당을 만들어 당파를 가른 것 자체가 조선의 당파를 생각케 하는 좋지 않은 일이었지만 옛날처럼 반대당을 탄압한다거나 공안(公安)정치를 하지 않은 것은 칭찬할 일 중의 하나였다. 대통령은 어느 정도 권위가 필요하다는 사람도 많았지만 권위를 헌신짝처럼 내팽개친 것도 그때까지 볼 수 없는 것 중의 하나였다.

사회문화적인 측면에서도 일제의 잔재를 없애려고 노력했고, 과거사의 한 맺힌 누명을 벗겨주려 했고, 탄압받은 인권을 회복시켜준 것만으로 우리는 고마워해야 하지 않을까? 적어도 처음으로 사실과 진실을 일치시키려는 노력이었기에 우리는 당연한 것을 고마워해야 했다.

또 평등주의에 많은 사람들이 비판을 가하고 있지만 실제로는 그렇게 평등지상주의까지는 되지 못했다. 사회적 일자리와 복지에서 진일보했다고 하지만 여전히 제도권과 비제도권의 차이는 엄청났고 계층 간 격차는 오히려 더 벌어졌다. 특히 교육에 있어서 평준화를 대표적으로 비판하는데, 입시위주의 차별화 교육은 국가경쟁력 면에서 득(得)보다 오히려 실(失)이 더 많다. 물론 요즘 세상에 상위 10%, 아니 톱클래스 1%가 전체를 먹여 살린다는 말이 성립될 수 있으므로 경쟁 비율을 얼마까지 확대해야 하는가는 중요한 난제지만 하위 90% 없이는 상위 10%도 존재할 수 없음을 알았으면 한다. '나는 하루에도 100번씩 나의 정신적, 물질적 삶이 타인의 노동 위에서 이루어졌다'고 고백한 아이슈타인의 말을 새겨야 한다.

잃어버린 10년, 한마디로 좌편향 정권에 권력을 넘기고 소위 기득권층인 보수우익이 죽어지냈다는 소리밖에 더 되는가? 사회를 바라보는 눈이 근본적으로 다른 게 문제다. 지금 항간에서는 정치적으로 30년은 후퇴했다고 말하는 사람도 있다. 박 대통령 시절이나 군사정권시대 정보부나 안기부에서 간섭하던 시절을 연상케 한다는 것이다. 17~18세기 계몽전제주의 시대의 경찰국가, 즉 중상주의와 공공복지를 강조하지만 인권을 무시한 경찰국가를 연상시킨다는 것이다. 촛불집회 재판에 간섭한 대법관을 비롯하여 국가인권위원회의 붕괴, 국무총리 행정관실의 민간인 사찰, 국방부의 소위 불온서적 42권(2008년 23권, 2011년 19권) 선정 등 인권 측면에서 잃어버린 10년이 아니라 잃어버린 30년은 되었다고 한다.

그러나 필자가 보기엔 현 정권은 잃어버린 10년보다 정권의 차별화에 더 관심이 많은 것 같다. 역대 대통령들은 왜 꼭 차별화에 대한 강박증을 나타내려고 하는가. 그냥 그대로 하지 않으면 국민들이 우습게 본단 말인가. 결코 그렇지 않다. 용어도 바뀌고 정책의 연속성도 단절되고 새로운 정책으로 오히려 국민은 헷갈린다. 차별화 때문에 정책의 수단이 줄고 지난 정부의 좋은 정책도 사라져간다. 현직 대통령이 전직 대통령들의 전철을 밟을 수 있다는 생각은 왜 하지 못할까? 앞으로 10년 또 잃어버린 10년이 되지 않기를 바랄 뿐이다.

6. 나는 반공 유럽 좌파다

우리 시대 갈등의 골을 확대하면서 많은 지면을 장식하는
좌파와 우파, 진보와 보수, 무엇이 문제인가 따져보고 싶다.
오늘도 진보는 진보대로, 보수는 보수대로 서로 자신이 우
월한 가치인 양 떠들며 서로가 자신만이 이 시대 사명감을
갖고 있는 것처럼 으스대는데 과연 어떤 차이가 있는가 따
져보고 싶다.

가. 문자 그대로 보수(保守)란 지키려는 것이고 진보(進步)란 앞으로
나아가는 것이다. 굳이 보태자면 보수란 기득권을 유지하려는 것이고
진보는 변화를 바라는 것이라고 말할 수 있다. 따라서 보수는 부패해
서 망하고 진보는 분열해서 망한다는 소리는 일리 있다. 정치경제 논
리로 보면 보수는 성장과 자유를 우선으로 하고 진보는 분배와 평등
을 우선으로 한다. 둘 다 시장경제를 기본으로 하되 보수는 시장만능
의 경쟁을, 진보는 약자보호를 위한 규제를 요구한다. 정치적 기본권
을 따지자면 보수는 독재와 권위를 어느 정도 인정하는 데 반해 진보
는 독재와 권위를 싫어한다. 경제 이데올로기를 따진다면 보수는 자
본주의 성향에, 진보는 사회주의 성향에 가깝다. 따라서 보수는 강자
를 더욱 강하게, 약자는 더욱 약하게 만드는 측면이 있는 데 반해 진
보는 더불어 살기를 바란다.

그렇다면 무엇이 문제인가? 첫째, 진보와 보수라는 이데올로기를
무슨 전가의 보도마냥 휘두르고 둘째, 물과 기름처럼 사회통합이 안
되고 셋째, 이념과 정책의 대립이 문제다. 그런데 그것이 우리 사회를

시끄럽게 할 만큼 가치가 있나? 아니다. 편 갈라서 득 되는 것도 없고 서로 배척하는 폐해만 쌓인다. 싸워 득 되는 것이 없는데도 이념과 정책에서 서로 비방한다. 감정싸움 같다. 결론은 이데올로기보다 바른 삶이 더 우선해야 한다는 것이다. 타협점은 없는가? 있다. 일례로 맥아더 동상을 치우느냐 마느냐, 친일파를 어느 범위까지 인정하느냐 등은 좌파도 우파도 진보도 보수도 아니다. 현재 우리가 살고 있는 자유의 터전을 마련해줬으므로 감사해야 하고(만약 공산주의 터전이 마련됐다면 지금의 북한체제를 인정할 수밖에 없는 것처럼) 갑남을녀가 적극적 친일을 하지 않았으면 보통 사람이 사는 방법이므로 인정해야 하는 것처럼 사안별 처리가 마땅한데도 끊임없이 싸운다(물론 저명인사들의 친일은 또 다른 문제다. 그들의 사과도 받아내고 정체성이나 정통성을 위해서 심한 것은 과거청산도 필요하고 단죄도 필요하다). 중요한 것은 다시는 그러한 일이 벌어지지 않도록 통합하고 앞으로의 일로 싸워야 한다는 점이다. 더욱이 물과 기름이어서는 우리 사회가 통합, 융합할 수 없고 발전할 수 없다. 왜 선을 그어 놓고 편을 가르는가? 만약 서로 융합할 수 없다고 고집한다면 대중이나 권력은 극우와 극좌를 그냥 놔두고 제3의 길로 중용을 택하는 정책을 밀고 가야 한다. 중용은 더도 말고 덜도 말고다. 중간이 아니기 때문에 그것을 회색이라고 이야기해서는 안 된다. 삶의 길이다.

숙고해보면 인간의 삶에 있어 좌파니 우파니 하는 이데올로기가 얼마나 우스운가? 이즘은 사람이 살아가는 데 따지고 보면 아무것도 아니다. 그런데도 현장에 있는 대다수는 접점을 찾지 못하고 상대를 수렁으로 몰아넣는다. 만약 우파가 주장하는 좌파가 우리 사회에 존재한다면 유럽식 사민주의는 모두가 좌파다. 우리의 좌파는 핀란드에 가면 우파에 속한다고 핀란드에서 온 여자는 말한다. 그렇다고 유럽이 미국보다 못한가? 그렇지 않다. 편 가르기를 좋아하는 기질 때문에 발생한 문제라면 그야말로 개선해야 된다.

지금 우리 사회는 가진 자와 없는 자의 가르마는 있을지 몰라도 좌파와 우파의 문제가 이슈가 되어서는 안 된다. 극좌와 극우는 이미 구시대의 유물이자 흘러간 가요무대다. 그들에겐 무대를 제공하지 않는 게 좋다. 지금은 21세기다. 이념논쟁은 아무런 생산성이 없다. 이념논쟁은 과거 중세 유럽에서 산업혁명기로 넘어오던 때 우리보다 더 심한 산업화의 폐해를 겪고 자유와 평등을 찾을 수밖에 없었던 탈봉건 시민혁명을 경험한 서양에서 사용했던 개념이다. 반왕당파(공화파)를 지칭하는 좌파라는 단어가 쓰인 지 200년. 지금의 좌파라는 단어는 우리 사회에서 원래 뜻과 다른 뜻이 돼버렸다는 점을 지적하고 싶다. 진보개혁을 뜻했던 단어에서 좋은 뜻은 빠지고 시위하거나 반대하거나 평등을 주창하면 모두 좌파다. 심지어 MB정부와 갈등을 빚거나 반대하면 다 좌파다. 노무현 대통령의 말처럼 좌파면 어떻고 우파면 어떤가. 국민이 행복하게 잘살면 그만이지. 골고루 잘사는 사회가 공산주의 이념이라면 인간이라는 다면성을 가진 모순 덩어리가 공산주의 이상을 지향하더라도 도달하는 방법은 많은 자본주의 개념을 도입하지 않을 수 없음을 인정한다. 하지만 우리 사회는 그런 이상마저 몹쓸 병 취급한다. 만약 당신이 맘에 맞지 않는 인간이 있어 처형해버리고 싶다면 좌파라고 몰아붙이면 가능했던 해방 후 정국처럼 좌파는 빨갱이 못된 놈 취급 받는다. 가장 순수하고 성서적인 유토피아를 사회주의는 염원했건만, 칼 마르크스의 '만국의 노동자여 단결하라' 레닌의 '낫과 망치'는 극한 대립의 어두운 시대상을 보여

준다. 너무 공평하지 못했던 사회의 인권과 부를 조금 나눠 갖자고
한 것이 죄라면 죄다. 따라서 이론으로 말하면 원래 좌파란 반공교육
을 받은 세대가 생각하는 것처럼 그렇게 나쁜 사람들이 아니다. 우리
사회에선 좌파 하면 사람을 쳐죽이는 빨갱이란 고정관념으로 꽉 차
있다. 사실 한국전쟁 때 머슴상놈이 양반지주를 대창으로 찔러 죽였
으니 그럴 만도 하다. 허나 학살은 남한 측에서도 많았다고 하니 피
장파장이다. 해방 이후 한국전쟁까지 양민 포함 10만 명을 죽였다는
소리가 이를 뒷받침한다.

나. 좌파의 이론은 무엇인가? 사유재산을 인정하지 않고 절대평등
을 모토로 한다는 것쯤은 다 안다. 그리고 그 이론을 수정해야 한다
는 것도 다 안다. 마찬가지로 우파의 이론도 수정받아야 한다. 우파의
특징이 기득권을 사수하고 부자와 빈자의 차이를 자유라는 이름으로
방치한다면 좌파의 특징은 강자와 약자의 차이를 줄이려고 한다. 따
지고 보면 둘 다 필요하고 둘 다 지나치면 안 된다.

그렇다면 좌파의 나은 점은 무엇인가? 좌파를 나타내는 우월성 중
의 하나는 도덕성이라고 본다. 이것이 없으면 나는 좌파가 아니라고
본다. 물론 좌파라고 다 도덕적일 수는 없지만 이론을 따져보면 무리
지어 살 수밖에 없는 인간사회에서 이상을 좇아 논리와 명제를 간단
명료하게 세운 게 좌파의 이론이라고 가정할 때 도덕성은 자연스레
그 특징 중의 하나가 된다. 우파의 양비론, 양시론에 비해 부정부패가
적어야 한다. 물론 역사는 그걸 증명할 수 있을지 모르지만 그래도 우
파보다는 나을 거라 생각된다. 그렇다고 도덕성을 제외하고 좌파를
크게 두둔할 생각은 없다. 왜냐하면 인간이란 이론만 먹고살 수 없는

현실적 존재이기 때문이다. 남보다 우월하고 싶고 자기 앞에 큰 떡을 놓으려 하는 것은 인간의 본능이다. 인간에겐 성선설만 있는 게 아니고 X이론도 있다. 그래서 조화를 이루고 중용을 취하자는 소리다. 그러기 위해서는 가만히 있을 수 없다. 이성이 있다고 하지만 인간은 원래 이기적 동물이므로 없는 사람이 자신의 발밑에서 신음하고 있음을 모른다. 설혹 알고 있어도 배려가 없다. 내버려두면 빈부의 차가 심해지고 가진 자와 없는 자의 불균형이 도를 넘어 폭발하거나 신이 저주하는 사회가 되어 결국 모두가 망할 수 있다. 그렇다고 가진 것을 뺏어 일일이 나눠줄 수도 없는 것이 자유자본주의 경제체제다. 그러나 행동하는 양심이라면 가만히 있어서는 안 된다. 다행히 신은 인간에게 **정의**라는 단어를 줬다. 생각이 있는 갈대는 부단히 저항한다. 자신의 희생을 감내하며 자신에게 떨어지는 형벌을 마다않고 개선하려고 한다. 다만 그 방법이 폭력적인가 아닌가, 좀 더 빠른 시간 내에 개혁하려고 하는가, 아닌가 하는 차이가 있을 뿐이다. 개혁의 정도는 어디까지인가, 총체적 균형점은 어디까지 이룰 수 있는가? 현실적으로는 쉽게 도달할 수 없는 이상을 달성하려고 고민하고 행동한다. 합의되지 못한 대치점을 어떻게 처리할 것인가 숙고하다 보면 김빠진 맥주처럼 행동이 약화되는 것이 두려워 행동하고 또 행동한다. 그러나 사르트르의 말처럼 쓸데없는 데 간섭하는 지식인은 되지 마라. 뭔가 기준과 카테고리가 우리 사회에 더 많이 필요하다고 생각하는 한국의 오피니언 리더(?)들이여 정체성이라는 유희를 집어치우고 좀 더 마음을 비워라. 그리고 그 현장에서 빠져나와 제3자가 되어라. 상대의 입장이 보인다. 싸울 에너지가 있다면 좀 더 가치 있는 일을 위해서 싸워라. 어려운 자와 마음이 가난한 자을 위해서 그런 힘을 사용하라.

다. 지금은 정당정치가 지향하는 정책이나 가치가 변해야 한다. 전통적 이념에 안주해서는 안 된다. 미국의 민주당, 영국의 노동당도 현대화를 거쳐 집권했다고 한다. 국민들도 보수니 진보니 좌파니 우파니 하는 소리에 민감하거나 술안주 삼을 필요가 적어야 한다. 정책에 더 귀 기울여야 하고 그 운용 실천에 누가 더 효율적이고 건강한가에 티핑 포인트를 맞춰야 한다. 국민을 살리고 한반도 공동체가 나아가야 할 방향의 진정한 발걸음이라면 좌파든 우파든 오십 보 백 보 차이다. 진정한 진보와 진정한 보수는 종이 한 장 차이라고 생각한다. 대표는 깃발이 필요할지 모르지만 사람들이 진보와 보수를 내세울수록 보수의 벽은 두꺼워지고 진보의 창은 뾰족해진다. 진보의 칼을 날카롭게 갈수록 보수의 방패는 더욱 견고해진다. 혹자는 유리잔에 떨어뜨린 잉크방울이 퍼지는 것을 만들려고 한다지만 그것은 구시대 방식이다. 창이 부러지든가 방패가 뚫리든가 해야 되는데 고정적 보수 표는 40%에 가깝고 확실한 진보 표는 20%도 안 되는 작금의 상황에서 다 쓸데없는 짓이다. 이제 서로 상대방을 진보니 보수니 또는 좌파니 우파니 하여 헐뜯고 비난해서도 안 된다. 이분법을 갖고 싸울 때는 지났다고 본다. 이상과 현실에서 고민하고 사유하는 지식계층은 이데올로기를 정립하는 것이 당위라고 생각할지 모르지만, 그리고 그 이념을 정리하고 싶어 할지 모르지만 삶에 있어서는 모두가 중용을 향해 가고 있다는 사실을 직시했으면 한다. 송호근 교수는 '후한에 반기를 든 위, 촉, 오나라 군주들의 세 불리기, 영토 확장, 적장 제거 등을 다룬 삼국지(손자병법) 같은 거친 정치를 더 이상 보고 싶어 하지 않는다'고 표현했다. 그렇다 이즘과 이데올로기보다 삶이 중요하고 훌륭히 살아가는 것 자체가 중요하다고 생각하는 지도자가 나와야 한다. 도대체 정권이 교체될 때마다 우린 언제까지 전임 정권을 뜯어보고 들여다보고 윽박질러야 하는가? 툭하면 무시무시한 말로 대문짝만하게 고지하는 기사를 보고 어지럽지 않은 사람이 얼마나 있을까? 사정한다고 시퍼런 칼날을 들이대는 세상에 염증을 느끼지 않은 사람이 또 얼마나 있을까? 아무 관련 없는 사람마저 세상이 불안해서 살기 힘들다. 바르게 살았다면 또 투명하게 행동했다면 지조와 명예를 더럽히는 일은 일어나지 않았을 텐데……

사실 지금의 20대는 진보고 보수고 관심 없다. 어떻게 스펙을 쌓아 제도권에 진입하고 나머지는 재미있게 사는가에 집중한다. 집 사는 건 어려우니 차부터 산다. 88만 원 세대는 그것도 없다. 30대는 주택, 육아, 40대는 등록금, 50대는 퇴직, 60대는 노후 이런 걱정 속에 산다. 10대는 물론 입시경쟁 속에 살고. 그러니 같은 겨레끼리 쓸데없는 이념 논쟁 때문에 국력을 소모하는 소름 끼치는 미친 짓을 그만뒀으면 한다.

라. 내 친구 중에는 이런 사람도 있다. 고등학교 때부터 공산주의 사상에 빠져 공부를 팽개치고 대학교 때는 명동성당의 단식투쟁에 참여하는 등 친북좌파에 속했다가 소련과 동구권의 몰락, 중국의 선회를 보고 극우보수로 돌아서 이제는 친북좌파를 입에 거품을 물고 씹어댄다. 그러면서 자기는 전향이지 결코 변절은 아니라고 한다. 그러나 나는 젊었을 때 번뇌하고 방황하면서 세운 자신의 인생철학을 함부로 바꿔서도 안 되지만 한참을 지나 철학을 바꿨다면 조용히 사는 게 맞다고 생각한다. 친구에게 말한다. 친북좌파가 얼마나 될 것 같냐고. 몇 %도 안 되는 친북좌파에 거품을 물고 이분법적 사고로 좌파를 전부 빨갱이로 몰아붙이는 그에게 중간은 없다. 스웨덴 좌파나

핀란드 좌파는 없다. 이런 사람을 나는 공공의 적이라 표현하고 싶다. 아! 나는 반공 유럽 좌파가 되고 싶다.

참고로 진보 성향 지식인 모임인 '좋은 정책 포럼'(2006년 1월 출범)에서 new left가 나아가야 할 방향을 적어놨기에 옮겨 본다. (2008.4.15. 중앙일보) new right도 참고해야 한다.
1. 이념이 아닌 실생활에서 출범하자.
2. 이상주의와 근본주의에 빠지지 말자.
3. 국민의 평균적 정서와 동떨어진 정책을 제시하지 말자.
4. 반시장 경제, 반기업 이미지를 탈각하자.
5. 민주주의 단일 차원만으로 사고하지 말자.
6. 민족주의의 틀에 갇히지 말자.
7. 국가안보를 중시하자.
8. 북한 주민의 인권 보장을 요구하자.
9. 노동의 권리와 윤리를 함께 주장하자.
10. 사회적 대화와 대타협을 지향하자.

7. 일본은 없다고? - 日製와 日帝

가까우면서도 먼 나라 일본. 부부의 잠자리가 붙어 있으면
서도 이불과 요를 따로 쓰는 일본. 베네딕트가 쓴 '국화와
칼'에서 '그러나 또한(but also)을 가장 많이 쓸 수 있는 나
라'라고 표현한 많은 양면성을 가진 일본을 우리는 알 필요
가 있다.

일본의 개화

1853~1868년. 미국의 페리제독이 흑선을 몰고 와 개항을 요구했
던 그때 천황을 모시자는 존왕양이파와 막부를 존속시키자는 기존
세력 간의 숨 막히는 갈등이 전개되었는데 드디어 1867년 11월 9일
대정봉환(大政奉還), 쇼군시대를 마감하고 권력이 막부에서 메이지 천
황으로 넘어 왔다. 미국과의 굴욕적인 교역으로 무력함을 보여준 막
부가 남쪽 지방 가고시마의 작은 번주와 싸운 지 15년. 결국 일찍부
터 서양의 문물을 접한 시골의 사무라이에게 패하던 날이다. 1192년
가마쿠라 막부가 천황을 제치고 무신정치를 시작한 이래 675년 만에
다시 천황이 전면에 나서게 되었다. 그 중심에 일본인들이 존경하는
인물 1위에 오른 하급 무사 사카모토 료마가 있다. 결국 그는 자신이
탈번한 번주가 보낸 자객의 칼에 맞지만 젊은 청춘을 국가를 위해 불
살랐다. 일본에서 그에 관한 역사드라마는 항상 인기다.

그 뒤 메이지 유신 때 일본의 계몽사상가 후쿠자와 유기치는 달아
론(脫亞論)을 부르짖으며 유교를 맹비난했다. 우리나라와 중국을 한
수 아래로 내리깔며 아시아를 벗어나 세계로 가자고 외쳤다. 메이지

천황도 과거 막부시대의 쇼군과 270명의 다이묘(藩主) 아래 있는 사무라이라는 신분 계급사회를 타파하고 시민의식을 고취했다. 그리고 260명의 청년을 영국으로 보내고 전함을 도입했다. 이것이 오늘의 일본을 만든 계기가 아닌가 한다. 이토 히로부미도 그중 한 사람이다. 유레카! 왜 일본은 내각제이며 운전대가 우측에 있는지 알 것 같다.

거기에 비하면 중국은 어땠는가. 일본보다 빠른 1842년 아편전쟁을 치렀지만 1895년 청일전쟁의 패배를 지나 1910년이 돼서야 후쓰라는 사람이 『우리는 어느 길로 가야 되는가』라는 책 속에서 유교를 멀리하고 서구화를 부르짖었지만 천두씨유 같은 공산주의자의 반발로 크게 선회하지 못했다(공자가 죽어야 나라가 산다). 1965년 마오쩌둥에 이르러서야 문화대혁명을 거치면서 어느 정도 유교가 물러갔지만 하루아침에 14억 인구의 문화는 쉽게 바뀌지 않는다. 그리고 10여 년 후인 1970년대 말 등소평의 흑묘백묘론이 고개를 든다. 워낙 땅덩이가 넓고 인구가 많으니 그럴 수밖에 없겠지만 아직 효를 중심으로 한 가족주의나 남아선호사상은 그대로 남아 있다. 우리가 아직 유교적 동양문명에서 헤어 나오지 못한 것처럼 중국도 많은 가치관의 혼돈 속에 진한 패밀리 의식이 남아 있는 것 같다. 짧은 시간에 서구문명을 따라잡기도 힘들지만 많은 문명의 충돌이 일어나 혼란은 계속될 것이다. 수많은 부정부패와 사고, 덜 익은 시민의식 등이 혼재하고 있다. 유능한 공산주의 관료가 체제를 장악하고 있다 할지라도 서구의 시민정신이 몸에 배지 않고는 앞으로도 혼돈은 계속될 것이다.

일제와 일제(日帝와 日製)

과거에 일제 물품 하나 없는 집이 없었다. 아직도 웬만한 집은 하나씩 가지고 있다. 그런데도 일제 승용차는 그간 맥을 못 췄다. 남의 눈에 띄기 때문이었다. 우리가 대표적으로 싫어하는 일본의 제품을 가지고 있다는 것을 남이 알면 친일로 몰리는 입살에 자신을 내맡기고 싶지 않기 때문이었다. 그러면서도 일본제품을 좋아한다. 일본 사람의 친절을 좋아하고, 음식을 좋아하고 먹다 남은 반찬이 자기에게 오지 않는 것도 좋아한다. 그러면서 식당에서 자기에게 먹을 만큼만 주는 것은 야박하다고 싫어한다. 그뿐이 아니다. 상품의 질도 칭찬하고 디자인도 앙증맞고 가볍다고 좋아한다. 그러면서도 일본을 싫어한다. 물론 과거사 때문이다. 한마디로 감정적으로 싫어하는 사람이 만든 물건을 좋다고 사용한다. 좀 더 정확히 말하면 일본제품은 좋은데 일본이라는 국가는 싫어하는 이중성(dual mind)에 빠져 있다. 어떤 사람은 이를 당연하다고 한다. 이중성이 아니라 본능이라고 한다. 국민은 좋지만 국가는 싫다. 정경분리(政經分離)다. 싫으면 싫은 거지, 그러나 또한(but also) 좋다는 말이 성립할 수 있을까?

간단히 몇 가지 비교해보자. 우리나라에서 가장 많은 범죄는 위증죄, 사기죄, 무고죄다. 배임 횡령 등 부정부패와 관련된 범죄가 많을 것 같지만 매스컴이 떠들지 않아서 그렇지 실생활에서 가장 많이 접할 수 있는 범죄는 위증죄, 사기죄, 무고죄다. 형사 범죄의 26% 이상을 차지한다. 2007년 통계로 인구를 감안 일본과 비교하면 위증죄는 400배가 넘고 무고죄는 무려 500배가 넘는다(중앙일보, 2010.10.27). 양심의 가책도 없이 우리는 거짓말을 밥 먹듯 하고, 못 먹는 감 찔러보는 경우가 많다. 우리는 정직을 첫 번째 덕목으로 가르치지 않는다. 심지어 허위사실 유포도 표현의 자유라고 제재하지 말자는 쪽이 우세하다. 거기에 비해 일본은 어떤가. 그들은 메이지 유신 시절인 1880

년경 학교교육을 정비하면서 수신(修身)을 독립과목으로 정하고 첫째 덕목이 친절, 공손, 둘째 덕목이 정직, 셋째 덕목이 양보와 매너였는지 확실히 모르지만 그들은 남에게 피해주지 말라는 교육을 가정과 학교에서 어렸을 때부터 배우는 것 같다. 그들은 솔직하면서도 수치심을 잘 느낀다. 전체에서 소외되는 마을 팔푼이 소리를 제일 듣기 싫어한다. 그들은 체제이기를 원한다. 그리고 자신은 체제의 하나하나 올이 되고 싶어 한다.

그렇다면 일반이 아닌 지도층의 태도는 어땠는가? 우리는 평화롭고 온순한 탓인지 항상 무반보다 문반을 우대했다. 칼잡이 일본의 무사도를 폄하하고 붓잡이 선비를 우러러본다. 오랜 세월 지나다보니 나중에는 모두가 문약해졌다. 짧은 인생에서 우리는 글쟁이 중심의 사고를 가져왔다. 선비를 동경하게 만드는 동안 다른 많은 분야의 발전은 그만큼 더디었다. 도대체 그것이 한반도 공동체에 얼마만큼 도움이 되었는지 알 수 없다. 모든 걸 책임지고 깨끗이 물러나는 경우도 별로 없다. 사촌이 논 사면 배 아프고 물에 빠져 건져주면 보따리 내놓으라 한다. 그래서 힘을 합치는 데 우리까지는 도달되나 공동체까지는 확산되지 못한다.

일본은 어떤가. 오래 전부터 봉건 번주의 지도 아래 숱하게 싸운 무반정권을 오래 경험한 탓인지 신켄쇼부(진검승부)를 좋아한다. 즉, 목적의식이 뚜렷하고 지도계층과 추종계층의 구별이 확실하다. 거기에 지진과 홍수 등 자연환경도 죽고 사는 쪽으로 한몫 더했다. 그러나 부하를 위하는 '오야봉' 곤조가 있어 우리의 상놈과 양반의 차별문화보다 더 동거동락했다. 그래서 그들은 임진왜란 때 잡혀간 유학자 강항의 성리학이 들어가지 전까지(호사카 유지: 조선 선비와 일본

사무라이) 모반과 배신도 잘했지만 배신하기 전까지는 주군의 뜻에 따라 사무라이답게 행동하는 것을 자랑으로 여겼다. 단점도 많다. 누가 앞장서 리드하면 그쪽으로 따라가는 일본인이 잘못된 리더나 광폭한 리더를 만나면 위험해진다. 개인적으로 만나면 좋은 일본인이 공포의 대상이 되는 것은 이 때문이다. 맹목적으로 무비판적으로 따르는 데 반해 우리는 맹목적으로 헐뜯고 비판적으로 웃는다. 그들은 국화를 숭상하지만 칼도 가지고 있다.

세계 사람은 어떤가? 일본을 다른 아시아 국가와 차별된 취급을 한다. 정치를 제외한 모든 측면은 세계 정상급이다. 반일감정에 치를 떨었던 우리는 그들을 우습게 보고 해방 후 그들을 따라잡자고 반세기 이상 외쳐왔지만 격차는 여전하다. 특히 경제부문에 있어 소재와 부품산업이 뒤떨어진 우리의 대일 무역적자는 갈수록 커지고 있다. 특히 달러 대비 환율을 감안한 일본 경제의 튼튼함이란 이루 말할 수 없다. 우리는 자존심을 살리기 위해 일본의 모든 것이 우리로부터 전수되었다며 과거를 들먹인다. 마치 천오백 년 전 만주벌판의 큰 땅덩어리가 고구려의 것이었고 광개토대왕비가 이를 증명하고 있고 그래서 중국의 동북공정은 우리 역사를 말살하는 것이라고 외치는 것과 같은 맥락이다. 그러면서도 현실은 100년 전 일본이 청나라에 넘겨준 간도 땅의 영유권 문제를 외면하거나 독도문제도 꼼꼼하게 챙기지 못하면서 연변의 동포를 조선족이라고 무시한다.

잘 먹고 잘살고 오래 살려고만 하면 이런 생각할 필요 없다. 하기야 조국과 민족이 무슨 필요가 있겠는가. 내 사는 데 보태준 것 없는 너나 잘해라 하고 소리치면 누가 할 말 있겠는가. 아마 우리나라는 틀림없이 잘 먹고 잘살고 오래 살 것이다. 지난 몇 년 동안 우리는 재테크 열풍에 휩쓸려 '부자 아빠 가난한 아빠, 3억 만들기 펀드, 10억 만들기 펀드, 경쟁 없이 돈 버는 블루오션' 등 짜깁기로 만든 책이든 회사경영에 관련된 어설픈 책이든 돈 버는 종류의 책이면 베스트셀러가 되고 히트를 쳤다. 늘어나는 것이 고급 음식점이었다. 미국과 일본이 1,000명당 1.8개, 5.7개인 데 비해 우린 약 80명당 음식점 하나니 많은 국민이 잘 먹을 수밖에 없다. 수출은 7위권이고 무역규모와 GDP는 약 1.1조 달러. 1인당 GNI는 2만 2,000달러를 넘어서고 올해도 구정을 이용한 해외관광객 수는 기록을 갈아치운다. 세계여행기구에 따르면 2007년을 기준으로 할 때 한국은 10번째 해외관광국이다. 인구비례로는 한국인이 일본인보다 더 많이 여행을 하는 셈이다. 비싼 기름 값에도 불구하고 자동차 판매는 해마다 증가한다. 잘살고 있다. 또 가장 우수한 학생, 정확히 표현하면 점수가 높은 학생들이 의대, 치대, 약대, 한의대로 몰린 지 벌써 10년이 훨씬 넘었다. 그러니 오래 살지 못할 이유도 없다.

혼자 잘 먹고, 잘 살고, 오래 살면 그만이지 왜 그리 복잡한가? 스스로에게 묻지만 답은 하나. 일본의 지금이 있게 한 150년 전의 무혈혁명을 배우고 한반도 공동체가 어떻게 하면 동북아를 이끌어갈 가교역할을 할 수 있겠는가다. 다가온 21세기는 지금보다는 훨씬 동북아의 무게가 세계를 짓누를 것이다. 그때 우리는 허브가 되어야 한다. 그렇지 않고는 또다시 한말의 비운을 겪게 될지 아무도 모른다. 또 다른 병자호란, 임진왜란을 겪지 말란 보장이 없다. 역사는 돌고 도는 것이니까. 그런데 위와 같은 문제점을 알면서도 착실히 실천에 옮기지 않는다는 점이 문제다. 누군가 이끌고 나가야 하는데 컨센서스가 부족하다. 과거로부터 뒤끝 있는 탈피가 요청된다.

8. 십자라인 구축

> 우리나라엔 국가미래학에 대한 연구가 없는 것 같다. 세종
> 연구소와 한국학 중앙연구소를 합쳐 한 차원 높은 연구가 필
> 요할 것 같다.

십자라인 구축이란 동아시아의 외교와 안보, 경제의 허브를 서울로 옮기는 정책으로 필자가 주장하는 바다. 가로로는 서울을 중심으로 베이징과 도쿄를 있고 세로로는 타이베이, 홍콩, 상하이, 북한과 블라디보스토크를 연결하는 십자라인을 말한다. 모든 중심은 서울에 있다. 이 십자라인 구축을 위해 세부적으로는 동아시아 연구소를 영종도 국제공항 근처나 경인운하 부근에 짓고 그들 나라의 한국학 전문가를 모셔 온다. 우리도 그들 나라에 파견하여 십자라인 지역의 외교나 안보 전문가를 키운다.

한국학 중앙연구소는 정치와 경제를 외면한 너무 '한국학' 자체 연구에 치우쳐 있고 세종연구소는 미래에 대한 연구가 부족한 것 같다. 사회현상도 빠져 있다. 일반인의 속성도 논하지 않는다. 미래를 위해 종합적인 연구가 필요하다. 국가의 장래를 예측하고 교류를 위해서 그들 지역에 관한 신문을 발행하거나 매스컴을 통하여 서로 이해의 폭을 넓히는 것도 필요하다.

우리는 옆 나라 중국과 일본뿐 아니라 북한과 소련을 너무 모른다. 비하의 정서에 빠져 있거나 우월감에 도취되어 있거나 둘 중 하나다. 그래서 알면 알수록 분노하거나 아부하거나 둘 중 하나인 경우가 많

다. 똑바로 알 필요가 있다. 이는 세계화를 위해서도 필요하고 그들의 좋은 점을 받아들여 부국강병하기 위해서도 필요하다. 생각의 폭을 넓히고 사고를 유연하게 함으로써 나라를 발전시키는 데 유용하게 사용할 수 있다.

서울을 중심으로 동아시아 정치, 경제, 금융의 허브로 자리매김하는 데 십자라인 정책은 반드시 필요다고 본다. 우리가 그들을 접촉하고 그들이 우리를 접촉하면 그들은 서울에서 장사하게 될 것이다. 그렇게 되면 주변국에 의한 대한민국의 운명이 좌우되는 것을 막고 역으로 동북아의 주역으로서 강대국을 끌어들이는 정책과 전략을 취할 수 있다. 이는 통일을 위해서도 절대적으로 필요하다. 그런데도 불구하고 가정과 학교에서, 어떤 때는 국가에서 통일을 현실성 없는 것으로 느끼게 한다.

한반도의 지정학적 위치가 중국과 일본 사이에 낀 그들보다 작은 나라라고 정신적으로 위축돼서는 안 된다. 오히려 양쪽의 문화와 기질이 섞여 있어 그들의 좋은 점은 고르고 나쁜 점은 버릴 수 있다. 나름대로 독특한 문화와 기술, 문명으로 그들을 끌어들여야 한다. 그래서 그들을 이 땅에서 놀게 하고 장사하게 하여 아우를 수 있어야 한다. 큰 나라 중국이라고 놀랄 게 아니라 저 만주 벌판의 주인이 되도록 노력해야 한다. 일본을 무시해서도 안 된다. 그들은 일찍이 중국과 러시아를 이기고 미국을 상대로 세계 제2차 대전을 일으킨 나라다. 뭔가 있다. 그것을 능가해야 한다.

그것은 정치로부터 시작될 수밖에 없고 지도자는 물꼬를 터주고 잡아줘야 한다. 일제(日帝)와 일제(日製)를 변별할 줄 아는 지혜로부터 출발하고 14억 인구의 약점을 캐치하는 데서 시작해야 한다. 그렇지 않으면 언제 또 정묘호란과 정유재란이 일어날지 모르고 앞으로도 남과 북이 찢어지는 아픔 속에 내가 옳고 네가 그르다는 논쟁을 거듭해야 할지 모른다. 그것이 우리의 지정학적 위치다. 그러나 부정을 긍정으로 바꾸고 위기를 기회로 바꾸면 모든 것이 달라진다.

9. 코리아 디스카운트

K-pop, 갤럭시s 스마트폰, 안보회의, 정상회의 등으로 한
국의 주가가 치솟고 있지만 2~3년 전까지만 해도 코리아
디스카운트는 여전했다. 정말 우리는 다른 나라에 비해 디
스카운트 당하고 있는 걸까? 우리가 항변하는 것처럼 실제
코리아라는 제품은 괜찮은데 이미지가 제대로 알려져 있지
않아서 제 가격을 못 받고 있는 걸까? 따져볼 필요가 있다.

브랜드는 어떤 회사나 제품에 대해 떠오르는 이미지다. 이미지란
물론 홍보를 한다고 다 되는 것은 아니다. 마찬가지로 더 큰 의미에서
국가브랜드는 총체적인 것이며 인위적으로 올린다고 쉽게 해결되는
것이 아니다. 그렇다면 코리아 디스카운트가 발생하는 원인은 무엇일
까? 코리아 디스카운트를 나타내는 대표적인 지표 중 국가브랜드와
국가경쟁력은 한 나라의 할인율을 결정하는 요소라 볼 수 있다. 국가
브랜드는 국가의 이미지이며 국가경쟁력은 그 나라의 잠재된 힘이다.
둘 다 무형의 자산이므로 영업권에 해당된다. 영업권의 가치는 천차
만별이다. 코리아 디스카운트를 지표화할 수 있는 5가지를 나름대로
골랐다.

가. 국가경쟁력지수

국가경쟁력지수는 스위스에 적을 두고 있는 IMD와 WEF에서 발표
하는 수치가 대표적이다. 300개 이상 항목을 체크하는 국제경영개발

원(IMD)은 2008년 우리의 국제경쟁력지수를 세계에서 31위로 평가했고, 100개 이상 항목을 설문하는 세계경제포럼(WEF)은 우리의 경쟁력지수를 13위로(2008) 평가했다. 그러나 2011년 두 기관의 순위는 23위와 22위다.

나. 국가브랜드지수

미국의 온라인 조사기관 안홀트-GMI에서 발표한 2008년 우리나라의 브랜드 순위는 33위다. 일본은 GDP의 200% 이상을 브랜드 가치로 평가해주는 데 반해 우리는 고작 30% 정도밖에 인정해주지 않는다. 일반적으로 우리의 제품은 미국과 유럽에서 독일과 일본제품의 2/3선에서 팔리고 있다고 한다. 국가브랜드위원회와 삼성경제연구소가 공동 개발한 자료에 따르면 2011년 우리 브랜드의 실제 가치는 15위인데 이미지 순위는 19위라고 한다. 브랜드 파워는 신뢰도와 호감도를 포함하고 있다. 국가의 이미지와 매력이 제품 경쟁력을 좌우하는 시대, 곧 국가브랜드 가치를 높여야 하는 이유다.

다. 세계투명성기구(TI)의 부패인식지수

2011년 TI의 우리나라 부패인식지수 점수는 5.4다. 2008년에 비해 오히려 0.2포인트 내려갔다. 순위로 치면 40위(180개국 중)에서 43위(183국 중)로 밀려났다. 부패방지법이 제정된 지 11년, 투명사회협약이 맺어진 지 7년, 부패인식지수는 좀처럼 나아질 줄 모른다. OECD 국가 내에서는 디폴트 위험성이 내재하는 이탈리아, 그리스 등이 우리보다 못하며 아시아에서는 싱가포르, 홍콩, 일본 등이 우리보다 낫다. 한 나라의 투명성을 나타내는 대표 지표인 부패인식지수는 주로 공공부문에 초점을 맞추고 있지만 또 다른 지표인 민간기업 뇌물방지협약 이행도도 높지 않다. 부패인식지수 역시 해당국의 할인율을 결정하는 중요요소다. 누구나 거짓말을 싫어하기 때문이다.

　　라. 행복지수

　국가행복지수란 것도 있다. 영국 신경제재단(NEF)은 주관적 삶의 만족도, 환경, 기대수명 등을 반영해 국가별 행복지수를 산출하는데 한국은 2009년 143개 나라 가운데 68위였다. 정치적 자유와 인적 잠재력(연간 논문발표 순위 14위, 과학기술 논문발표 29위)까지 있다고 평가받지만 우리의 행복지수는 결코 높지 않다. 특히 어린이와 청소년의 삶의 만족도는 53%로 OECD(평균 84%) 내에서 꼴찌다. 그들의 주관적 행복지수 역시 꼴찌다(2010년 5월). 대체로 저개발국의 행복지수가 높은 걸 보면 행복은 성적순도, 돈으로 살 수 있는 것도 아닌 것 같다.

　　마. 삶의 질

　2011년 HR(인적 자원) 컨설팅 업체인 미국 Mercer社의 조사에 의하면 세계 221개 도시 중 서울의 삶의 질은 50위권(2009년 86위) 밖이다. 39개의 사회경제지표를 중심으로 한 평가항목에는 통화관리, 의료 환경, 교육의 질, 공기오염도 등이 들어 있다. 1, 2위는 비엔나와 취리히, 3위는 뉴질랜드의 오클랜드 등이다. 범죄율, 법집행의 효율성, 정치적 안정 등 도시의 안전도 조사에서는 룩셈부르크, 스위스 베른, 헬싱키, 취리히 순이며 말위는 역시 바그다드다. 다행이 KDI와 유엔이 발표한 2011년 우리나라 전체 삶의 질은 27위로 되어 있다.

이 외에도 코리아 디스카운트를 결정하는 어쩔 수 없는 외부환경을 꼬집는다면 핵개발을 하고 있는 북한과의 대치 상황 등이다.

2009년 초 국가이미지위원회는 당시 33위인 국가브랜드를 15년 내 15위로 끌어올린다는 목표 아래 국가 트레이드마크를 '배려하고 사랑받는 대한민국'으로 정했다. 그리고 5대 분야 10대 과제를 가지고 1차 보고대회를 가졌다.

> 5대 분야는 국제사회 기여도 제고, 첨단기술 제품 확대, 문화관광산업 육성, 다문화 가정 및 외국인 배려, 글로벌 시민의식 함양이고, 10대 과제는 1. 경제발전 경험을 개도국에 전수하고 민간 및 국제기구 협력 강화 2. 한국판 풀브라이트 장학제도 및 아시아 대학생 교류 프로그램 3. 3,000명 해외봉사단과 코리아 서포터스 출범 4. 재외동포 700만 네트워크 5. 해외 한국어 교육기관 확충(세종학당)과 태권도 보급 6. 친절, 관광 에티켓 지수 개발(미소가 한국의 얼굴입니다) 7. 일류상품 30개 명품 브랜드 개발 8. 따뜻한 다문화 사회 9. 국내 외국인의 방송통신 접근성 제고 10. 국가브랜드 지수 개발 및 브랜드 제고사업 평가 등이다

뭔가 좀 복잡하지만 내용은 괜찮다. 그러나 두 가지 상반된 의미가 들어 있는 배려하고 사랑받는 트레이드마크는 한눈에 확 들어오지 않는다. 문제는 이런 데 있는 것 같다. 첫째는 왜 정권이 바뀔 때마다 트레이드마크가 바뀌느냐는 것이다. '다이내믹 코리아'에서 '스파클링 코리아'를 거쳐 '배려하고 사랑받는 대한민국'으로 변신했다. 국민

은 그대로이고 나라도 그대로인데 대통령이 바뀌었다고 새 술이 되느냐 하는 것이다. 둘째, 우리 입장에서는 5년 동안 새 부대가 될지 몰라도 외국인이 볼 때는 아니다. 자국민도 헷갈리는데 외국인이 보기엔 기억할 수 없을 것이다. 예를 들면 김영삼 정부의 '대외홍보위원회'가 김대중 정부의 '이미지위원회'로 다시 2009년 1월 '국가브랜드위원회'로 변경된 조직명칭도 마찬가지다. 외국인은 그저 옛것을 자주 바꾸고 뜯어고치는 나라, 참을성 없는 나라, 이유를 명시하지 않은 나라 정도로 밖에 기억하지 않을 것이다.

2008년 외국인을 상대로 한국의 이미지를 조사한 결과 김치, 불고기, 한복, 한글, 태권도, 태극기 등이 나왔고 추상명사로는 열정, 자신감, 앰비션 등이 나왔다. 부정적인 이미지로는 공격적이고 거친 매너라고 했다. 이 정도면 대충 우리의 이미지를 짐작할 수 있다. 응답자의 반 가까이가 브랜드의 저평가 이유를 북한과의 대치상황, 국제사회 기여 미흡, 정치사회적 불안, 이민 관광지로서의 매력 부족, 해외여행 시 낮은 세계 시민의식 등을 꼽았다. 국가브랜드위원회는 저평가라고 표현했지만 사실은 있는 그대로다. 사실 우리는 이미지에 비해 너무 잘살고 있다. 알기 쉽게 말해 우리는 놀부 심보로 살고 있다. 남을 돕고 배려하는 것은 하지 않고 경제력만 키우는 놀부 심보다. 돈이면 다 된다는 품위 없는 부자를 만드는 것과 똑같다. 심하게 표현하면 우리는 천민자본주의다. 그러니 국가브랜드가 높아질 리 없다.

이명박 대통령은 첫 8·15 경축사에서 다음과 같이 연설했다. 대한민국의 브랜드 가치는 경제력의 30%대에 불과하다. 미국과 일본에 비하면 수십 분의 일에 불과하다. 대표기업 삼성전자의 브랜드만도 못하다. 첫째 이유는 노사, 둘째는 시위, 셋째는 북한 때문이라 지적

했다. 큰 골격을 잘 지적했지만 지적만 해서는 안 된다. 지속적인 면
이 있어야 한다. 정부 당국은 물론 혹 여러분과 내가 지적의 빌미는
주고 있지 않는지 생각해 봐야 한다.

나름대로 코리아 디스카운트를 높이기 위한 경제 외적 5대 요소를
생각해보았다. a. 안심사회구현 b. 삶의 질 c. 의식수준과 사회제도 d.
사회적 투명성 e. 정치적 자유도 등이지만 이 외에도 있을 것이다.

a. 안심사회구현(공공의 안녕질서)

마음 놓고 편히 살 수 있는 안심사회는 한국의 이미지를 높이는 첫
째 항목이다. 각종 사건 사고 등 사회 불안요인이 없어야 한다. 12대
분야별 국가예산 속에는 안심사회구현을 위한 여러 가지 항목이 들
어 있다. 국방은 물론 외교안보, 치안, 사법, 재해 등 다방면에 걸친
내용이 그것이다. 가장 큰 것은 물론 국방비다. 안심사회구현 예산은
OECD 30개국 중 26위에 머물러 있는 법질서 확립을 위한 제도나 조
치 등 긍정적으로 보면 '안전 불감증'이란 낱말이 매스컴에서 사라지
게 하는 데 큰 몫을 한다. 외국인에게 불안감을 주는 것은 이미지를
형성하는 데 가장 큰 마이너스다. 북한의 존재는 외생변수이므로 어
찌할 수 없지만 이것도 평화와 공존을 내세우면 달라지는 것이고 대
립관계를 세우면 국가이미지에 좋지 않은 영향을 미친다. 따라서 남
북공조는 공짜로 퍼주는 게 아니라 그만큼 가격을 지불하고 있는 것
이다. 그러나 북한이 우리의 원조로 핵을 개발하여 동북아의 위험을
자초한다면 불안감은 더욱 커질 것이다.

b. 삶의 질

국가브랜드지수를 개발한 독일인 안홀트는 국가브랜드란 '그 나라

가 살기 좋은 곳인가 아닌가'에 달려 있다고 아주 적절한 표현을 하고 있다. 한국 제품을 사고 싶냐, 서울에서 살고 싶냐 또는 대한민국에 가고 싶냐 등을 물었을 때 그렇다는 대답이 나오면 오케이다. 한국은 어때? 하고 물으면 '글쎄, 사실 가고 싶은 나라는 다른 나라다'라는 답변이 나오면 곤란하다. 만약 다시 가고 싶은 코리아라면 출산율은 크게 걱정하지 않아도 된다. 세계의 유수한 젊은이들이 몰려들고 자연스레 나라는 강해진다.

c. 의식수준과 사회제도

이제 뭔가 비경제적인 측면을 제고해야 한다. 경제만으로, 첨단기술제품 하나만으로 이미지가 좋아지는 것은 아니다. 최루탄 국회, 강성노조, 불법시위도 사라져야 하고 부패도 줄어야 한다. 대기업과 중소기업이 상생하고 정부 차원의 사회복지와 민간 차원의 배려가 공존해야 한다. 절차와 과정을 중시하는 민주주의도 빼놓을 수 없다. 소득에 맞는 베풂도 있어야 하고 글로벌 시민의식도 필요하다. 국내에서 외국인에 대한 배타적 언행이 문제이듯이 외국에서 또한 우리의 언행도 중요하다. 해외입양은 많고 국내입양은 적다거나 애국애족을 외치면서 이민자 수가 많은 것도 이상하다. 다시 말하면 어글리 코리언이 되지 말아야 한다.

외형적인 면도 중요하지만 내면세계의 개선도 중요하다. 종교인이기 전에 인간임을 깨닫지 못하는 종교분쟁, 감사의 표시가 생활화되지 않는 점, 권위를 앞세우는 규제 등 삶을 피곤하게 만드는 각종 사회시스템과 의식수준에 고쳐야 할 점이 많다면 그만큼 국가이미지는 깎여진다. 사회 전반의 시민의식과 도덕성, 개방성, 남을 인정하는 다양성 등이 필요하다. 재화와 서비스만으론 한계가 있다. 한마디로 온

나라의 문화가 레벨업 되어야 한다. 사람에 대한 이미지가 한두 가지로 결정되지 않듯이 모든 것이 합해져 그 나라의 이미지를 형성하기 때문이다.

d. 사회적 투명성

사회가 투명하지 않으면 삶의 의욕은 떨어진다. 진실이 통하지 않는 세상이 되면 그만큼 노력의 대가가 나오지 않기 때문에 아무도 정상적인 노력을 하지 않을 것이다. 사회투명성은 그래서 필요하다. 사기, 무고, 횡령이 많고 공정하지 않는 사회는 살고 싶지 않은 나라를 만든다. 사회지도층의 언행도 마찬가지다. 사회투명도는 개인의 삶과 직결되어 있다. 정직하게 노력하는 사람에게 부정부패는 삶의 의욕을 떨어뜨리고 절망감에 빠지게 한다.

e. 정치적 자유도

정치적 자유는 국제인권규범이 통용되는 사회다. 참정권과 개인의 생명권이 보장되고 형사처벌에 관한 사법절차가 적용되며 정보감시나 불법사찰 등이 존재하지 않는 사회다. 사회보장권, 노동권, 건강권, 주거권, 교육권, 문화권, 환경권 등 경제, 사회, 문화적 권리도 포함한다. 한마디로 헌법에서 보장하는 인권과 권익을 마찰 없이 누리는 사회다. 표현의 자유를 제한하는 정부, 여론을 호도하며 공포분위기를 조성하는 언론, 형평성과 기회균등이 없는 사회는 정치적 자유가 없는 사회다. 예를 들어, 민간인 불법사찰 같은 인권침해 상황이 발생하면 정치적 자유도는 떨어진다.

우리는 경제만 살리면 당장 선진화가 이뤄질 것 같은 착각 속에 산다. 국가브랜드는 문화영역에 속하므로 경제와 이콜하지 않는다. 오염되지 않는 환경, 활어처럼 느껴지는 배려 등 유·무형이 함께 발전해야 선진사회가 된다. 이런 것들이 모이고 모여 국가경쟁력이 된다. 반복되는 소리지만 북한과 대치하는 세계 유일의 분단국가에서 우리가 할 수 있는 것만이라도 제대로 해야 한다. UN 산하기구 분담금은 11위지만 2010년 공적개발원조는 국민총소득(GNI)의 0.12%로 DAC (개발원조위원회 2009년 가입) 회원국 중 가장 적은 것도 브랜드를 깎는다. 이런 분야에서 옆 나라 일본의 적극적 참여와 중국의 실질적 투자는 양 나라의 브랜드 가치를 높이고 있다.

국가이미지는 신뢰이며 자존심이고 국력이다. 만약 경제력에 걸맞는 국가브랜드를 가지고 있다면 그 가치는 약 1조 달러 상승할 것이라고 한다. 앞으로 다음 대통령은 이런 국가브랜드 가치를 증가시키는 데 주력해야 할 것이다. 그러면 자연히 약 1조 달러의 국가 값어치가 상승한다. 그것은 현재 GDP와 맞먹는 수치다.

10. 제3의 길은 없는가

모든 국민은 행복하게 살기를 원하고, 그렇게 살 권리가 있
고, 그리고 국가는 그것을 보장해야 한다. 다시 말하면 대중
의 생존을 소홀히 해서는 안 된다는 말이다.

가. 삶에 대한 책임이 개인에게 있느냐, 국가에도 있느냐에 따라
자유주의가 되느냐, 사회주의가 되느냐로 갈라진다. 그 명제는 시민
혁명 후 나타난 산업혁명의 결과, 부의 편중현상에서 유래한다. 그리
고 그 명제에 따라 복지정책은 달라진다. 만약 생존에 대한 책임이
개인에게 전적으로 있다면 사회복지는 필요 없다. 그러나 생존에 대
한 책임이 국가에도 어느 정도 있다면 그 정도에 따라 페비안 사회주
의가 되느냐 또는 수정자본주의가 되느냐 등으로 구분된다. 단적으로
유럽과 미국의 차이라고 할 수 있다. 그렇다고 생존에 대한 책임이
100% 개인에 있다거나 100% 국가에 있다는 극단적인 사고를 할 필
요는 없다. 생존에 대한 책임이 100% 개인에 있다 하더라도 정부의
개입은 최소한 필요하고 생존에 대한 책임이 100% 국가에 있다 하더
라도 공산주의 시스템으로는 안 된다. 세계사가 이를 증명한다.

자유와 평등을 근간으로 하는 건전한 자본주의, 즉 자유민주주의
가 자유와 평등을 무시한 채 개인주의나 이기주의로 흐르는 신자유
주의로 가면 그 대항마로 사회주의가 싹트고 사회민주주의로 발전하
게 된다. 그러나 사회주의를 근간으로 하는 민주주의보다 자유와 평
등을 근간으로 하되 국가가 적절한 규제와 조절을 하는 건전한 자본

주의를 필자는 민주사회주의로 표현하고 싶다.

  나. 2010년 OECD가 발표한 2005년 기준, 스웨덴의 GDP 대비 공공
사회적 지출은 약 30%다(연금 8%+젊은 노동자 7.4%+의료비 7.4%+
기타). OECD 평균인 20.6%보다 한참 높다. 참고로 미국은 약 16%,
일본은 18.6%다. 우리나라는 약 7%쯤 된다. 밑에서 멕시코 다음이다.
(2010년 발표된 수치는 기획재정부는 8.5%, 보건사회연구원은 8.3%)
  스웨덴 복지에서 느끼는 가장 큰 교훈은 정치를 잘하면 복지가 발
달한다는 것이다. 간단히 훑으면 1889년 창당된 사민당은 1세기 이상
집권했는데 가입률 80%인 노조가 사민당과 공생, 동맹관계(우리나라
노조 가입률은 11~12% 수준, 북유럽 노조가입률은 70% 이상, 스웨
덴은 국가가 실업보험 운영권을 노조에게 주었고 노조에 가입해야
실업보험을 탈 수 있다)를 맺고 '코포라티즘'이라는 중앙집권화된 협
약정치를 성립시켰다. 우리 같으면 노·사·정이 사회적 대타협을 한
것이다. 내용은 크게 두 가지로 요약된다. 첫째는 극심한 노사분규 후
1938년 체결된 살츠요바덴협약이다. 노조의 파업과 기업의 직장폐쇄
는 인정하되 임금협상을 개별기업 단위가 아닌 노동조합 총연맹과
사용자 연맹으로 한정한 것이다. 우리 같으면 민노총과 한노총이 전
경련이나 경영자협회와 임금협상을 벌이고 이를 모든 기업과 근로자
가 받아들인다는 뜻이다. 둘째는 렌 마이드너 모델. 동일노동 동일임
금으로 산업별, 기업별 임금격차를 축소한 것이다. 귀족노동자의 출
연을 막고 노동자의 단결을 위해 노조 측에서 먼저 제시했는데 이를
기업이 받아들인 것이다. 따라서 임금을 지불할 수 없는 한계기업은
도태할 수밖에 없지만 수익성 높은 대기업은 더욱 잘 되었다. 그 결

과 최소한 노동자의 임금을 착취해서 수익을 내는 기업은 없어졌다. 대신 기업의 초과이윤은 부가연금으로 적립해서 노사정 합의로 사회환원하여 공적 부분에 사용하고 도산한 기업의 근로자에게는 고용센터 같은 데서 적극적인 노동시장 정책을 편다.

말하고 싶은 것은 두 가지다. 첫째, 협약의 밑바탕에는 노조는 기업을 믿고, 기업은 노조를 믿는 마음이 깔려 있다. 둘째, 높은 세금부담에 대한 저항이 적다는 점이다. 전체 평균 50% 이상의 세금(근로소득자는 평균 33%)을 내는 스웨덴에서는 자신이 낸 세금이 곧 복지로 돌아온다는 정부에 대한 신뢰가 높다. 만약 우리 국민에게 50% 이상의 세율을 매기면 어떻게 될까? 무시무시한 조세저항과 함께 정부와 공직자를 못 믿어 큰 반란을 불러일으킬 것이다. 아마 이런 정책을 내건 당과 후보자는 영원히 당선되지 못할 것이다.

그렇다면 그럴 만한 스웨덴의 조건은 무엇인가, 인구가 천만도 안 돼서일까? 아마 이것도 영향이 있을 것이다. 지식산업이나 서비스산업이 발달하지 않은 제조업 중심의 생산직 노동현장이 많았던 당시 상황 때문일까? 필자가 판단컨대 고성장, 저실업, 훌륭한 복지를 시현하고 있는 스웨덴 모델의 기본정신은 첫째는 평등주의 사상이다. 모든 사람은 태어날 때부터 평등하다는 기본생각을 갖는 것이다. 적어도 스웨덴의 정치력이 미치는 모든 곳에서 누구나 기본적인 생존권을 부여받는 것이다. 그래서 모든 사회구성원에게 일정한 정도의 교육과 주택을 제공한다. 이러한 보편주의는 수혜자격을 제한하는 영미형이나 사회보험을 중심으로 하는 대륙형과 차이가 있다. 두 번째는 겸손과 타협의 정치다. 적어도 자신을 잘났다고 자랑하는 사람을 팔불출로 보는 시각이다. 우리하고는 사뭇 다르다. 그래서 그런지 양보와 타협의 정신이 어디에고 있다. 갈등과 분열이 아니라 소통과 화합의 문화가 저변에 깔려 있다. 이러한 마음은 대한민국 공동체를 이룩하기 위해서도 반드시 필요한 선결조건이다.

그런데 스웨덴에도 문제가 생겼다. 20세기 후반의 경향은 첫째, 중앙집권적 임금협상 기재가 약화되었다. 생산직 중심 노조와 화이트칼라 및 공공부분 노동자들과의 이해상충으로 1991년 사용자 연맹과의 임금협상은 결렬되었고 둘째, 50~100명 이상을 고용하는 기업이윤의 20%를 노동자 총연맹이 관리하는 기금에 적립하라는 법안은 1976년 부결되었다. 이 과정에서 사용자 연맹과 노조연맹의 관계는 악화되었으며 사민당의 지지율은 50% 이하로 떨어졌다. 따라서 사민당의 지지율 악화와 신자유주의 팽창으로 1991년 보수연합의 승리를 가져왔으나 원래의 취지와 기본정신은 그대로 유지하고 있다는 점을 우리는 유념해야 한다. 지금까지의 스웨덴을 보면 다음과 같은 교훈을 얻을 수 있다.

1) 민주주의와 사회정책은 시너지 효과를 가져온다. 즉, 강력한 사회정책이 민주주의를 발전시키고 빈부격차를 줄인다.

2) 성장과 분배를 같이할 수 있다. 우리는 파이를 키운 후 분배하자고 한다. 그러나 OECD와 비교한 지표들을 보면 성장에 치우쳐 있다. 지금쯤은 분배가 성장을 이끌 수 있다. 분배는 단순한 소비가 아니라 투자(에 가깝)다.

3) 사회통합에는 성공했으나 시대의 변화로 부작용과 후유증이 발생하였다. 제조업에서 서비스업으로의 산업의 변화는 노동자의 질과 종류를 다양하게 하였다.

4) 전체 노동인구의 20% 이상이 일은 하지 않으면서 실업급여, 질병보험. 기타 조기 퇴직 등의 혜택을 받는 복지 후유증이 출현했다. 이를 막기 위해 부분적으로 복지시스템을 축소하는 정책을 취하고 있으나 아직 우리와는 큰 격차가 있다. 따라서 이를 복지병이라고 오명하기보다 타산지석으로 삼으면 된다.

(참조 : 스웨덴 모델의 위기와 한국의 교훈, 강명세 2006년)

다. 2006년 대통령정책자문위원회가 발표한 사회지표를 활용한 국가경쟁력에 관해 훑어보면 복지비 지출은 선진 30개국 중 30위다(근로소득지원 29위, 공공의료지출 29위, 비의료서비스 29위로 선진국 중 최저다). 빈곤층은 2007년 20%, 절대빈곤율(한 달 소득이 최저생계비에도 못 미치는 가정의 비율)은 2002년 이후 9%대, 상대빈곤율(개별가구소득이 중위가구소득의 절반에도 못 미치는 비율)은 2006년 이후 14%대로 개선의 기미가 없다. 오히려 소득불평등도가 높아지는 추세다. 이명박 정부 들어서 법과 제도적인 자연증가분을 빼면 실질적으로 늘어난 복지예산은 많지 않다. 최저생계비 생활자 540만 중 기초수급을 받고 있는 숫자는 기초수급이 생긴 지 10년이 지난 2009년에도 157여만 명으로 비슷하다. 더욱이 4대강 살리기에 따른 예산 부족분이 지방재정교부금을 갉아먹음으로써 노인에 대한 교통비가 축소되고 장애아에 대한 교육비가 삭감되는 등 여러 복지 재원들이 폐지되거나 축소됨을 경험했다.

그렇다면 한국경제 제3의 길은 없는가? 마침 내가 추천하고 싶은 내용이 이정우 교수의 공저『우리는 무엇을 할 것인가』에 나온다. 이 교수는 지금까지 우리 경제를 다음과 같이 간략히 분류했다.

제1의 길: 박정희식 관치경제 —〉 정부 독재, 반민주적, 반민중적, 고성장 양극화, 수명을 다함

제2의 길: 시장만능주의 —〉 시장 독재, 단기 실적주의, 소득분배의 불평등, 고용시장의 외부 유연성, 임금협상의 개별 분산형, 노조가입률 저조, 고성장 양극화, 결국 저성장을 유도

제3의 길: 북구형 사민주의(기든스가 말한 자유주의를 기반으로 하고 인적 자본투자를 강조하는 사회투자국가와는 조금 다른 의미다) —〉 소득분배의 평등, 고용 보호, 임금협상의 중앙집중형(산업별 교섭), 노조가입률 높음, 고용시장의 내부 유연성, 고성장 고분배가 가능

요약 발췌 설명하면, 한국경제 제3의 길로 가기 위해서는 조직 민주화와 노사협력 관계가 중요하다. 세계에서 기업별 노조를 갖고 있는 나라는 우리와 일본 정도인데 일본은 협력적 노사관계인데 반하여 우리는 대립적 노사관계다. 노사대립에서 노사화합으로 가는 경제 민주주의의 달성은 **a. 산별 노조화, b. 사회적 대타협, c. 종업원지주제 확대와 노사공동결정제도**다. 다음으로 필요한 것은 보편적 사회복지확대다. 미국 같은 나라도 사회예산이 경제예산보다 5배나 많은데 우리는 노무현 정부 말기에야 사회예산이 경제예산을 조금 웃돌 정도로 복지제도가 미비하다. 즉, 사회임금이 제도화되어 있지 않기 때문에 사람마다 가처분소득의 차이가 크다. 재분배 효과가 유럽대륙의 1/5, 영미의 1/4에도 못 미친다. 그만큼 복지국가와는 거리가 멀다. 선진국이 1만 달러 소득 수준일 때 복지지출이 평균 15%였다면 현재 2만 달러인 우리는 GDP대비 8%에 미달하고 있다. 그런데도 복지가 성장을 해친다고 아우성이다. 그러나 복지가 성장을 해친다는 가설은

최근 실증 연구를 통해서 오히려 그 반대임을 보여준다. 즉, 분배가 잘된 나라일수록 성장이 빠르다는 사실이다. 다만 북구 선진국에서 고령화 사회를 맞이하여 너무 많은 복지서비스가 마이너스 효과를 가져와 부분적인 손질을 하고 있으나 우리는 아직 선진국 수준과는 큰 차이가 있기 때문에 그들과 비교하여 복지의 비효율을 이야기하는 것은 어불성설이다. 저자는 이러한 제도를 실행에 옮기는 데는 건강한 시민사회와 제대로 된 진보정당이 필요하다고 결론 맺고 있다.

필자 생각엔 진보든 보수든 믿음을 주는 정치, 정직과 신뢰의 사회적 자본증가, 한반도 공동체로의 의식구조 개선 등이 함께 하지 않으면 갈등과 저항만 심할 뿐 제대로 된 복지를 경험할 수 없다고 판단한다.

11. 경제를 살리자

우리는 항상 경제를 살리자고 한다. 언제나 경기가 죽어 있다는 소리다. 그런데 이명박 정부 들어서는 더욱 그 말이 실감났던 것 같다. 원래 경제대통령을 뽑았으니 잘될 줄 알았는데 금융위기로 더욱 어려워졌기 때문이다. 다행히 다른 나라보다 거시경제의 위기를 빨리 극복했다고 평가받아 긍정적인 면이 있지만 문제가 끝난 것은 아니다. 오히려 지금부터가 더 문제다. 미시경제의 불균형 때문이다. 사회양극화가 그것이다.

현재 시중에 돌아다니는 부동자금은 약 800조(2011년 8월 한국은행의 1년 미만 단기자금은 약 650조, 금감원에서 말하는 800조 부동자금은 복합금융상품에 들어 있는 상품의 중복계산과 집이나 해외에 쌓아둔 통계에 잡히지 않는 자금 추정), 전 국민의 가계부채 또한 약 800조(2011년 1/4분기 기준). 그러니까 한국은 800조를 갖고 있는 사람과 800조를 빚지고 있는 사람으로 나눌 수 있다. 그런데 1년 사이(2012년 1/4분기) 가계부채는 100조가 늘어 900조 원이 되었다고 한다. 부채와 현금을 함께 가지고 있는 사람도 많겠지만 1인당 1,600만 원, 가구당 약 4,600만 원의 부채를 지고 있다. 세계적 신용평가회사 피처와 모건 스탠리가 2011년 6월과 7월, 한국의 가계부채가 아시아 중에서 가장 심각한 위험에 노출되어 있다고 경고했다. 그런가 하면 비경제활동인구 중 100만의 니트족(구직을 포기한 청년)을 포함한 약 300만 명의 대졸자가 비경제활동인구에 포함되어 있다. 양질의 직장이 아니면 구직을 포기하겠다는 젊은이들이다.

* 비경제활동인구 : 자발적이든 비자발적이든 15세 이상 일할 수
있는데도 일하지 않는 자로서 구직 단념자는 물론 사실상 백수도
포함하고 주부도 포함된 숫자다

747 점보 플랜은(7% 성장, 국민소득 4만 달러, 세계 7대 경제대국 진입) 처음부터 목표가 너무 거창했다. 선거를 의식한 공약이라지만 그래도 많은 국민은 믿는다. 슬로건을 믿는 국민이 어떤 면에선 안타깝다. 원래 선진국에 진입할수록 5% 이상 성장이 어렵지만 양보해서 7% 성장을 가정한다 하드라도 환율이 떨어지지 않는 한 2만 달러 소득이 5년 내에 2배가 되는 것은 불가능하다. 다만 무역규모 면에서 7대 경제대국은 가능할지 모르지만 그것은 서민대중의 피부에 얼른 와 닿지 않는다. 대기업 프렌들리의 트리클 다운 경제정책 때문이다. 트리클 다운 정책은 상층부에 돈을 풀어서 그 효과가 하층부로 내려가게 하는 것이다. 그러나 자칫 잘못하면 국가재정은 적자가 늘어나고 인플레를 유발해 물가는 상승하고 실물자산과 유가증권의 거품화를 만들 수 있다. 어느 정도 촉매작용으로서 화폐의 위력은 있지만 양적확대정책은 발전이라기보다 버블성장이다. 물론 화폐의 버블화가 그만큼 물자가 뒷받침되고 유통속도가 빠르지 않는 한 커다란 문제를 야기하는 것은 아니지만 뭔가 풍선이 터질 것 같은 불안은 항상 도사리고 있다. 지금 물가가 4% 이상 오르는 것은 그 결과 중의 하나다. 이를 단절하기 위해 만약 극단적인 조치를 취한다면 말할 필요도 없이 사회적 혼란은 야기된다. 여러 면에서 부작용이 발생하고 차후 뼈아픈 자정작용을 거치지 않는다면 또다시 뒤죽박죽 사회가 된다. 경제를 건강하게 살리는 것은 아니다. 그냥 그렇게 살면 되지 하는 사람들도 있지만 정리정돈이 안 된 사회를 보며 잠 못 드는 사람도 많다.

그런데 정부가 돈을 많이 풀면 그만큼 경제가 발전하는가? 이것이 문제다. 정부는 부채를 늘려도 누가 뭐랄 사람이 없다. 미국이나 그리스처럼 계속해서 재정적자를 늘릴 수 있다. 도대체 얼마까지 늘려도 괜찮은지 정답이 없다. 선진국 평균만이 가이드라인이다. G20 국가채무비율 평균은 GDP 대비 78%다. 일본의 국가채무 비율은 220%를 넘는다. 그래도 일본의 국채금리는 세계최저를 자랑한다. 95% 이상 국내 투자가들이 갖고 있기 때문이다. 엔화도 전후 최고 시세다. 펀더멘탈이 강하기 때문이다. 그렇다고 우리는 국가채무비율이 40%를 넘지 않으니 괜찮다고 방심해서는 안 된다. 대외의존도가 높은 우리는 세계의 파고가 밀려올 것을 대비해 항상 통화발행의 여력을 비축해두지 않으면 안 되기 때문이다. 고령사회도 준비해야 한다. 복지지출이 늘어나기 때문이다.

문제는 여기서 끝나지 않는다. 중요한 게 또 있다. 그렇게 돈을 푸는데도 막상 자기에게는 돈이 돌아오지 않는다는 데 있다. 돈을 풀어도 정작 가야 할 서민한테는 잘 가지 않는다. 돈을 푼다고 다 골고루 가지 않기 때문이다. 돈이란 그렇게 될 수밖에 없다. 좋게 말해 능력 있는 사람이 대부분 가져가게 마련이다. 대학 다닐 때 '롤링 머니'란 닉네임을 가진 교수가 우리나라 돈의 75%가 서울에 있고 나머지 반이 부산, 그 반이 대구, 그 반이 인천(지금은 대구보다 인천이 더 크지만)에 있다고 했는데 맞는 말 같다. 능력 있는 25%가 75%를 가져간다. 그리고 75%의 75%를 25%의 25%가 가져갈 것이라는 것이 나의 추정이다. 요즘은 20%가 80%를 가져간다고 한다. 심지어 1%를 위한 99%라고 한다. 고단한 서민은 커지는 화폐단위와 고공 행진하는 물가만 쳐다볼 뿐 돈을 만지기 어렵다.

그러므로 물이 넘쳐 바닥을 적신다는 낙수효과는 생각보다 쉽지 않다. 트리클 다운 경제정책은 한마디로 대기업과 자본가가 커야 중소기업과 서민도 좋아진다는 논리다. 그러나 정책의 효과보다 부의 편중현상을 심화시킨다. 대기업과 가진 자의 주머니에서 중소기업과 없는 자의 주머니로 생각보다 쉽게 돈이 흐르지 않는다. 그것이 돈의 속성이다. 돈은 물이 아니기 때문이다. 또 감세와 재정정책을 써서 경기를 활성화시키면 경기는 혹 살아날 수 있을지 모르지만 꼭 경제가 발전하는 것은 아니다.

만약 역 트리클 다운 정책을 펴면 어떻게 될까? 분수효과(bottom up)라고 불리는 이 정책은 서민과 중소기업에 돈을 뿌려 중산층을 살려 경기를 살리는 정책이다. 그들의 소비성향은 고소득층보다 크기 때문에 소비에서 빠른 효과를 보인다. 다만 앞장서 끌고 가는 주체가 뚜렷하지 않으므로 수단이 어렵다는 문제가 있다. 미소금융이나 요즘 들어 실시하는 햇살론 같은 게 그런 거다. 더디지만 한 번 선순환하면 경제가 발전하고 탄탄해진다.

어쨌든 함부로 확장정책을 남발하면 소득격차는 커지게 되어 있다. 돈 많은 대기업과 부자들이 투자와 소비를 건전하게 해주기를 기대할 뿐이다. 상생을 바랄 뿐이다. 그런 상생수단 중의 하나가 공공기관이다. 상생은 대기업과 중소기업에만 있는 건 아니다. 공공기관은 머리인 정부와 팔다리인 민간기업을 연결시키는 몸통이다. 그래서 공공기관이 중요하다. 그런 공공기관이 '신의 직장'이란 소리를 들을수록 팔다리는 피곤해지고 그 영향은 결국 힘없는 민초한테 전달된다. 그런 공공기관을 정리하겠다고 나선 사람이 바로 이명박 대통령이다. 취임 초 경제를 살리는 제1의 선행조건을 민간에서는 공공부문의 개혁이라고 했다. 그래서 착수한 게 공기업 개혁이었다. 그리고 그 어려운 토지공사와 주택공사를 합병시켰다. 다른 대통령이라면 공기업 평가를 받는다고 전국을 떠들썩하게 개발시켜 수익을 아파트 가격에 전가시키는 두 거대 공기업을 병합시킬 수 있었을까? 아마 못했을 것이다. 그 후 공공기관의 개혁과 혁신이 얼마큼 계획대로 이뤄졌는지 피부로 느낄 수 없지만(기획재정부의 '알리오 시스템'을 보면 조금은 성과를 거둔 것 같다) 이명박 정부의 공공기관 개혁은 잘한 일 중의 하나라 평가할 수 있다. 그러나 대통령이 직접 전면에 나서 어렵게 실시한 개혁을 불과 2년도 되기 전에 마무리하는 것 같은 조치는(최근 공공기관 직원의 증가와 공기업 신입직원의 임금을 다시 원상복구 한다는 조치) 정책의 조삼모사 같은 인상을 준다. 얼른 공감이 가지 않는다. 민간기업과의 차이를 메꾸기 위한 조치라고 하지만 복리후생비는 개혁기간 중에도 늘어났음을 통계는 보여준다. 혹 정규직의 귀족노조 때문이라면 공기업 개혁은 잠시 머물다가 간 철새와 같다. 그래서 필자는 주장한다. 공기관의 수익을 모으고 보태서 민간경제 주체의 담합을 막는 일에 써라. 유류가, 통신비, 주요 공산품과 유통가격 등이 불합리하다고 국민이 불만을 터뜨리면 민간의 담합가격과 경쟁할 수 있는 공기업을 탄생시키고 사명감에 투철한 임직원을 뽑아 경쟁하라는 소리다. 충분히 가능한 일이다. 오로지 사명감 하나로 뽑는 것이다.

요즘 세계가 경제를 살리기 위해 안간힘이다. 미국도 힘들고 유럽도 힘들다. 2008년 미국 월가에서 시작된 금융사고는 20~30년간 위세를 떨쳤던 신자유주의 경제의 종말을 뜻한다. 신자유주의의 탐욕이 버블거래 후 풍선에서 바람 빠지듯 폭삭했다. 다시 케인지안 경제로 돌아가 정부가 돈을 풀어서 경제를 살려야 한다고 아우성이다. 그래서 풀었더니 미국의 재정적자와 국가부채가 디폴트 수준이라고 무디스가 떠든다. 드디어 스탠더드 앤 푸어사가 미국의 신용등급을 강등했다. 유럽의 여러 나라도 디폴트 직전에서 구제금융을 받는다. 기축통화의 위력 때문에 투자처를 찾지 못한 많은 유휴달러가 미국의 국채를 사들이지만 언젠가 미국의 국채가 휴지조각이 될 날이 올 수도 있다고 경고한다. 케인즈 경제학에서 민간과 가계의 소비가 줄면 정부가 나서서 소비를 일으켜야 한다고 되어 있지만 작금처럼 미국을 위시한 전 세계가 신자유주의에 의한 국제적 금융사고를 막지 못해 일어난 불황은 어느 정도 규제와 제도를 바꾸는 일이 병행되어야 한다. 탐욕을 막아야 한다.

필자가 생각하기에 이상(理想)에 가까운 경제정책 목표가 있다면 경제성장율 > 광의 통화증가율 > 재정적자 증가율 > 국가채무 증가율 > 물가 상승률. 이런 틀 안에서 경제가 운용된다면 더 이상 바랄 게 없을 것 같다. 통화가치의 안정을 이룰 수 있고 더디지만 경제도 탄탄해지리라 믿는다. 적어도 두 자리 수자의 통화증가율은 통화가치의 안정을 저해한다. 환율이 떨어지지 않고 물가가 상승하는 이유 중 하나다. 현대에 와서는 통화가치의 안정이 경제변수로서의 가중치가 많이 줄어들었으나 일국의 통화가치의 안정은 앞으로도 무시할 수 없는 기본요소 중의 기본요소다.

경제를 살린다고 무리수를 두면 후유증을 가져온다. 2007년 말부터 2010년 말까지 우리나라 GDP는 약 20% 늘어난 데 비해 M2나 Lf는 30% 이상 늘었다(현대경제연구원 한상완 상무). 그만큼 돈이 많이 풀리고 통화 인플레가 조성된 셈이다. 인플레 성장이다. 경제를 살리자는 말은 통화를 적게 풀면서 경제를 질적으로 발전시키자는 소리다.

(참고: M_1, M_2, Lf는 시중에 돈이 얼마나 풀려 있는지를 나타내주는 지표들이다. M_1 = 현금통화 + 요구불예금 + 수시입출식 저축성예금으로 이뤄진 협의통화라 부른다. M_2 = M_1에 정기 예·적금과 만기 2년 미만의 금융채, 실적배당형 금융상품으로 구성된 광의통화라 부른다. Lf = M_2에 만기 2년 이상 정기 예·적금 및 금융채, 생명보험사 보험계약준비금 등을 더한 지표다.)

12. 원화의 자존심

이명박 정부 들어 가장 크게 변한 경제정책이 있다면 환율
정책이다. 수출 대기업은 좋지만 서민은 힘들다. 수입 대기
업이 환율 인상분을 제품가격에 전가시키기 때문이다.

2008년 말 금융위기 때 환율이 요동치는 걸 안타깝게도 또 봤다.
IMF 때 은행창구에서 시시각각 변하는 원화 가격 때문에 새파랗게
질린 사람들의 얼굴표정이 지금도 눈에 선하다. 외국으로 유학비를
송금하려는 사람들의 입에서 나오는 불평불만은 독버섯을 품고 있었
다. 그때 나도 돈 좀 벌어보겠다고 500달러를 샀는데 나중에 환전해
보니 점심값도 남는 게 없어 물어보니 수수료가 1달러당 100원이 넘
었던 것으로 기억된다. 당시에는 개인 환전상이 불법으로 되어 있을
때라 남대문시장의 아줌마에게도 못 갔지만 법인은 달랐다. 사장님들
은 이렇게 싼 수수료에 달러투기를 할 수 있겠구나 생각했다.

2008년 말 환율파동이 IMF 때와 다른 게 있다면 원화 대 엔화의
비율이 달러보다 더 강세인 점이었다. 일본 돈 만 엔이면 우리 돈 8만
원도 바꿀 수 없던 것이 15만 원을 바꿀 수 있었다. 때 아니게 일본
관광객이 몰리고 오랜만에 대일 관광수지가 흑자로 돌아섰다고 좋아
했다. 일본 돈 뿐만이 아니었다. 중국 돈 1위안이 200원을 넘어섰다.
유러화마저 살인적으로 상승해 수입상마다 힘들어 했다. 우리나라로
돈 벌러 왔던 엔벤 동포들이 돌아가고 동남아 저개발국 근로자들도
귀국을 서두르고 있었다. 한마디로 말해 원화는 세계 모든 주요 통화

에 비해 약세였다. 지난 일이지만 우리만 봉인가 하는 생각에 분통이
터졌다. IMF 때도 마찬가지였지만 2008년에도 우리만 유독 환율변동
이 심했다는 걸 느낀다. 2011년 미국의 신용등급이 낮아지고 채무한
도가 미 국회에서 상향 조정받자 또다시 그런 일이 눈앞에 닥쳐왔다.
엔화와 위안화는 강해지는데 원화는 약해지고 있다. 아르헨티나와 멕
시코 정도를 제외한 다른 모든 나라의 화폐가치는 오르는데 유독 원
화가치만 내리고 있다. 왜 그럴까?

환율을 결정하는 이론을 따지자면 국제대차설, 환 심리설, 이자율
평가설, 구매력 평가설 등이 있다. 국제대차설은 1860년대 금본위제
하에서 나왔던 거라 지금은 거의 사용하지 않고, 환 심리설도 크게
평가 받지 못하고 있다. 이자율 평가설은 간단히 이야기하면 돈의 가
치라고 말할 수 있는 각국의 이자율 차이에 따라 환율이 결정된다는
것이고, 구매력 평가설은 각국의 물가 상승률에 따라 환율이 결정된
다는 것이다. 환언하면 한 단위의 통화로 얼마큼 살 수 있느냐 하는
논리다. 두 이론을 기초로 총수요접근법, 오버슈팅, 탄력성접근법 등
이 있는데 아무래도 얼른 머릿속에 들어오지 않는다. 여러 가지 학설
이 복합적으로 작용하는 것 같다. 복잡하게 이론을 따지지 말고 간단
히 말해서 한 국가의 달러 수요가 많으면 절하되고 달러 수요가 적으
면 절상되는 것 같다. 경우에 따라 투기수요가 가수요를 일으켜 부채
질하는 것도 감안해야 한다.

일반인이 알기에 제일 쉬운 환율 설명을 하라면 라테지수와 빅맥
지수를 들 수 있다. 세계에 널리 퍼져 있는 스타벅스 커피와 맥도날
드 햄버거의 가격으로 그 나라의 돈 가치를 결정하는 것이다. 카페라
테 한 잔에 얼마, 맥도날드 햄버거 하나에 얼마를 기준으로 그 나라

의 환율을 비교 평가하는 것이다.

그런데 그것으로 환율이 변하는 이유를 설명하기에는 뭔가 좀 부족한 것 같다. 이론대로 되는 것도 아닌 것 같고 그냥 수요와 공급의 법칙에 따라 결정된다고 보는 것이 제일 편할 것 같다. 왜 한국 돈은 수요가 적을까? 국제경쟁력이나 국가브랜드가 약해서일까? 정부에서 신경 쓰지 않는 것은 아니겠지만 신경 쓴다고 해서 별 뾰쪽한 수단도 없다. 인위적으로 잘못하다가는 오히려 화를 자초한다.

1980년 1월 4일 종합주가지수가 100이었고 환율이 달러당 484원이었으니까 주가지수에 비해 오르지 않았다고 우스갯 소리할지 모르겠으나 환율은 한마디로 그 나라 통화의 객체적인 평가라고 할 수 있으므로 그 사이 달러나 엔화, 위안화에 비해서 그만큼 가치가 상대적으로 약화됐다고 보면 맞을 것이다.

유독 한국의 원화가 타국통화에 비해 상대적으로 더 약한 이유는 뭘까? 수출입 비중이 높아 대외변수에 취약하기 때문일까? 즉, 개방도 높은 경제구조로 대외의존도가 심해서일까? 그렇지만 이것이 전부는 아닌 것 같다. 외환시장 규모가 작아 국제투기자본이 가격을 주도하기 쉬운 측면도 있겠지만 기본적으론 달러가 부족해서다. 국내

변수(통화량, 정정 불안, 환율 정책, 경제 체력 등)와 국외 변수(국제 시장에서의 인기도, 투자가의 전망) 등에 따라 환심리가 작용, 조그만 변화에도 CDS 프리미엄(국가 디폴트 리스크)이 높아지는 것이다. 하지만 중심에 놓여 있는 이유는 국제수지가 취약해서다.

2008년 당시 정부와 언론에서는 자꾸 2,000억 달러의 유동성이 있다고 떠들어대는데 마치 여유 있는 달러가 2,000억 달러 있다는 뜻으로 오해되는바 어린아이들에게 장난치는 것도 아니고, 단기채무와 1년 내 만기도래하는 외화부채를 합하면 2,000억 달러에 이르러 순액이 0수준인데 무슨 외화보유에 여유가 있다는 말인지 정부와 고위공직자에 대한 신뢰감만 떨어뜨린다. IMF 때도 그랬다. 국가부도는 없다고. 그러나 주가는 하염없이 내려갔다. 모두들 속았다. 배신감이 솟지 않을 수 없었다. 외국의 지적이 오히려 잘못된 것인 양 말하는 고위공직자의 양태는 순진한 국민을 화나고 헷갈리게 한다. 좋게 말해 가수요를 걱정해서일까? 차라리 우리가 달러 빚을 많이 들여오고 외화를 많이 소비하여 지금 달러 유동성에 충분한 여유가 없으니 국민께서는 달러를 벌어들이고 가급적 달러 소비를 자제해주시면 고맙겠습니다 하고 담화를 발표하는 것이 훨씬 신뢰감을 주고 애국심을 유발하는 것 아닐까? 요즘도 뉴스에는 외환보유량과 경상흑자만 나온다. 대외부채는 없는 것 같다. 2011년 8월, 모건스탠리와 노무라 증권은 우리의 대외부채 상환능력이 아시아 8개국 중에서 가장 취약하다고 했다. 외화부채 대 외화자산 비율은 거의 1:1이었다.

환율은 다른 것처럼 시간만 지나면 자동적으로 오르는 물건은 아니다. 환율 자체는 가치중립적이다. 혹자는 환율이 오르면 수입하는 원가가 올라 물가에 영향을 미치지만 수출이 늘어 국제수지에 도움을 주므로 좋은 것처럼 이야기한다. 그래서 은근히 환율을 부추긴다. 맞다. 환율 자체는 좌파나 우파, 진보나 보수처럼 어떤 색깔을 갖고 있지 않기 때문에 국내경기를 활성화시키면 그것으로 좋다. 그렇지만 환율이 미치는 영향은 대단히 크다. 개인적으로 유학비에 미치는 영향, 해외여행을 하고 싶을 때 주저하게 만드는 변수, 수입가격 상승에 의한 물가상승, 기업의 외화차입 이자 등에 영향을 미친다. 그렇지만 돈의 가치 때문에 느끼는 자존심에 상처받을 때 가장 서글프다. 나만 느끼는 건지 모르지만 한국 돈의 가치가 이것밖에 안 되나? 세계물가는 내려가는데 왜 우리는 올라가는가? 세계 환율은 달러 대비 강세인데 원화만 약세가 되는 이유는 뭘까? 등 단상에 잠길 때가 있다. 그래도 돈을 풀어 잘살기만 하면 그만일까? 환율이 오르든 말든 많은 돈을 벌어 국내에서만 산다면 개인적으론 골치 아플 게 별로 없다. 그러나 국가적으로는 외국과의 교류를 하지 않을 수 없으므로 어떻게든 지불수단인 달러를 확보해야 한다. 국내외환시장에선 더 많은 원화를 지불하면 그만이지만 달러 보유량이 부족할 때는 국제금융시장에서 달러 자체를 구걸해야 한다.

환율은 한마디로 그 나라의 통화가치를 대외적으로 나타내는 지표다. 그러므로 환율이 낮아도 경제가 잘 돌아간다면 낮을수록 좋다. 생각 같아서는 1달러 대 500원쯤 했던 1980년대 초 수준으로 돌아갔으면 좋겠다. 그래야 외국 나가서도 한국인의 자존심을 느낄 것 같은데 현재로서는 통화가치의 차이를 실감할 뿐이다. 그렇다고 무리하게 환율의 디노미네이션을 일으키는 것은 단순히 명목가치의 상승일 뿐이득이 없다. 혼란만 가중시킨다. 통화를 많이 풀면 시장이자율은 하락하고 물가는 올라 원화가치는 약하게 되어 있다. 결국 화폐량을 줄이고 세계의 기축통화를 많이 보유하는 것이 환율을 안정시킬 수 있는 제일 좋은 방법이다. 돈 벌려고 국내금융기관이 외화차입을 많이 하면 갚을 때 국가가 고생한다. 어떻게 하면 외국 돈의 수요를 줄이고 한국 돈을 찾게 만들까 하는 것이 근본적인 대책이다. 결국 세계가 인정하는 한국이 되어야 한다. 일본은 재정적자가 선진국 평균의 3배(GDP대비 10% 이상)를 넘고 이자율이 0%여도 세계 사람들이 엔화를 찾는다. 달러 다음으로 믿을 만한 자산이기 때문이다. 일본이 장기불황에 빠졌다고들 이야기하지만 엔화는 여전히 강세다. 세계경제가 요즘 같은 불황을 겪고 미국의 신용등급이 한 단계 강등되면 엔화는 더욱 강해진다. 지금 일본은 제2차 세계대전 후 최고의 엔 시세를 자랑하고 있다. 자존심이 밥 먹여주지 않기 때문에 일본 당국은 엔화의 가치를 절하시키려고 노력하지만 소용없다. 엔화가 좋다고 쫓아다니는 세계의 투자가들 때문이다.

지난 2010년 G20 회의의 주제는 환율이었다. 환율전쟁의 기본은 미국이 달러를 많이 푼 데 원인이 있다. 돈을 과도하게 풀면 그 돈의 가치는 절하되게 되어 있다. 지난 10년 동안 미국은 돈을 많이 풀었다. IT버블 붕괴를 극복하기 위한 부시 행정부의 감세(1조 8,210억 달러), 11·9 테러 복구 비용, 이라크와 아프가니스탄 전쟁비용(1조 4,690억 달러), 그리고 2008년 금융위기로 인한 오바마 행정부의 2조 4,000억 달러에 달하는 통화증발, 경기침체로 인한 의료, 실업 수당 등 사회보장비용 증가로 미국의 재정적자는 2010년 GDP 대비 10.5%로 악화되었고 미국의 국가부채는 GDP 대비 2010년 93%까지 상향됐다(참조: 삼성경제연구소). 그러니 미국의 달러라고 마냥 좋을 수는 없다. 무게를 잃어가고 있다. 미국은 지난번에도 재정지출을 위한 양적 확대정책을 취하기 위해 의회에 재정적자 한도의 증액을 요구했다 되레 예산통제법에 따라 장기간에 걸친 재정지출의 감소라는 의무를 의회로부터 부여받았다.

달러의 양적 확대정책은 경기부양 등 자국에 단기적으로 이익을 줄지 모르지만 세계금융시장과 부동산시장에 악영향을 미치고 기축통화로서의 임무는 저버리는 행위다. 미국에 막대한 양을 수출하여 달러를 벌어들이고 있는 중국은 미국의 책임을 강조했다. 중국 사회과학연구원의 아태연구소장은 중국 수출의 절반 이상이 외자기업이라는 점, 다시 말하면 외국인이 중국에 들어와 물건을 만들어 달러를 벌어들이는데 위안화의 절상만이 특효약은 아니라는 것이다. 위안화를 절상하면 수출단가가 올라 미국의 물가가 오르고 경상적자는 더욱 늘어난다는 것이다. 그래도 미국은 환율 통제국인 중국 위안화의 절상을 요구한다. 일본 엔화는 이미 절상되었다. 그 결과 달러 대 엔화의 비율은 30년 전 360 대 1에서 전후 최저시세인 75엔을 2011년 10월 기록하고 요즘은 80엔을 오르내린다. 언젠가 또 변하겠지만 우리도 언제쯤 그런 날이 올까 마냥 기다려진다.

13. 부자감세

부자감세는 뜨거운 감자다. 그런데도 청와대는 강행할 방침이다. 명분은 서민과 중소기업을 위해서란다. 엠비노믹스의 경제정책은 세금은 적게 걷을수록 좋다는 것이다. 그러나 이것도 정도 문제지 세계 여러 나라와 비교하여 낮은 수준에 있다면 제고해볼 일이다. 99%를 위해서 말이다.
'다수 국민이 복지를 원하면서도 크게 기대하지 않는 것은 제대로 된 복지를 경험하지 못했기 때문이고 다수 국민이 세금을 안 내려고 꺼리는 것은 내가 낸 세금이 복지로 돌아올 확신이 없기 때문이다.' 나도 그렇게 생각한다.

이명박 대통령은 취임하자마자 감세정책을 통해 4년 동안 약 66조 원을 감세시켰다. 경기활성화를 위한 재정지출은 늘고 4대강 살리기 등 돈 쓸 일은 많아 국가부채(4년 동안 96조 원의 재정적자)가 급격히 늘어나자 고육지책으로 부자감세를 연장시켰지만 근본은 감세정책이었다. 연장시킨 부자감세의 시행이 2012년으로 다가왔다. 부자감세 철회냐 아니냐를 놓고 여당과 야당이 서로 자기편에 유리하게 해석한다. 내가 보기엔 뻔한 내용을 갖고 해석하는 모양이 아진인수로 꼬여 있는 것 같다. 결국 2011년 말 민심을 좇아 부자감세를 철회했지만 그래도 5년 동안 약 82조 원 이상의 세수감소가 예상된다(자료 : 국회예산처). 상위 20%를 위한 추가 감세에 대해 국민은 분노했다.

그래서 나는 우리나라 세율체계를 조정했으면 한다. 세율체계를 조정하고 싶은 이유는 소득재분배 효과를 높이고 공생발전 하자는 것이다. 특히 고소득자(법인세 포함) 세율을 한 단계 신설하여 그 돈으로 사회임금을 늘려 계층 간 위화감을 줄이고 사회통합과 소통을 원활히 하자는 데 목적이 있다. 세금을 줄여 소비를 늘리고 투자를 촉진하자는 논리가 틀렸다는 게 아니라 재정지출이 민간지출보다 효과가 크고 직접적이라는 데 점수를 주고 싶다. 다시 말하면 지금의 정부와 반대로 증세정책을 취하고 싶다는 말이다. 적어도 선진국 평균 수준으로 말이다.

우리나라의 담세율은 현재 20% 이하다. OECD 평균은 25% 이상이니 차이가 많다. 부자증세가 공평과세인 이유는 GDP 대비 사회보장 기여금을 포함한 우리나라의 직접세 비중이 OECD 內 선진국과 비교하여 낮은 수준이기 때문이다(OECD 24.6%인데 반해 우리는 17.5%). 특히 미국, 일본, 영국 등은 직접세 비중이 대단히 높다. 사회복지가 낮은 선진국일수록 직접세 비중이 높고 간접세 비중이 낮다. 어떻게 보면 역설 같지만 사실이다. 그런데 우리는 사회복지가 낮은데도 직접세 비중이 낮다. 따라서 직접세 비중을 높여야 한다. 그렇다고 사회복지를 높이기 위해 간접세 비중을 늘리는 것은 직접세 비중을 더욱 떨어뜨리고 소비세를 높여 서민층만 고달프다.

그렇다면 어떻게 고소득자의 세율을 한 단계 조정할 것인가? 어렵지 않다. 비슷하면서도 복잡하게 나누어져 있는 우리나라 소득세율과 종합소득세율, 양도세율을 하나로 묶고 현 소득세 체계를 그대로 둔 채 한 단계 높은 세율을 부과하는 고소득 과표구간(예를 들면 연봉 1억 2천만 원 이상)을 신설하여 과세표준을 4단계에서 5단계로 하는 것이다. 선진국이 대체로 4~6단계로 나눠져 있으므로 이상할 것 없다. 국세청 통계에 따르면 연봉 1억 2,000만 원 이상 소득자가 얼마되지 않아 그 효과가 미미할 것이라고 말하지만(세율의 누진적용 때문에 사실일 수 있다) 그것은 세금을 적게 내려는 고소득자의 회피성 발언이다. 설혹 얼마 되지 않는다 하더라도 고소득에 대한 세율 신설 자체가 국민에게 주는 심리적 효과는 지대하다고 본다.

국세청의 말대로 숫자가 적으니 조세저항이 적으리라 사료되지만 만약 조세저항이 심하다면 그들에게 인센티브를 제공하자. 예를 들어 그들에게 1인 2투표제 같은 선물을 주는 것이다. 국가에 기여하는 것이 많으므로 어떻게 보면 당연히 누려야 할 권리이다. 지금의 투표제도가 세계적으로 보편화된 것은 사실 그리 오래된 일이 아니므로 생각하기 나름이다. 문제는 고소득자들이 사회지도층이라 법안이 통과될지도 의문이지만 돈으로 사람 차별하느냐는 더 많은 사람들의 반발이 문제될 것 같다. 그렇지만 숙고해볼 일이다.

법인세도 현재 2억 이상과 2억 이하로 나눠져 있는 2단계 체계를 한 단계 신설하여 3단계로 한다. 가령 200억 이상 기업소득에 대해서 한 단계 높은 세율을 적용하면 국가부채를 줄이고 공생 발전하는 데 상당한 효과가 있을 것이다. 기술 발전상 갈수록 대규모 투자가 필요하다고 하지만 그래도 되는 이유는 어차피 투자는 눈앞에 이익이 보여야 하는 것이고, 우리의 법인세가 높은 편이 아니며, 또 IMF 후 10여 년간 우리의 대기업은 많은 돈을 축적했다. 서민 대중들은 그 돈의 크기를 짐작하지 못할 정도로 현금성 잔고는 해마다 늘고 있다. 세금 무서워 투자하지 않는 기업가는 슘페터가 이야기하는 기업가 정신이 부족한 기업가다. 구더기 무서워 장 못 담그는 격이다. 워런 버핏도 스스로 고소득 저세율이 온당치 못하다고 지적했다. 감정적 이유가 아니라 세율을 조정하고 싶은 합리적 이유를 적어보자.

가. 소득불균형의 완충작용

세금으로 소득불균형을 조금이라도 누그러뜨릴 필요가 있다. 우리 사회는 제도권과 비제도권(비정규직을 포함한 88만 원 세대)의 차이가 너무 심하다. 다른 나라와 비교해도 그렇다. 자유자본주의를 택하고 있는 나라만 바라볼 게 아니라 사회자본주의를 택하고 있는 나라와도 비교해야 한다. 이것은 정체와 국체와 아무 상관없는 문제다. 즉, 100만 원 내외 소득자와 500만 원 내외 소득자로 갈라져 중간계층인 월 200~300만 원대 소득계층이 빈약하다. 2011년 4분기 통계분석에 의하면 월 200만 원을 받지 못하는 직장인이 54%(조선일보 : 월 100만 원을 받지 못하는 직장인이 13.9%인 241만 명, 100~200만 원을 받는 직장인이 40.4%인 699만 명, 월 400만 원 이상 임금소득자는 약 10%인 173만 명)나 된다. 2009년 국세통계연보에 의하면 사업소득자 중 과세미달자도 247만 명이나 된다. 국민 전체로 보면 다수의 저소득자가 존재한다는 말이다.

이명박 정부에서 잃어버린 10년이라고 표현하는 김대중 정부와 노무현 정부 시절 중산층이 10%p 줄었다고 한다. 2008년 국정감사 자료에 따르면 1996년 68.7%에 달하던 중산층 비율은 2006년 58.5%로 10.2%p 줄었다. 같은 기간 빈곤층은 11.2% → 17.4%, 상류층은 20.1% → 24.1%로 증가했다. 중산층에서 빈곤층으로 전락한 비율이 6.2%p(가구 수로 123만 가구)이며 중산층에서 상류층으로 상승한 비율이 4%p다.

어차피 가진 자와 없는 자의 불평등은 심화될 수밖에 없는 게 자유자본주의라지만 중산층이 줄고 고소득층과 저소득층이 증가했다면 결코 정치를 잘했다고 평가할 수 없다. 소득 불평등 정도를 나타내는 지니계수도 1998년 0.295 → 2007년 0.312로 심화됐다. 0.4를 넘으면 불평등 정도가 심하다고 하는데 아마 현 정부 들어서는 지난 정부보다 수치가 더 심화되어 있을 것이다(공식통계는 2011년 0.311).

2011년 6월 한국보건사회연구원 남상호 박사가 발표한 자료에 따르면 절대소득 빈곤가구 비중은 전체 가구의 10.2%였고, 중위소득의 40%에도 못 미치는 상대빈곤가구 비중은 14.7%였다. 반면 보유자산이 6개월간의 최저생계비보다 적은 절대자산 빈곤가구 비중은 전체의 13.3%였고 상대자산 빈곤가구 비중은 29.3%에 달했다. 특히 70대 이상의 자산빈곤은 극심한 수준이었다. 작년의 발표치와 비교해 개선(?)된(상대적 빈곤율을 중위소득의 50%가 아닌 40%로 작성) 수치이지만 보다 실질적인 빈곤대책을 마련해야 함은 두말할 필요가 없다.

2011년 판 국세통계연보에 의한 소득불평등을 보면 억대 연봉자가 28만 명으로 전년 대비 약 40% 증가했다. 전체 근로자에서 차지하는 비율은 1.8%(전체 근로소득자 1,550만 명). 그러나 건강보험공단의 자료에 따르면 억대 연봉자는 32만 명, 이는 세금부과 대상 근로소득자 900만 명보다 많은 1,248만 명을 대상으로 했기 때문인데 이 속에는 개인사업자를 제외한 고소득 전문직, 공무원, 교수 등이 포함되어 있다. 이전소득을 포함한 2010년 상위 20%의 월 소득평균은 691만 원으로 하위 20% 월 소득평균 119만 원의 5.8배다. 계층 간 소득의 양극화는 5분위로 나타낼 게 아니라 10분위로 따져야 더 의미가 있다.

대학생 신불자도 급격히 증가하고 있다. 2008년에만 1만 명이 늘어 2년 전에 비해 무려 15배가 넘었다. 2011년 6월 말 기준 약 5만 명의 대학생이 대부업체로부터 800억의 빚을 지고 있다. 연체율은 15%. 앞으로 학자금 대출에 따른 신불자를 생각하면 앞날이 순탄치만은 않을 것이다. 청년실업이 계속되고 있는 상황에서 청년신불자의 증가는 사회문제임에 틀림없다. 부동산도 마찬가지다. 종부세 대상 인원 중 2주택 이상 보유자가 약 70%, 6채 이상도 18%나 된다. 문제는 빈익빈 부익부가 점점 심화되면 최하위계층은 애국심은 물론 삶의 의욕마저 잃게 된다. 대한민국 공동체의식은 없어지고 공생발전 할 수 없다. 아무리 외쳐도 소통과 화합으로 갈 수 있는 여건이 아니다.

나. 복지예산 마련

인간다운 삶을 추구할수록 복지예산은 늘어나게 되어 있다. 부족한 사회서비스를 확충해야 하기 때문이다. GDP에서 차지하는 사회예산 비중은 약 7.5%로 OECD 평균 22%의 1/3 정도 수준이다. 자본주의 상징인 미국보다 훨씬 못하다. 소득세 비율은 말할 것도 없다. 2006년 OECD 소득세 규모가 GDP의 9.2%라면 우리의 소득세 규모는 4.1%다(2010년은 약 3.4%로 오히려 줄었다). 우리의 GDP 규모가 1,200조 원이라면 최소 60조 원 이상의 소득세를 더 거둬야 OECD 평균과 같아진다는 말이다. 그런데 반대로 부자감세를 했으니 공정하지 않다. 감세에 대한 구체적 피해는 지자체 교부금이 감소되어 저소득층과 노약자에 대한 각종 지원이 삭감된 것 외에도 찾아보면 소소하게 많다.

사회복지의 시장화 정책이 맞는지 틀린지 또는 정의(正義)로운지는 논외로 치고 사회복지의 시장화가 갖는 대표적 결함은 미국의 의료제도를 보면 알 수 있다. 공공의료기관을 갖지 못한 미국은 영국에 비해 GDP 대비 약 배를 지불하면서도 의료서비스를 받기 쉽지 않다.

사실 우리나라도 상당부분 사회복지서비스를 민간시장에 의존하고 있다. 민간의료보험, 사적 연금보험, 요양서비스의 민간기관화, 보육기관의 사설화 등 상당히 많다. 예를 들어 지금 공보육기관은 전체의 5%밖에 안 된다. 문제는 사회복지의 시장화가 더 이상 진전되지 않아 중산층 이하 사람들이 골고루 질 높은 복지서비스를 저렴하게 받을 수 있었으면 좋겠다. 여기에 필요한 돈이 바로 복지예산이며 사회임금이자 살기 좋은 나라라고 생각한다.

사회공공연구소가 통계자료를 재구성해 발표한 바에 따르면 대한민국의 사회임금은 7.9%인 반면 OECD 22개국 평균 사회임금은 31.9%였다. 가장 사회복지가 잘 되어 있다는 스웨덴은 48.5%로 가계운영비의 절반 가까이가 사회임금이다. 프랑스 44.2%, 독일 38.8%, 일본 30.5%, 영국 25%, 미국은 17%다. 직접세의 비중이 높은 미국, 영국, 일본 중 일본의 사회임금이 30.5%인 것은 노령연금이 잘 발달되어 있기 때문이다. 시장임금에만 의존하는 우리는 직장에서 쫓겨나면 당장 살 길이 막막하지만 외국은 그렇지 않다는 것이다. 그것은 반대로 기업 측에서 보면 노동유연성을 확보하는 길이다.

다. 건전재정과 국가채무

2008년 금융위기를 극복하기 위한 선제공격은 결국 다음 해 약 50조라는 재정적자를 가져왔다. 2010년에는 줄었다고 하나 국가채무는 2007년 289조에서 2010년 393조 원으로 약 100조 원 증가했다. GDP 대비 약 36%다. 현 정부에서 2배나 늘어난 공기업 부채와 기타 부채까지 합치면 1,600조 원에 이를 것이란 말이 틀리지 않다. 미국, 일본

등과 비교하여 괜찮다고 방심하면 안 된다. 스페인, 그리스 등 유럽의 예로 봐서 40%를 넘기면 안 된다. 디폴트가 일어나기 때문이다. 2011년 미국의 신용등급 강등 원인도 재정적자와 국가채무에서 비롯된 것이다.

지방자치단체도 문제다. 종합부동산세의 개악(改惡)뿐 아니라 교부세 재원 부족으로 지방재정자립도가 점점 떨어진다. 지방교육재정도 어렵다. 따라서 증세로 재정건전성을 높이고 국가채무를 줄임으로써 차후를 대비해야 한다.

라. 일자리 회복으로 중산층의 증가

가장 관심사인 일자리는 선진국이 될수록 제조업보다는 서비스업에서 마련된다. 굴뚝산업은 점점 기계설비화 됨으로써 취업에는 한계가 있다. 현재 공식 실업률은 4% 내외를 왔다 갔다 하지만 사실상 백수가 400만 명이라고 했다. 특히 청년실업률은 10년 내 최고다. 5명 중 1명이라고 한다.

미 의회는 2000년대 초 미국 부시 행정부의 대규모 감세에 대해 뒤늦게 '경기부양에 부적합한 방식'이라는 결론을 내렸다. 총수요는 감세 1달러당 0.74달러로 투입보다 산출이 적었고, 고용도 정부 예측치의 38% 증가에 그쳤으며, 막대한 재정적자의 57%는 감세에서 비롯됐다는 보고서를 내놨다. 우리도 마찬가지다. 더 거둬들인 세금으로 사회서비스를 확충하면 하위층에게 일자리를 주어 중산층을 보강한다. 중산층이 넓을수록 사회는 건강해진다. 성장을 늘리고 경제를 활성화하는 데 감세는 간접적인데 비해 정부의 재정지출은 직접적이다.

마. 금융소득의 형평성

덧붙여 논해야 할 것은 금융소득 이자소득세가 16.5%로 너무 낮다는 점이다. 4,000만 원이 넘으면 종합과세를 매기므로 괜찮다는 의견도 있지만 선진국과 비교하기 전 우리나라 현실 속에서 이야기해보자. 4,000만 원이면 현 금리(3개월 CD금리 약 3.5%)로 계산할 때 최소 10억 이상의 현금을 보유하고 있다는 뜻인데 10억 원 이상의 현금보유자에게 16.5%의 단일세율로 마감하는 것은 사회적 형평에 맞는 일일까? 10억 이상의 현금을 가지고 있다는 것은 그만큼 다른 소득과 자산도 있다는 뜻인데 사회적 형평에 어긋나는 것임에 틀림없다.

금융종합과세를 않더라도 미국의 46%, 독일 54%, 네덜란드 60%, 스위스 51%, 호주 48%, 영국 40%, 일본 37% 등 선진국 세율인 약 50%의 이자 소득세를 매기는 것은 바람직해 보인다. 더구나 금융차명거래가 가능하고 각종 비과세 금융상품이나 저율과세 금융상품의 비중이 실제 너무 많고 큰데도 불구하고 금융소득에 대한 세금은 적다는 것이다. 2008년 기획재정부가 한나라당 (이종구) 의원에게 제출한 자료를 보면 금융소득 4,000만 원이 넘는 사람은 약 3만 6천 명이고 이들의 총소득은 약 6조 8,000억에 이른다. 아마 지금은 이보다 더 늘었을 것이다.

구체적으로 세율조정을 위한 방안을 말하면,

1) 소득세 : 과세표준 1억 2,000만 원 이상 구간을 신설하여 한 단계 높은 44% 세율을 부과한다. 2011년 말 국회에서 통과된 연봉 3억

원 이상 구간 신설은 너무 과소한 것 같다.

2) 법인세 : 현재 2억을 기준으로 상하 2단계로 나눈 과세구간을 200억 초과에 대해서는 한 단계 높은 33% 세율을 신설한다.

3) 양도소득세 : 소득세와 일치시키고 과표구간을 소득세와 같이 최고단계를 신설한다.

4) 금융소득세 : 원천징수로 끝나는 한도를 4,000만 원에서 최대 3,000만 원 이하로 낮추고 일정액 이상 차명거래를 금지한다. 이를 어길 경우 부동산명의신탁처럼 30%의 과징금을 매긴다.

5) 종합부동산세의 부활도 검토해야 한다.

6) 기타 : 자본이득세(capital gain)와 금융상품거래세도 논의되고 있으나 수명(만기)이 정해져 있지 않은 상품의 자본이득세는 계산하기 어려운 면이 있다. 다만 만기가 정해진 금융상품의 계산은 명확한 면이 있어 계산하기 쉬우나 연관된 파생상품의 자본이득을 구하는 것은 역시 어렵다. 또한 금융상품 거래세의 도입은 손실 보는 소액투자자의 분노를 산다.

1982년에 시작되어 물경 30년을 끌어온 임시투자세액공제제도를 2011년 말 폐지하고 고용창출기업에 감면혜택을 준 것은 얼핏 보기엔 고무적인 일이나 내용을 뜯어보면 여전히 대기업에 세금혜택을 주고 있다. 법인에게 R&D 투자 등 이러한 세금감면 혜택이 있다면 개인에겐 보험 상품을 위시한 비과세 금융상품과 저율과세상품이 있다. 이 또한 법인세 감면혜택 못지않게 중요하다. 차제에 함께 고려해야 할 대상이다. 마지막으로 탈루와 탈세다. 넓은 세원을 포착하고 탈세를 막아야 한다. 2009년 8대 전문직 자영업자들의 소득 탈루율은

37.5%에 달하고 2010년 유흥업소를 비롯한 고소득 자영업자들의 탈루율은 48%에 이른다고 한다. 참고로 2011년 GDP에서 차지하는 지하경제의 비중은 28%다. 뿐만 아니라 국세청이 파악 중인 차명재산은 4조 7000억 원이 넘는다. 이런 지하경제의 비중을 선진국 수준인 10% 정도로 낮춘다면 약 20조 원의 세수가 늘어난다고 한다.(정세균의 분수경제)

그런데 문제는 이러한 개정을 다뤄야 할 사람들이 대부분 당사자라는 데 있다. 언제나 이러한 난제가 해결될지, 대통령 한 사람 잘 뽑는다고 해결될 것 같지 않다. 실무 책임자들이 신설구간에서 거둬들이는 세금이 실질적으로 얼마 되지 않는다고 논박하거나 기업의 사주를 받은 사람들이 감세효과에 대한 장단점을 장황하게 늘어놓으면 결국 좌초하게 된다.

증세구간을 신설하는 목적은 위에서 설명한 것처럼 다양하고 중요한 의미가 있다. 결코 부자의 돈을 뺏는 것이 아니다. 자본주의 체제에서 부자의 사회적 책임을 다하는 것이다. 공생발전이다. 그렇지 않으면 자유자본민주주의 체제에 항거하는 일이 자주 발생할 것이다.

14. 경제사회발전 노사정위원회

정리해고와 비정규직 없는 세상은 가능한가? 한진중공업의 정리해고로 유발된 제4차 희망버스가 던지는 심각한 질문이다. 22명의 자살자를 탄생시킨 쌍용차 정리해고 사건을 비롯하여 그 전에도 크고 작은 수많은 노조의 투쟁이 있었다. 그런데도 여전히 정리해고와 비정규직은 늘어만 가고 있다. 정리해고와 비정규직을 없앨 수 있는 방법은 없을까?

정리해고와 비정규직이 사회문제화 된 것은 1998년 IMF 후 제1차 노사정위원회에서였다. 국가부도 사태를 모면하기 위한 일련의 조치로 '파견근무제와 정리해고 사항을 공무원 노조와 전교조의 탄생 및 노조의 정치활동 보장'과 맞바꾼 것이다. 당시 제1차 경제위기 극복을 위한 사회협약은 90개 항으로 대한민국 경제사회가 나아가야 할 방향을 거의 망라하고 있었다. 그 후로도 노사정 협약은 계속돼 카드 사태 후 2004년 2월 일자리 만들기를 위한 55개 항의 제2차 사회협약을 또 만들었다. 경영상 이유로 정리해고가 남용되자 기업의 인위적인 고용조정 자제와 불가피한 경우 노조와 협의한다는 조항을 추가했고, 비정규직의 불합리한 차별금지 및 정규직 채용 시 해고된 비정규직을 우선 채용한다는 조항을 삽입했다. 그런데도 불구하고 노사합의서는 항상 휴지조각이 되었고 강제조항이 아닌 탓인지 해고된 비정규직은 한 번도 복직되었다는 소리를 들어보질 못했다. 그 뒤로도 정리해고는 계속되었다. 욕심 많은 인간 사회의 당연한 귀결이었는지 모른다.

세계금융위기로 시작된 또 하나의 경제위기 극복을 위한 64개 항에 달하는 노, 사, 민, 정 합의문은 2009년 2월 작성되었다. 고용유지와 일자리 나누기가 주 내용이었다. 형식적이었지만 민간이 동참했다는 것이 눈에 띄었고 특이했다. 현재 실시되고 있는 타임오프제와 복수노조 실시도 그때 노사정위원회가 합의한 사항이다.

이렇듯 노사정위원회는 그동안 많은 일을 해왔지만 정작 비정규직 보호와 일자리 나누기에 대해서는 뚜렷한 성과를 거두지 못한 것 같다. 제1차 협약 시 정부와 기업이 대규모 구조조정에 들어가자 민노총이 탈퇴했고(제1차 때 탈퇴한 민노총은 지금까지 노사정위원회에 복귀하지 않고 있다) 제2차 때는 노동계의 과도한 임금인상 요구, 공공연한 기업구조조정으로 성과를 거두지 못했다. 노사가 서로 믿지 못한 결과였다. 제3차 협약에는 민간단체도 끼였다. 폭은 넓었지만 잡쉐어링(일자리 나누기)에 대해서, 비정규직 일자리에 대해서 구속력 없는 선언적 성격만 강했다. 그 후 2009년 12월에는 노조 전임자(專任者) 축소 및 타임 오프제와 복수노조를 인정하고 2010년 6월에는 비정규직 보호법률의 벌칙인 과태료 규정을 강화한 것 등이 지금까지 노사정위원회의 주요 합의사항이었다. 정작 비정규직 보호와 일자리 나누기에 대해 노사정위원회가 이룩한 가시화된 성과는 없다고 해도 과언이 아니다.

가. 비정규직

우리나라 비정규직 실태는 어떠한가? 2007년 7월부터 실시된 한시적(2년) 비정규직보호법은 2009년 7월 비정규직 고용 대란을 초래할 것이라며 한 때 정부당국은 야단법석을 떨었지만 큰 탈없이 지났다. 현재 전체 비정규직은 임시일용직 등을 포함하면 전체 임금근로자의 절반에 가까운 800여만 명이다. 임금도 정규직 대비 2007년 64% 수준에서 2011년 57% 수준으로 떨어졌다. 정규직과의 복리후생은 격차가 더 벌어졌고 상여금이나 사회보험 등의 혜택을 받는 비정규직도 정규직의 반에 불과하다.

문제는 비정규직의 90% 이상이 300인 이하의 중소·영세사업장 소속이라는 데 있다. 비정규직의 임금차별을 시정하려 해도 4대 보험을 가입하려 해도 이들이 속한 사업장은 지불능력이 부족하다. 물론 사업주의 윤리성이 큰 몫을 하지만 무상복지 논쟁처럼 구호 따로 현실 따로 될 수밖에 없는 상황이다. 더욱이 시행 5년째인 비정규직 차별시정 제도는 신청 자체가 갈수록 저조한데다 차별로 인정된 사례도 아주 적다. 설혹 인정되어도 시정되지 않는다. 예컨대 10년 전 시작된 현대차 사내하청에 대한 소송이 2012년 2월 대법원의 불법파견이라는 확정판결에도 불구하고 네 달이 지난 시점까지 사내하청 노동자의 정규직 전환은 이행되지 않고 있다. '재능교육'의 파업을 떠올리면 특수고용직(개인사업자) 문제도 짚고 넘어가야 한다.

정말 갈등이 심각하여 문제가 해결되지 않는다면 역설적인 방법이지만 차라리 정규직을 뽑지 않는 것도 한 방법이다. 앞으로 계속해서 뽑지 않으면 전부 비정규직으로 채워져 노노간의 갈등이 없어지고 사측은 그만큼 비용이 적게 나가면서 노동 유연성도 생기니 일거양득이다. 정규직이 적어진 만큼 근로자간 차별이 적어지고 대우는 좀 더 공평해질 것이다. 대신 사(社)측은 이익의 일부를 사회 환원해야 한다. 대기업은 잉여금의 일정비율을 사회에 환원하고 기부하면 정부는 그 돈으로 사회임금을 만들고 질 좋은 비정규직 일자리 창출을 위해 공정하게 집행한다. 서로에 대한 배려는 전체가 이기는 게임이다. 문제는 상생이다.

나. 일자리 나누기

2009년 5월 1일 기획재정부는 공공기관 경영정보 시스템인 '알리오'를 통해 297개 공공기관의 직원과 기관장의 연봉을 공개했다. 1위는 한국증권거래소. 당시 이사장의 연봉은 약 8억, 임원은 약 5억, 직원들의 평균 연봉은 약 1억 수준이었다. 대체로 금융관련 공공기관의 연봉은 산업은행과 증권거래소를 쫓아간다. 발표한 바에 따르면 전체 297개 공공기관장 평균 연봉은 1억 6,000만 원, 직원의 평균연봉은 5,500만 원 선이었다. 여기에 인건비를 제외한 경상운영비를 합치면 공공기관 임직원의 실제 가용비용은 훨씬 많을 것이다. 특히 공공기관은 거의 갑(甲)의 입장이므로 사기업체인 을(乙)의 입장과 천양지판이다.

잡쉐어링을 위해서 정부에서 조사한 자료에 의하면 297개 공공기관 중 116개 기관의 대졸 초임은 연봉 3,000만 원선. 선진국 대비 신입사원의 연봉이 높은 건, 더 좋은 인재를 뽑고자 하는 대기업들의 가상한 노력 덕분이지만 정부는 한때 이들 신입사원의 연봉을 깎아서 신규 일자리를 늘리려고 했다. 그러나 그것은 일시적 방편에 지나지 않는다. 비단 신입사원의 문제를 떠나 수억대 연봉을 받는 사람이 많아서는 잡쉐어링이나 비정규직 문제는 해결되지 않는다.

현재 우리 사회가 안고 있는 큰 모순점 중 하나는 제도권과 비제도권의 차이가 심하다는 것이다. 사오정이니 오륙도니 하는 사람들이 명퇴 후 마땅한 일자리가 없다. 설혹 능력이 모자라서 조퇴했다면 그 보다 못한 일자리는 어느 정도 있어야 먹고 살 텐데 그렇지 못하다. 따라서 당연히 어떻게 하면 그 전에 많은 돈을 모을까 고심한다. 시험 한 번 잘 봐 좋은 자리 앉아 많은 돈을 받는 것이 어쩜 당연한 일인지 모르지만 그렇지 못한 사람과의 차이가 너무 크다. 100만 원 일자리는 많지만 200~300만대 원 일자리는 거의 없다. 중간이 부족하다는 뜻이다.

3년 전 대학생 설문조사에 의하면 약 60%가 자살충동을 느끼고 1/3은 자신을 해악하는 사람을 죽이고 싶은 충동을 느낀다고 했다. 그 분노의 중심에 일자리가 있다. 방 속에 콕 들어박혀 방콕이 되면 그만큼 분노에 차거나 우울증에 걸린다. 그러나 소외되지 않고 할 일이 있으면 그런 스트레스는 상당부분 풀린다. 젊은이가 그런 중요한 일자리를 찾아 헤매는데도 중소기업은 사람이 모자란다고 한다. 중소기업을 가지 않는 가장 큰 이유는 조사에서도 밝혀졌듯이 3D업종이 아니라 임금차이 때문이다. 궂은일을 하면서도 영원히 벗어날 수 없는 임금차이 때문이다. 조직에 대한 부적응과 적성에 맞지 않는다는 최근 보고는 숨은 이유가 못 된다.

일자리 나누기란 세계 최고의 근로시간(연간 2,100여 시간으로 OECD 평균보다 약 400시간 정도 많으며 생산성은 상위국의 약 1/2 수준)을 단축하여 새로운 일자리를 만들고 근로자의 임금차별을 줄여 전체적으로는 비슷한 인건비로 보다 많은 고용에 보다 높은 생산성을 지향하는 것이라고 창조한국당 대표는 말했다. 문 전 대표는 신입사원의 연봉을 깎아 일자리를 나누는 게 아니라 근로시간을 줄여

일자리 나누기를 하면 신규로 200만 개의 일자리를 늘릴 수 있다고
했다. 이름 하여 휴먼 빅딜. 유럽 선진국에서 보여주는 예다. 정규직
과 기득권층을 빼고 모두가 바랄 일이다. 탄력적, 선택적 근무 특히
육아 여성이 바랄 것이다.

다. 해법

　일자리 나누기와 비정규직 해법은 위에서 암시한대로 첫째, 기업
과 정규직노조 및 근로자의 분담이다. 둘째, 정규직과 비정규직 이분
법으로 볼게 아니고 같은 근로자 차원에서 문제를 해결해야 한다. 정
규직과 비정규직을 다른 차원에 둔다면 비정규직에 실질적인 혜택이
돌아갈 수 있는 방안을 찾기란 매우 어려운 문제다. 셋째, 사측에서는
근로시간을 단축하여 일자리 나누기를 한다. 근로시간의 단축은 그만
큼 시간적 여유가 생겨 소비가 늘고, 자기가 하고 싶은 일을 함으로
써 결국 국가의 생산성 향상으로 이어지고, 살고 싶은 사회가 된다.
그리고 사측에 유보금이 생기면 일정부분 사회적 약자를 위한 환원
제도를 만듦으로써 국민이 기업과 기업가를 존경하게 만들어야 한다
(스웨덴처럼 실업보험 운영권을 노조에게 주라는 말까지는 않겠다).
　그러나 이를 달성하기 위해서는 사회 전반적인 신뢰, 즉 사회적 자
본이 있어야만 문제가 해결된다. 지금은 기존 정규직의 아성을 그대
로 놔둔 채 비정규직을 정규직으로만 끌어올리려고 하니까 해결점이
없다. 결국은 사(社)는 얼마만큼 양심적으로 경영하고 정규직은 얼마
큼 비정규직을 배려하느냐 차원에서 접근하지 않고는 해결의 실마리
는 풀리지 않는다. 배려가 없으면 해결될 수 없는 문제다. 그러기 위

해서는 문화가 바꿔져야 한다. 대한민국 공동체라는 시각이 있어야 한다. 노사정위원회 역할은 여기에 있다. 그러나 선도해야 할 정치권의 신뢰가 바닥에 있는 한 선언적 방법으로는 쉽게 그 실마리가 풀리지 않을 것이다.

그러므로 당장 비정규직 문제를 해결할 수 있는 보다 현실적 방법은 비정규직의 노조가입률을 현재 1.5~3%에서 끌어올려 노조를 결성케 하고 단체행동권을 행사케 하는 것이라고 본다. 기업과 정규직 노조의 배려를 기대하기 어려운 이상 어차피 세력화되어야 한다. 비정규직을 염두에 둔 노동법 개정도 필요하다. 현재대로라면 정규직의 힘에 밀려 기업은 비정규직을 돌볼 여유도 필요도 느끼지 않는다. 또한 비정규직과의 차별이 정규직에 고스란히 혜택으로 돌아가는 상태라면 정규직도 자기의 아성을 수성할 뿐 다른 데 신경 쓸 이유가 없다.

부언하지만 제도권과 비제도권의 차이를 줄이는 것이야말로 우리 사회가 이룩해야 할 그리고 노사정위원회가 성취해야 할 진정한 주요 책무다. 그 속에 비정규직 문제와 일자리 나누기가 있다. 그것은 우선 기업가의 통 큰 철학에서 출발한다. 시대가 변하면서 노사정 합의는 언젠가 긍정의 힘으로 다가오리라 나는 믿는다.

15. 9988

상위 10대 재벌그룹들의 계열사 수는 출총제가 폐지된 2009년 479개에서 2011년 말 629개로 30% 이상 늘어났다.(서울 파이낸스 2012.2.9) 또 재벌 닷컴에 따르면 동기간 30대 재벌그룹의 계열사는 442개가 늘어났다. 그중 반은 우량 중소기업의 M&A였다. 지금 현재는 지역 색으로 민심이 나뉘어 있지만 나중엔 지역 색이 아니라 너는 현대, 나는 삼성 등 재벌그룹으로 민심이 나뉠 것 같다. 그러지 않기 위해선 중소기업을 살려야 한다.

요즘 유행하는 말에 9988이란 단어가 있다. 99살까지 88하게 사는 것을 말한다. 9988234도 있다. 99살까지 88하게 살다가 2∼3일 내에 죽는 것을 말한다고 한다. 그러나 우리나라 기업 99%가 중소기업이고 88%의 고용을 책임지고 있다는 사실을 아는 사람은 많지 않다.

현재 중소기업 범위는 업종마다 다르다. 제조업의 경우 상시 인원 300명 미만, 자본금 80억 이하 중 하나에 해당하는 기업이 상호출자 제한 기업집단에 속하지 않고 자산 5천 억 이상 기업주식의 30% 이상을 소유하지 않을 때를 말한다. 정부는 중소기업도 아닌 회사가 중소기업의 혜택을 독차지하고 대그룹 관계사가 중소기업의 혜택을 받는 것을 방지하기 위해 2009년 위와 같이 개정했다.

그러나 중소기업의 범위는 매우 넓다. 매월 5천 개의 회사가 신설되고 100개의 회사가 사라지는 중소기업의 범위는 매우 넓으므로 좀 더 세분할 필요가 있다. 제조업과 건설업, 광업, 운송업은 상시인원 50인 이하, 여타 업종은 상시인원 10인 이하인 경우 '소기업'이라 일컫고 그보다 더 작은 회사나 기업인 경우 '소상공인'이라 부른다. 소상공인은 상기 4개 업종의 경우 상시인원 10인 이하, 여타 업종은 5인 이하인 경우를 일컫는다. 소상공인의 숫자는 270만에 이르고 고용 인원은 522만 명이나 된다. 그 외 1인 기업을 우리는 '소호'라 부른다.

중소기업을 이렇게 세분하는 이유는 소기업에 대한 불공정과 소상공인의 어려움 때문이다. 대기업, 중기업, 소기업으로 이어지는 불공정한 하청과 약자인 소상공인의 애로사항을 달리 취급해야 한다는 차원에서다. 예를 들면 유통업이 대부분인 소상공인의 불합리한 카드 수수료는 보호받아야 할 대표적인 예다.

참여연대를 설립하고 아름다운 가게를 만들고 희망제작소를 세워 사회의 참신한 변화를 꾀하고자 했던 박원순 서울시장이 하고자 했던 또 하나의 창안적 일은 소상공인과 소호에서 생산되는 제품의 판로를 확보코자 했던 것이다. 그는 사회에 참신한 활력을 불어넣기 위해 소상공인과 소호를 늘리고 키우려고 수많은 아이디어를 제공하고 실천한다. 그야말로 사회를 변혁시키는 원동력 중의 하나지만 민간 차원에서 하는 일이라 한계가 있다.

공정거래위원회가 하는 일 중 하나는 대기업과 중소기업의 불편한 관계를 회복하는 일이다. 대기업 간의 담합행위를 감시하고 하청기업에 대한 불공정행위를 못하도록 한다. 중소기업의 피를 빨아 대기업의 살을 찌우는 행위를 금단하는 일이다. 그런데도 사회 곳곳에서 하청관계에 심각한 문제가 많다. 하청은 하청으로 이어져 말단 소기업은 숨도 못 쉬고 허덕거린다. 몇 %의 마진이 적정한지 일률적으로 말할 수는 없지만 아래로 갈수록 박봉에 시달리고 대기업은 경영을 잘했다고 칭찬받는 경우가 많다. 갑을의 부적절한 관계는 현재도 언론을 장식하는 주요 이슈 중의 하나지만 쉽게 표면화되지 않는다. 해당 중소기업이 대기업과의 하청 및 마진 관계를 까발리고 떠들면 중소기업만 존폐가 위태로워진다. 아마도 이런 문제는 중기업과 소기업, 소상공인에게도 같은 문제일 것이다. 인기가 하늘을 찌를 듯했던 안철수 박사가 협력사를 후려치면 잘했다고 상주는 대기업의 인사평가 문제를 꼬집는 이유도 여기에 있다.

그러나 상생을 위한 갈등관계를 풀어야 중소기업의 작은 기술이 발전한다. 작은 기술이 정확하고 안전하고 내구력이 있어야 큰 기술도 발전한다. 중소기업이 발전하는 나라는 기술 강국이다. 옆 나라 일본이 그렇다. 우리는 부품과 소재 기술을 들여오느라 한 해 240억 달러 이상의 대일 무역적자를 보고 있다. 2010년 전체 대일무역적자는 350억 달러에 이른다. 2011년 대일무역적자가 크게 줄어든 것은 대지진과 엔화강세 영향이었지 부품과 소재 부분의 비율은 여전했다.

2007년 9월 대기업과 중소기업 간에 체결된 '상생협약 및 공정거래협약'은 대기업의 현금성 결제, 납품단가 인상, 자금지원 등 공정한 하도급시스템 구축이 목표였다. 하지만 제도가 도입된 지 2년 반이 지났어도 성적표는 50점대다. 요즘 대통령이 직접 챙겨도 근본은 변하지 않고 있다. 법이나 제도로 쉽게 고쳐질 성질이 아니다. 2차 산업 중심이지만 '소기업 및 소상공인을 위한 특별조치법'이 제정된 지 벌써 13년이 넘는다. 그들에게 정부에서 지원하는 각종 혜택이 적은 것도 아니다. 그럼에도 불구하고 어렵다. 대기업에서 중기업으로 중기업에서 소기업으로 다시 소상공인으로 하청에 재하청, 불공정 하도급으로 일관하고 있기 때문이다.

중소기업에 더 많은 공정한 기회를 제공하기 위해서는 대기업의 인력이나 기술탈취는 물론 중소기업 적합업종 침해방지 등을 적극적으로 도와야 한다. 정부 여당이 늦게나마 '징벌적손해배상제와 납품단가 조정신청제'를 찬동한 것은 잘한 일이다. 악의나 고의성이 있는 경우 피해보상액을 3배로 늘리는 징벌적손해배상제는 대기업과 중소기업의 기술탈취에 대해서만 아니라 사회 전반에 적용시키는 것도 참 좋다. 또 중소기업 적합업종이나 고유업종을 확대하는 것은 지극히 바람직스러운 일이다. 현 정부에서 대기업의 문어발식 확장은 두드러졌기 때문이다. 언제나 대기업 스스로 중소기업 적합업종에 침투하지 않는 경제윤리를 갖게 될까? 언제쯤 허리인 중기업이 튼튼하게 자라 이 나라의 근간을 이룰까 미덥지 않다.

더불어 중소기업과 하청업체에 좀 더 많은 마진을 줄 수는 없을까? 원가연동제라든지 최소 10% 마진 가이드라인이라든지 법이 아니라 뭔가 사회적으로 합의된 룰이나 관행이 있었으면 한다. 그것은 대기업 및 사회상층부에 철가방처럼 자리 잡고 있는 제도권과 비제도권의 차이를 줄이고 중간층의 소득을 확대하는 일이다. 현재 심각한 문제가 되고 있는 비정규직도 대부분 중소기업에 종사하고 있다. 정규직과 비정규직 사이의 갈등을 풀고 정부가 목표로 하는 정규직의 80%까지 임금을 올리려면 공생해야 한다. 대한민국 공동체라는 의식이 있어야 한다.

16. 국가권익위원회-국민권익위원회와 국가인권위원회

'정권은 짧고 인권은 영원하다'는 강퇴의 변을 한 안경환 위
원장의 뒤를 이어 '국가인권위는 행정부에 속한다'는 후임
현(玄) 위원장이 즉위했다. 그의 즉위는 곧바로 대란을 불러
왔다. 국가인권위는 죽었다고 61명의 위원이 사퇴서를 제출
했고 법조인 330여 명이 현 위원장의 퇴임을 요구했다. 그
래도 그는 끄떡도 안했다.

국가인권위원회는 인권침해나 차별행위에 따른 인간의 존엄과 가
치를 손상당하는 일이 없도록 세워진(2001) 국가독립기구다. 헌법기
관도 대통령직속기구도 아니다. 다른 나라엔 거의 없는 기구로 우리
나라가 모델이 되고 있다. 김대중 대통령의 유산이다. 국가인권위는
그간 상당한 평가를 받고 있었다. 그래서 2009년 7월 국제인권기구
조정위원장(ICC) 자리가 한국을 기다리고 있었다. 그런데 현 위원장
이 출마를 포기하자 아시아인권위원회가 독립성을 문제 삼아 ICC에
한국인권위의 등급을 한 단계 낮춰달라고 건의했다. 현 위원장의 개
인사정인지 아니면 국제기구의 장으로서 인권의 보장이 부담스러워
서인지 알 수 없었다.

그간 인권위의 활동은 호주제와 사형제 폐지, 북한 인권 개선을 위
한 활동 등 다양했으나 현 위원장의 취임 후부터 용산참사 등 사회적
약자와 빈곤층의 인권을 외면하는 일이 많아졌다. 논란의 발단은 인
권과는 거리가 먼 현 위원장의 임명에서부터 시작되었다. 대통령의
현 위원장 임명은 인권을 무시하는 처사, 인권보다는 효율 중심의 일
처리, 인권에도 좌파와 우파가 있는지 하는 의심을 갖게 했다. 안 위

원장의 강퇴를 반대로 곱씹어보면 앞으로 그만큼 인권이 유린당할 수도 있다는 반증이기도 했다.

한편 국민권익위원회는 국무총리실 산하기구로 정부로부터 독립적이지 못하다. 과거정부의 고충처리위원회, 국가청렴위원회, 행정심판위원회를 헤쳐모여 MB정부가 2008년 인원의 30%가량을 축소조정 탄생시켰다. 노무현 정부 시절 많은 위원회에 한 번도 근무해본 적이 없어 뭐가 합당한지 모르겠지만 축소 조정한 데는 전 정부와 현 정부와 시각차가 존재한다. 각종 NGO 단체에 대해서도 마찬가지다. NGO 단체에 대해 민주적 절차로 받아들이기보다 존재 자체에 대한 회의를 앞세운다. 생산성 없는 낭비라고 생각한다. 그래서 난립한 NGO 단체, 예를 들면 대북 관련 단체에 대한 정부 지원금은 대폭 줄었다.

NGO는 20세기 새로운 국가관리 방식인 거버넌스에 의해 탄생한 시민단체다. 정부와 시장의 실패를 보완하기 위한 나름대로 역할이 있다. 정부와 시장은 항상 완벽하지 못하므로 그 틈새를 메우고 사회를 건강하게 유지하기 위한 튼튼한 삼각형의 한 축을 이루는 것을 목표로 한다. 문제는 권력을 쥐고 있는 정부에서 이를 얼마나 귀히 여기는가에 성공의 열쇠가 달려 있다. 그런 시민단체가 힘없이 축소되듯이 국민권익과 국가인권에 관련된 부분도 MB정부 들어 좋게 말해 효율 중심으로 변하고 있는 것 같다.

국민권익위원회가 하는 일은 생활불편정책이나 부정부패, 잘못된 행정시책으로 인한 억울한 민원을 해결하는 일이다. 2008년 상반기에 권익위원회가 했던 일을 신문을 통해 훑어보면 영세상인과 자영업자 애로사항 679건을 처리했고 부패에 영향을 줄 거라고 판단되는 법령 1,400여 건을 평가하여 250여 건을 개선했다고 한다. 하반기에는 행정규칙에 숨어 있는 진즉 정비했어야 할 규제사항을 점검한다고 한다. 행정규칙이란 정부기관별로 편의에 따라 제정되는 법령 아래 있는 규정을 말한다. 소위 법률, 시행령, 시행규칙, 조례 등을 법령이라 칭하면 이러한 법령집행을 위한 행정활동을 규율할 목적으로 기관별로 제정한 편의적 규정을 말한다. 재량권 행사, 행정절차 등이 그것이다. 과거에 제정되어 시대적 환경변화를 무시한 채 비현실적 규정으로 남아 국민생활에 불편을 초래하고 있는 행정규칙이 자그마치 1만 1,000건이나 되는 걸로 추산된다고 한다.

이 대목에서 필자는 조그만 제안을 하나 하고 싶다. 개인의 직접적 권익과는 다소 거리가 있지만 일반 다수의 불편을 초래하는 '인도 개보수 공사' 횟수 제한 같은 행정규칙은 없는지 묻고 싶다. 서울에 사는 웬만한 시민이면 인도 개보수 공사가 왜 이리 많은지 의아해하는 사람이 많을 것이다. 엊그제 공사한 것 같았던 보도블록이 아직 쓸 만하고 괜찮은데 다시 걷어내고 또 공사를 시작하는 것이다. 돈 문제를 떠나 짜증스럽기 이루 말할 수 없다. 전용이 불가한 목적세일 것 같지도 않은데 일용직을 위한 경기부양 차원인지, 뒤에 뭐가 숨어 있는 건지 행정규칙을 잘 모르니 알 수가 없다. 그런 돈 있으면 차라리 나눠주든가 국가채무를 줄이든가 하는 게 낫겠다. 못사는 사람 자립시키는 데 쓰거나 연구 차원 쪽으로 사용하는 것도 괜찮다. 환경파괴라는 측면을 생각하면 답은 더 아리송하다. 만약 다음 연도의 예산배정 때문이라면 아예 보도블록 교체기간을 정해 놓는 것도 한 방법일 것 같다. 권익을 직접적으로 침해받는 건 아니라도 괜히 속을 뒤집어 놓을 때가 많다. 이것도 국민에게 피해주는 대표적 행위라고 알리고 싶은 마음이다.

주장하고 싶은 것은 이것만이 아니다. 무식한 소리 한마디 더 보태겠다. 배움이 모자라서인지 국민권익위원회와 국가인권위원회의 차이가 얼른 머릿속에 부각되지 않는다. 인권위원회는 국민의 인권이 침해당하거나 차별받을 때, 권익위원회는 국민의 권리와 이익이 침해받을 때 필요한 조치를 취하는 국가기구라지만 국민의 권익을 침해받아 선처해주는 것과 인권을 침해받아 억울함을 처리하는 것은 오십 보 백보 차다. 한쪽이 정신적인 것이라면 한쪽은 물질적인 것이라고 표현하면 알기 쉬울 것 같다. 더욱이 국민권익위원회 양 위원장은 '흔히 평화적 집회시위는 전면 보장되어야 하는 것처럼 생각하는 것은 잘못'이라며 국가인권위원장이나 할 소리를 한 것 같아 권익위원회와 인권위원회가 더욱 헷갈린다. 국민의 인권이 정치나 형법에 관련된 것이라면 권익은 경제나 민법 차원일 것이다.

따라서 현 정부 들어 난립되었다고 생각하는 위원회를 정비하는 차원에서 시끄러운 '국가인권위원회를 국민권익위원회'와 통폐합시켜 '국가권익위원회'로 명칭을 바꾸면 어떨까? 취임 이후 좌충우돌하는 국가인권위의 현 위원장의 언행을 볼 때 차라리 그게 속 편할 것 같다. 법조인 330여 명과 위촉위원 60여 명이 현 위원장의 퇴임을 요구하는 상황이라면 국회에서 통합시키지 못하란 법도 없다. 아이러니하게도 우리는 유엔 인권이사국이라고 한다. 그런데 예전엔 아시아로부터, 지난번엔 유엔으로부터 인권이 보호되지 않는 나라로 지적받은 바 있다.

가장 중요한 것은 일반 국민이 권익이든 인권이든 억울한 일을 당했을 때 국민권익위에 속하는지 국가인권위에 속하는지 헷갈려 우왕좌왕하는 것보다 아무 데고 빨리 속 시원한 대답과 해결책을 얻는 것이다. 지금까지 86%의 민원해결이라고 하나 몇 개월 내 권고사항이라는 규정은 마음을 답답하게 한다. 억울함은 얼른 피부와 호흡으로 느낄 수 있어야 최고다.

17. 저출산 고령화

자살률, 출산율, 낙태율, 해외 입양률, 이혼율, 교통사고율, 사교육비, 근로시간 등 세계에서 우리가 나쁜 쪽으로 1등을 하는 것을 몇 개나 가지고 있을까? 그중에서 자살률과 출산율은 서로 상대적이며 반비례임을 우리나라가 보여준다. '하나만 낳아 잘 기르자'가 엊그제 같은데 저출산 고령화가 사회이슈가 된 지 이미 오래다.

가. 자살률

대한민국의 자살률이 세계에서 제일 높다는 것은 이미 알려진 사실이다. 그중에서도 청년층과 고령층 자살률은 단연 독보적이다. 청년층의 자살률은 취업경쟁과 관련이 깊을 것이고 노인층 자살은 생활환경과 관련이 깊을 것이다. 우리의 자살률은 1990년대 초반부터 꾸준히 증가 추세다. 2010년에는 하루에 무려 43명이 자살했다. 1년에 15,000명 이상이다. 사망순위 4위로(암, 뇌혈관, 심장질환, 자살, 당뇨, 교통사고 순) 남자가 여자의 거의 2배다. IMF도 아닌데 왜 자살이 늘어날까?

자살에도 여러 종류가 있고 원인이 있지만 외롭고 쓸쓸하고 허무한 마음을 의지할 데가 없는 것이 자살을 유도하는 제1원인이라고 한다. 한마디로 우울하다는 것이다. 그래서 나이 들수록 자살률은 높아진다. 혹자는 자살을 살기 편한 사치스러운 단어라고 지적하기도 한다. 긍정적이고 적극적인 사람에게는 맞는 말이지만 그 반대의 사람한테는 사회가 안정되어 있다는 서구사회와 비교할 때 답이 못 된다. 결국 치열하게 경쟁하고 각박하게 살지 않으면 배겨날 수 없는 우리 사회구조가 문제다.

2011년 3월 자살예방법이 국회를 통과했다. 처음 자살방지법을 제정한다고 했을 때 법치고는 좀 우습다는 생각이 들었다. 얼른 떠오르는 게 자살을 강제로 막겠다는 뜻인가? 자살을 하면 안 된다는 소린가? 만약 자살방지법을 지키지 못하고 자살을 하면 어떻게 하겠다는 소린가? 이미 끝나버린 인생에 벌은 무슨 벌이며 벌금을 매긴다면 누구한테 매기겠다는 것인지 얼른 이해가 되지 않았다. 문자 그대로 자살예방센터나 상담실을 국가재정 부담으로 설치 의무화하여 자살방지 분위기를 조성한다는 소리라면 예방대책 요령으로 말을 바꾸든지 해야지 꼭 법자를 넣어야 하는지 의아하게 생각했다. 그렇다고 법이 지향하는 생명존중 의식이 상처 난 감정, 열등감, 남의 시선과 이목, 피해의식, 자존감의 상실, 타인의 평가 등을 회생시켜 줄지는 의문이다. 또 '배운 것도 많은 사람이 학식도 모자라는 시골의 별 볼 일 없는 사람(사실 별 볼 일 없지도 않았지만)에게 돈을 갖다 주며 머리를 조아리는 세상이 오지 않았으면 좋겠다'는 당위적인 그러나 개인 모욕적인 언사를 받고 견디는 것도 쉬운 일은 아닐 것이다. 정말 그런 세상이 왔으면 좋겠다.

대한신경학회 자료에 따르면 자살은 나쁘지만 이해할 수 있다가 50% 이상이다. 누군들 처음부터 죽고 싶겠는가. 그렇다고 물질만능으로 치닫는 사회에서 돈이 전부가 아니라고 가르치는 것도 공허한 이야기고 가족관계나 인간관계를 잘 맺으라고 권면하는 것도 말처럼 실효성 있는 소리는 아니다. 이미 가족관계나 인간관계마저 잘 안 되었기 때문에 죽는 건데 생명의 소중함을 알고 가치관이나 인생관, 의식구조를 바꾸라고? 쌓인 스트레스와 분노를 참지 못해 자살을 선택한 사람에게 이미 굳어져 있는 생각을 바꾸라고? 아무리 충고해도 하루아침에 바뀌지 않는다. 어쨌든 이제 죽는 것마저 마음대로 못 하게 생겼다. 이 얼마나 살기 어려운 세상인가! 자기가 자기 목숨 끊겠다는데 왜 옆에서 난리야 하고 소리치는 사람 앞에 무슨 말이 소용 있으며 거기에 법인들 무슨 소용이 있겠는가? 아이러니다.

자살도 자기 선택이므로 자살을 막지 않는 것도 상대방 자유의지의 존중이라고 나는 생각한다. 죽음을 행동으로 옮긴다는 것 또한 대단한 용기다. 물론 생명의 소중함을 가르치는 게 좋지만 자살하는 사람이라고 생각이 없을까? 더 이상 살아봐야 아무 희망이 없고 살아봐야 얼마나 더 좋은 세상 구경하겠는가, 앞뒤 다 재보고 내린 결론이다. 죽고자 하는 사람 말려서 좋아진 사람도 있겠지만 그때 그냥 놔두지 왜 말렸냐고 원망하는 사람도 있을 것이다. 삶은 그만큼 달콤하거나 새콤한 것만은 아니다. 누가 세상은 살 만한 가치가 있다고 했는가? 그렇지만 자살을 시도하는 사람을 보고 그냥 지나칠 수는 없다. 인간애가 있기 때문이다. 다만 삶이 고통스럽고 공해 같은 생을 포기하고 싶을 땐 그럴 수도 있다는 것이다.

필자도 자살을 시도해봤기에 그 심정을 안다. 삶은 고통이고 인간은 공해인데 치욕당하고 싶지 않아서, 더 이상 아름다운 세상이 없을 것 같아서 아무 일도 없을 것 같은 저 세상으로 가고 싶다는데 왜? 왜냐하면 태어나고 싶지 않았는데 잘못 태어났다고 생각하는 사람도 많으니까. 출생은 숙명이고 생명은 하나님이 주신 고귀한 선물이라고 누가 말했는가? 자살이 꼭 죄악이라고 설명하는 사람들은 모슬렘의 자살폭탄 테러 행위는 어떻게 설명할 것인가? 알라신을 위해 행복하게 죽는다는데…… 그러니까 모슬렘을 믿지 말고 하나님을 믿으라고 할 것인가? 그러나 죽음의 미학을 가르치려는 생각은 추호도 없다. 오히려 죽지 않으면 언젠가 행복한 순간이 다가온다고 펼쳐 보이고 싶다. 고통마저 하늘이 준 행복이라는 철학에 도달할 때 삶은 진정한 용기로 다시 다가온다.

■ 존엄사

존엄사에 대해서도 말이 많다. 살아 생전에 김수환 추기경처럼 자신의 목숨을 집요하게 굳이 연명시키지 말라고 유언하면 간단하다. 그런데 아무런 유언없이 식물인간이 되었을 때 난감하다. 존엄사를 인정한 대법원의 판결을 받고 산소 호흡기를 뗀 김 할머니가 반 년 이상을 살았다. 누구의 잘못인가를 놓고 왈가왈부한다. 아무도 생명을 대신 살아줄 수 없기 때문에 그럴 것이다.

거슬러 올라가보자. 일본의 춘추전국시대 때 사무라이들은 자신의 책임을 통감하거나 명예와 자존심이 짓밟힌 것을 참지 못하여 할복을 했다. 반면에 우리는 문책을 하고 국문을 하고 삼족을 멸하고 능지처참을 해야만 했다. 스스로 할복을 하게 놔두거나 명하지 않았다. 충신불사이군에 탄복하여 사약을 내리거나 추국(推鞫)만이 전부였지 스스로 책임지고 깨끗한 죽음을 선택하거나 선택하도록 한 적이 없었던 것 같다. 물론 경우가 100% 같진 않지만.

사명감 내지는 자기희생을 통한 변혁을 부르짖으며 자살하는 사람이 있다. 자기 혼자 힘으로는 이상과 목표를 도저히 달성할 수 없다

고 판단될 때 자신의 생명으로 사회에 경종을 울리거나 울분을 참지
못해 스스로 생명줄을 끊는다. 이때의 죽음이란 엄밀한 의미에서 자
살이 아니다. 자결이라는 표현이 더 어울린다. 생명의 소중함을 모르
는 소치라고 하기엔 맞지 않는 소리다. 필자는 이거야말로 존엄사라
고 생각하고 싶다. 전태일이 그렇고 이준 열사를 비롯한 구한말의 충
신이 그렇다.

나. 출산율

출산율은 어떤가? 1960년 6.0명이었던 출산율이 2005년 1.08명으로
바닥을 찍고 오르는가 싶더니 2009년 1.15명으로 세계에서 가장 낮
다. 평균 출산나이도 31세를 넘었다. 신세대일수록 자녀 갖기를 꺼린
다. 고령화율도 세계 1위다. 다행히 출산율이 조금씩 높아지고 있지
만 저출산 고령화 문제가 상존하고 있다.

자살율과 마찬가지로 출산율도 그 사람의 인생관과 세계관을 반
영한다고 할 수 있다. 나 하나도 힘든데 복잡한 세상에 애는 낳아 뭐
하냐, 육아도 힘들고 경제적으로 키울 능력이 없는데 고생만 시키면
뭐하냐, 자식보다는 자신의 에고가 먼저 인데 자아실현에 걸림돌이
되지 않느냐 하는 생각 등이 만혼을 택하고 출산을 꺼리게 만든다.
여기서 복잡한 세상이란 여러 가지 뜻이 내포되어 있다. 물질만능의
경쟁사회, 정의롭지 못하고 불평등한 사회, 정치적 자유가 없는 사
회, 각종 사고와 살인, 사기, 횡령, 무고가 횡행하는 사회, 교통체증,
생태환경 등 공해가 마음에 안정과 평화를 주지 못하는 사회 등 모
든 요소가 포함되어 있다. 만약 삶이 여유롭고 한가로워 살만한 세상

이라고 생각되고 노후가 보장되는 사회라면 애 낳는 것에 대해 뭐 특별히 부정적일 이유가 없다. 본능이니까. 따라서 자살율과 출산율은 그 사회가 얼마나 살고 싶은 사회인가 아닌가를 가름해 볼 수 있는 주요 지표 중의 하나라고 생각한다. 아름답고 선하고 진실이 통하는 사회라면 자살률이 늘고 출산율이 떨어질 리 없다. 살고 싶은 사회라면 말이다. 자살률이 높고 출산율이 떨어지는 사회는 살고 싶지 않은 사회를 반증하는 지표다.

■ 낙태

인간을 잉태하는 것은 정말 신중해야 한다. 천주교는 말할 것도 없고 일부 산부인과 의사들의 모임도 낙태를 살인이라고 규정하는 것을 이해 못하는 바는 아니지만 양육하는 산모의 고통은 생각지도 않고 잉태한 순간 이미 다른 생명이라고 말하는 것은 무책임하다. 만약 양육을 도와주지도 않을 거라면 나는 묻고 싶다. 낙태하지 않아서 태어난 사람이 생을 비관하는 경우 어떻게 할 것인가? 물론 그가 낙천적일지 비관적일지는 아무도 알 수 없지만 낙태를 살인이라고 규정하는 것은 심하다는 생각이다. 따라서 낙태에 대해서 왈가왈부하는 것이 지금 나는 못마땅하다. 잉태와 낙태는 전적으로 당사자들의 문제다. 인명이나 생명 경시사상을 말하는 것은 결코 아니지만 간통법처럼 낙태금지법도 친고죄로 해야 된다고 생각한다.

다. 고령화

고령화는 세계적인 추세다. 다만 고령화율이 너무 빠르다는 데 문제가 있다. 현재 우리나라의 노인층(65세 이상)은 약 11%, 조금 있으면 고령사회인 14%에 육박하고 2018년 가면 초고령사회가 된다. 이것은 어쩔 수 없는 통계다. 1인 가구세대가 25%에 육박하고 40대 중에서 홀로 사는 사람이 15%에 육박하는 현실이니 그럴 수밖에 없다. 세계 제1의 고령화 속도를 갖고 있는 우리가 가까운 장래에 노동력이 끊어지고 소비자만 늘어 부양해야 할 노인층이 많아진다면 노쇠한 나라가 된다. 따라서 대책을 세우지 않으면 안 된다.

라. 대책

이유야 어쨌든 정부 입장에서는 신경 쓰지 않을 수 없다. 지금까지 정부는 저출산 고령화 사회기본법에 따른 제1차 '새로마지'(2006~2010, 옛 영국의 요람에서 무덤까지를 연상시키는 새로 시작해서 마지막까지라는 브랜드) 플랜에 국비와 지자체 포함 42조 원 이상의 돈을 쏟아 부었지만 별 효과가 없었다. 7월 11일은 '인구의 날', 9월 10일은 '자살 방지의 날'로 정하여 생명 사랑과 자살에 대한 국민의식을 개선하고자 각종 매스컴을 동원하지만 큰 효과가 없다.

제2차 새로마지 플랜에 따른 정부의 저출산 대책으로는 자녀 양육 부담을 덜어주기 위한 영유아 보육료 및 유치원 교육비 지원 확대, 육아휴직급여를 임금의 40% 범위 내 50만 원에서 100만 원까지, 고운 맘 카드, 다자녀 소득공제 추가 등이 있다. 한마디로 출산을 돈과 연결시키려 노력한다. 그러나 돈이 없어 애를 못 낳는다는 소리는 설득력이 부족하다. 2008년 우리나라 헌법기관을 제외한 공무원 88만 명의 출생률을 조사한 바에 따르면 맞벌이하는 공무원의 자녀 수는 1.7명,

맞벌이하지 않는 공무원의 자녀 수는 가구당 1.9명이었다. 돈도 중요하지만 마음의 자세가 더 중요하다는 뜻이다. 시간과 마음의 여유를 갖게 하는 사회를 만들려면 어떻게 할까? 인간이란 제품을 만드는 데는 많은 시간을 요한다. 그렇다고 해결책이 전혀 없는 건 아니다.

1) 자살방지책

자신을 기준으로 생각해보자. 자살은 한마디로 자신의 욕구에 대한 좌절이다. 사실 이것은 뾰족한 방법이 없다. 다만 자살을 감행하기 전 뭔가 눈치가 보일 때 주위에서 도움을 준다면 효과가 있다. 상당한 시간과 상담을 요한다. 효과적인 치유에는 종교나 신앙, 사랑, 자연과의 교감, 멘토링 등이 있다. 박완서 작가의 '옥상의 민들레 꽃'은 자연과의 교감에서 자살충동을 예방한다.

또 국가의 사회복지정책에 따라서도 자살률은 달라진다. 급속한 산업화와 사회화로 경쟁에서 처진 삶과 양산된 탈락자를 도와주면 자살률은 감소한다. 선택적 복지가 아닌 보편적 복지는 자살을 방지하는 큰 요인이다. 2011년 국회 입법조사처에서 내놓은 자료(2009년 기준)에 의하면 자살로 인한 사회경제적 비용은 최대 5조. 만약 5조 원을 자살방지를 위한 사회복지비용으로 지출한다면 더 큰 효과를 거둘 수 있다. 내가 아는 범위에서 서울시 노원구의 생명존중사업은 좋은 예다.

2) 출산율 증가책

저출산 대책으로 대부분 양성평등과 자녀비용, 보육환경 개선을 든다. 양성평등은 여성의 사회적 진출과 가사 및 가정에서의 육아분담 정도다. 자녀비용은 돈 문제, 보육환경 개선은 육아의 어려움을 좀 더 쉽게 해보자는 것을 뜻한다. 개인적으로 해결할 수 없는 상당부분을 국가나 사회가 해결하려고 하는 것은 좋은 일이고 또 그렇게 해야 한다. 그러나 작지만 다른 데로 눈을 돌려보자.

가) 입양

우리는 지금까지 누적 숫자로 세계 제1의 해외입양국이다. 공식적으로 16만여 명이지만 모두들 20만 명 이상의 해외입양을 시켰다고 추산한다. 요즈음에는 해외입양을 많이 시키는 나라 중에서 우리가 제일 잘산다. 잘사는 나라에서 낳은 아이를 키우지 않고 다른 나라로 입양한다. 속된 말로 상품도 모자라 아이까지 수출한다. 이유가 있다. 해외입양을 시키면 1,000만 원 이상의 수수료가 생기기 때문이다. 국내입양 수수료 200여만 원보다 훨씬 많다. 마치 고아원에 있는 아이에게 국가에서 지원하는 양육비가 105만 원이고 기초수급에서 제외된 미혼모에게 지원되는 양육비는 5만 원에 불과한 것처럼 모순점이 있다. 외국인이 지적하듯 애국애족을 외치면서 해외이민이 부끄럽지만 제일 많다.

노무현 정부 들어 국내입양 우선 추진과 해외입양쿼터제를 의무화한 덕에 2007년(해외입양 1,264명, 국내입양 1,388명)에는 통계작성 후 처음으로 국내입양이 많았지만 정부대책에도 몇 가지 개선해야 할 점이 있다. 우리나라 사람이 선호하는 국내입양은 장애 없는 여자 아이다. 따라서 더 이상 국내입양이 늘지 않는다. 국내입양을 우선하는 정책은 잘한 일이지만 미혼모 혼자서도 키울 수 있는 대책을 함께 세워야 한다. 국가시책의 부족과 사회분위기는 아직도 미혼모에 대해서 냉담하다. 아직도 미혼모가 양육을 희망하는 비율이 30%대에 불과하다. 문화와 인식의 전환이 절대적으로 필요한 시점이다.

2007년 실시한 세계 가치관 조사(world value survey: 미국 정부가 출자하는 연구기관)에 따르면 한국인은 미혼모를 인정할 수 없다는 비율이 36개 국가 중 35위다. 우선 나부터도 정말 어쩔 수 없는 경우를 제하곤 선뜻 미혼모를 받아들일 수 없다. 즐길 수도 있고 사랑할 수도 있지만 책임질 수 없는 아이만은 갖지 말아야 한다는 개념이다. 그러나 이제부터는 좀 바꾸자. 스티브 잡스를 좋아하는 나부터 먼저 마음의 문을 열겠다. 해외로 입양 보내는 불명예를 씻고 그들이 방송국 스튜디오에 나와서 뿌리를 찾아 헤매는 슬픈 사연을 나는 더 이상 보고 싶지 않다.

나) 다문화

다문화 장려도 출산에 도움이 된다. 선진국으로 가는 길목에서 저개발국가의 사람들이 몰려온다. 3D업종에 대한 노동력이 필요하고 장가 못간 총각에 시집오는 동남아 여성도 많다. 선진화되어가는 과정에서 나타나는 현상이다. 이들을 포용하는 것도 출산율을 높이는 한 방법이다. 백의민족이나 혈통의 순수성을 걱정하는 사람에게는 좀 더 멀리 보라고 권하고 싶다. 다만 한 가지 너무 국수(國粹)적인 나쁜 생각일지 모르지만 좀 선별하면 어떨까? 하는 생각은 있다.

2007년 유엔 산하기구에서 보내온 권고사항 중에는 한국도 단일민족이라는 단어 사용을 자제해달라는 내용이 포함되어 있다. 어느 책을 보니 일본인은 다문화에 대해서 배타적인 면이 많은 한국을 보수적이라고 생각한단다. 뭔가 자기 혈족에 다른 피나 색깔을 섞으려고 하지 않는 씨족사회 성바지 문화를 앞세우는 이유가 그것일 것이다. 그래서일까 정이 많아도 남의 아기를 입양하려 하지 않는다. 성에 대한 이중적인 인식이 들어 있다.

다) 여성의 의무휴직

KDI 보고서는 여성의 사회활동이 많거나 임금이 높으면 출산율이 떨어진다는 보고서를 내놓은 적이 있다. 일견 맞는 말 같으나 선진국과 비교하면 아니다. 고용노동부에서 발표하는 우리나라 여성의 경제활동참가율은 53%를 밑도나 OECD 평균은 62%다(2010년 기준). OECD가 발표한 2009년 자료를 보면 남녀 임금차이는 우리의 반도 안 된다(2010년 우리나라 여성 임금은 남성의 68% 수준). 그런데도 2009년 OECD 평균 출산율은 1.74명이나 된다. 우리는 1.15명이었다. 사회활동과 소득이 출산율과 반비례하지 않는다는 소리다. 이유는 뭘까? 좋은 직장과 좋은 배우자에 대한 한국의 사회적 기준이 높기 때문이라고 '필립 모건' 듀크대 교수는 말한다. 덧붙여 임신과 출산 육아는 자칫 취업과 승진의 기회를 앗아간다. 재취업 불안과 승진 때문에 출산을 꺼린다는 소리다.

그래서 나는 제안한다. 여성이 임신하면 최소 1년에서 최장 10년까지 선택적 의무 휴직제를 실시하고, 휴직기간 동안의 임금은 사회적 합의를 거친 후 아동수당으로 대체하더라도, 최소한 육아기간 후 자동 재취업되는 법을 제정하면 어떨까? 이유는 첫째, 취업의 불안에서 해방시키고 둘째, 엄마보다 훌륭한 보모는 이 세상에 없기 때문이며 셋째, 출생 후 만 5~7세까지의 훌륭한 육아는 곧 국가경쟁력의 원천이 되기 때문이다. 설혹 인사업무에 어긋남이 좀 생기더라도 기업이 그것을 조절하고 이 제도가 정착되어 선순환이 되면 파트타임 기간제 업무도 상당히 증가될 것이다. 의견을 청취해보면 생각보다 많은 여성이 차라리 국가에서 그렇게 해줬으면 하고 바란다. 복잡한 육아

관련 비용도 수취하기 힘들거니와 무엇보다 남의 손에 자식을 맡기고 싶지 않은 모성애 때문이다. 혹자는 생산성 문제를 이야기하는데 젊은 시절 웬만한 전문직 업무도 6개월~1년 정도면 예전의 생산성을 되찾을 수 있다고 필자는 본다.

  3) 고령화 대책

  정부가 내놓은 2차 새로마지 플랜 고령화 대책에는 임금피크제의 활성화, 농지연금의 도입 등 여러 가지가 있다. 또 저출산 고령화에 대비하여 학교시설 및 교원수급계획, 고령자 수요에 맞는 소형 및 임대주택 공급의 확대 등 여러 안을 가지고 있다. 그런데 고령화 대책 중 사실 제일 중요한 것은 정년연장이다. 보다 오랫동안 일할 수 있게 하는 것이 우선이다. 어차피 고령사회로 가면 노인의 노동력을 요구하게 되어 있다. 지난번 프랑스의 정년연장 반대 데모를 보면 참으로 우리와는 반대구나 하는 생각이 절로 든다. 우리는 더 일하고 싶은데 프랑스는 더 일하지 않겠다고 하니 아이러니다. 물론 연금과 관계있는 노동자들의 시위였지만 부러웠다.

  한마디로 자살이나 출산율 모두 삶의 행복도에 따라 좌우된다는 점이다. 진선미의 세상을 만드는 것이야말로 아이를 갖고 싶게 할 것이며 임신은 축복받은 일이며 자살은 부끄러운 일이 될 것이다. 삶이 풍요롭고 멋과 맛이 배어 있는 삶이라면 자살은 줄어들고 출산율은 늘어날 것이다. 느린 삶, 여유로운 삶을 즐기는 것이야말로 자살을 예방하고 출산율을 높이는 이상적인 방법이다. 한발 더 내디디면 눈높이를 낮추는 사회분위기도 한몫 한다. 특히 행복은 주관과 객관, 외부와 내부의 조화에서 이루어지기 때문이다. 자기 먹을 것 자기가 갖고 태어난다는 세상은 지난 것 같다. 이제는 사람답게 키우지 못할 바에 낳으면 고생이다 하는 생각이 더 많다. 하기야 죽고 사는 것은 그 사람 팔자다. 자신의 의지로 태어나지 않는 것처럼 죽는 것도 그 사람 운명이다. 각자에게는 삶과 죽음이 그 사람 팔자요 운명이지만 국가 전체로 보면 심각한 문제다.

18. 한자교육

요즘 전국 어디를 가나 영어 배우기가 한창이다. 지방 이
(里) 소재지 초등학교에도 외국인 영어 선생님은 있다. 사실
살아보니 영어가 중요하다. 그러나 못지않게 한자도 중요함
을 느낀다. 그렇다고 정부가 직무유기를 했다고 '한자교육
을 위한 천만인 서명운동' 발대식을 하고 광화문 사거리를
시위할 필요까지는 없지 않을까?

예전 최현배 선생님의 한글사랑은 남달랐음을 기억한다. 오래되어
구체적 기억은 없으나 한글로도 충분한 것을 왜 굳이 한자를 쓰느냐
는 것이었다. 많은 학자들도 한자와 외국어는 필요한 사람만 공부하
면 된다고 주장해왔다. 일리 있는 말이다. 그래서 한때 학교에서 한자
를 폐기한 적도 있는데 지금 그 세대들은 자기 이름도 한자로 못 쓰
는 사람을 봤다. 허나 그것으로 끝나면 좋은데 끝이 아니다. 세상을
살아보니 한자를 모르면 여간 불편한 게 아니고 한자를 부딪칠 일이
허다하다.

한자를 알면 중국, 일본과도 어느 정도 뜻이 통한다. 1000여 년 전
일본이 가다가나와 히라가나를 발명했다지만 한자를 기반으로 하고
있고 중국은 간체를 보급했지만 여전히 한문이다. 중국의 간체는
1956년 문맹퇴치를 목적으로 1964년부터 보급하여 2008년에는 유엔
이 한자표기를 간체로 인정했다. 우리나라와 대만과 홍콩은 아직 번
체를 그대로 쓰고 있다. 어떤 이는 우리가 고전을 읽는 데 중국보다
낫다고 한다. 맞는 말이지만 불편함을 감추려는 아전인수 같은 느낌

으로 전달된다.

이명박 정부 초기 정권인수위원장이 영어의 중요성을 강조했고 오죽했으면 학교에서 영어 과목은 물론 타 과목까지 영어로 가르쳐 영어를 국어와 같이 공용하자고 했을까? 틀린 말이 아닌데도 2008년 우스갯소리 10대 뉴스에 뽑혔다. 내가 배운 영어도 그랬다. 오렌지였다. 그것이 습관화돼서 외국인이 하는 영어를 전혀 알아듣지 못하고 반대로 외국인은 나의 발음을 알아듣지 못한다. 얼마나 어렵게 배운 영어인데 지금 와서 아무리 고치려고 노력해도 고쳐지지 않는다. 머릿속에 옛것이 박혀 있어 똑같은 단어인데도 생소하다. 모국어가 왜 마더텅(mother tongue)인지 실감한다. 그래서 정부는 2009년부터 비용이 적게 드는 인도인 등 외국인을 불러 초등학교부터 영어시간만큼은 원어민이 가르친다고 했다. 잘한 일이다.(요즘 비용이 적게 드는 내국인으로 대체하는 경향이 있지만)

한자도 마찬가지다. 최소한의 노력으로 세계 경제대국 2위를 각축하는 중국과 일본을 상대하려면 젊어서부터 배워야 한다. 한·중·일 3개국의 한자를 비교 연구함으로써 시간과 비용을 줄이고 빠른 의사소통을 가능하게 하는 일은 그래서 중요하다. 같은 글자면서 뜻이 다르거나 같은 뜻이면서 글자가 다른 3국의 한자를 비교 교육함으로써 그들과의 의사소통에 큰 보탬을 받을 수 있다. 일본은 일본식 한자를 사용하고, 중국도 간체를 보급하여 옛 한자가 잊혀져 간다. 우리만 정통 한자를 쓰고 있어 뭔가 복잡하고 불편하다. 유식함을 뻐기고 싶은 기질 때문인지는 모르겠으나 이럴 때야말로 필요한 사람만 옛 한자 공부를 하면 된다. 혹 중국과 일본이 같이 사용하고 있는 한자가 우리만 다르다면 바꾸는 것도 고려해볼 만하다. 지금은 바야흐로 국제화 시대다. 과장하면 자기가 서 있는 곳이 곧 세계다. 지조도 좋고 온 고이지신도 좋지만 유한한 시간에 실용을 위해서 괜한 아집은 버리면 더 좋겠다.

내가 신문을 제일 많이 본 것은 중학교 때였다. 방과 후 별다른 취미도 없어 집에 오면 신문을 읽었다. 그때부터 사회에 관심이 많아서인지 신문이 재미있었다. 외국의 수상 이름을 줄줄이 외우고 세계 각국의 수도 이름을 외웠다. 세상 돌아가는 것을 읽는 게 그렇게 신날 수가 없었다. 그 후 학교 공부와 인생 공부에 시달리면서 신문이 진실하지도, 사실과 다를 때도 많다는 걸 알면서 읽는 게 시들해졌고 모든 것은 변한다는 생각에 진리란 따로 있구나 느끼면서 신문 보는 게 싫어졌다. 특히 1990년대 초반 DJ와 YS에 관련된 우리나라 대표 언론인들의 사설을 보고 아예 신문을 끊어버렸다. 가치관에 따라 싫어할 수도 있지만 양심에 따른 공정함과 평형감각은 있어야 한다. 그런데 그게 없었다. 직업상 필히 신문을 봐야 하는데도 신문을 보지 않았다. 사실과 진실이 일치하지 않은 것은 고사하고 편견과 선입관, 곡학아세 등 신문이 사람을 잘못된 길로 인도하는구나 생각하니 근 20여 년 이상 가까이했던 신문을 멀리했다. 그러기를 20여 년, 이제는 내 주관대로 언론을 대한다고 하지만 그래도 영향을 받는다. 오래가면 쇄뇌당할 수밖에 없다. 그렇다고 신문을 2개 이상 볼 수도 없고 문제의식을 가지면서 정말 공평하고 공정한 신문이 없을까 고민 중이다.

이야기가 옆으로 샜지만 그때는 신문에 한자가 많았다. 아마 그때 한자를 제일 많이 읽히지 않았나 싶다. 그 후 학교에서 한자를 없애네, 없애면 안 되네 하며 해묵은 논쟁을 여러 번 한 걸로 기억되지만 한자는 지금도 실생활에서 필요하다.

언어란 소통을 위한 한 방편이다. 문자란 뜻을 전달하기 위한 도구다. 엄밀히 말하면 기호다. 그런데 세상은 우리보다 큰 나라 많은 민족이 있다. 그들과 소통해야만 한다. 다행히 동양 3국은 한자 문화권에 속해 서로 의사소통하기가 쉽다.

현재 사용하는 1,800개 상용한자는 1970년대 한글 전용화 정책에 맞서 당시 문교부가 만들었는데 동북아 언어로서의 기능을 염두에 둔 게 아니고 한학자들의 전통 계승의지가 반영된 것이라고 한다. 따라서 그중 적지 않은 수가 지금 동아시아에서 도태되고 생명력을 잃었다고 한다. 그러므로 재점검할 필요가 있다. '공자가 죽어야 나라가 산다'의 김경일 교수는 1,000여 개의 필수한자를 나름대로 선정해 놓았다고 한다.

나의 주장은 학교에서 역사처럼 한자를 가르쳐야 하고 3국 간 모양은 같으나 뜻이 다른 한자, 뜻은 같으나 모양이 다른 한자를 한문 선생은 비교해서 가르치도록 해야 한다는 것이다. '우리 것은 우리 것이다'라고 우기지 말고 3국 한자를 비교하여 모양과 뜻과 음이 각각 다르면 어쩔 수 없지만, 두 개가 같으면 비교해서 개선할 필요가 있다고 본다. 적어도 3국 간 발음은 빼놓을지라도 쓰고 해석하는 것만이라도 가르쳐야 한다는 것이다. 그래서 가능한 3국이 혼용하는 한자를 늘렸으면 좋겠다. 그러면 국제화 시대에 일본과 중국을 아는 데 여러모로 도움이 될 것이다. 차제에 우리도 한자를 간체로 바꾸고 그 과정에서 일본과 중국이 같은 모양이라면 그걸 따르는 게 유익할 것 같다. 교과부에서 3국 간 한자 비교 사전을 발행해도 무방할 것이다. 결코 민족정기를 흐트러뜨리는 일이 아니다. 짧은 인생, 한정된 시간에 많은 다른 걸 배워야 살아갈 수 있다. 지식을 위한 지식은 결코 좋지 않다. 이렇게 한·중·일 비슷한 한자교육을 강조하는 것은 단순한 언어 배우기가 아니라 같은 노력으로 3국 간 커뮤니케이션에 더 많은 효과를 얻자는 데 있다.

앞으로 한·중·일 한자 비교 연구회를 만들어 이를 개선시켜 나갔으면 한다. 그런 의미에서 한자 교육을 위한 1,000만인 서명운동은 필요한 것 같다.

19. 한 자리 수 원칙

사회가 너무 빨리 변한다. 의식(儀式)도 유행도 빨리 변하지만 오곡백화로 남아 있던 들판이 몇 년 안가 상전벽해, 아파트촌으로 변하고 쉼 없이 마을이 이어진다. 사람의 발길이 닿지 않는 한적한 곳은 이제 찾기 힘들다. 그러나 너무 급하게 변하는 건 개인에게도 안 좋고 사회에도 안 좋다. 증가율로 치면 한 자리 수만 변해야 한다. 물가도 그렇고 전월세가도 그렇고 평가나 감독기준도 그렇고 모든 통계수치가 다 그렇다.

그런데 모두들 두 자리 수를 바란다. 심지어 어떤 것은 수백 %씩 변해도 눈 하나 깜짝하지 않는다. 매년 한 자리 수만 바뀌어도 충분할 텐데 말이다. 원칙이 있다면 좋은 것은 한 자리 수로 올라가고 나쁜 것은 두 자리 수로 줄어지면 된다. 혹자는 나쁜 것이 두 자리 수로 감소하는 것도 혼란이라고 한다. 물가상승률도 한 자리 수, 경제성장률도 한 자리 수 등 모든 변화율은 한 자리 수로 변했으면 좋겠다. 물가가 너무 급격하게 오르는 것은 말할 것도 없지만 너무 급격한 경제성장률도 혼란을 가져와 좋지 않다. 부작용이 있기 마련이다. 욕먹을 소린지 모르지만 소득마저도 한 자리 수로 꾸준히 안정적으로 증가하면 좋겠다.

한 자리 수 원칙은 우리가 살아가는 사회의 모든 원칙에 통용될 수 있는 원칙이다. 교수 자신이 평가 받을 때나 학생을 평가할 때도, 수능점수로 합격을 판정할 때도 100% 원리원칙에 맞춰 무 자르듯 하면 억울한 학생과 교수가 늘어날 것이다. 적어도 한 자리 수 정도의 여유는 있어야 한다. 특히 정규분포라면 그렇다. 만약 절대금액이 큰 국방비나 의료비, 교육비 같은 것이라면 한 자리의 한 자리인 1% 정도의 여유는 증가든 감소든 좋은 결과를 위해서는 가변적이어야 한다는 말이다. 그래야 시행하는 데 융통성이 있고 억울하지 않고 각박하지 않을 것이다. 개인의 유용을 이야기하는 것은 물론 아니다. 비리와 부정부패 같은 건 당연히 한 자리 이상으로 감소해야 한다.

20. 거세

이름만 들어도 섬뜩하지만……. 죽어 마땅할 사람, 거세라도 시켜 더 이상 남에게 폐 끼치는 세상이 되지 않도록 해야 하는데 그것도 인권침해라고 쉽지 않다. 살만한 가치(?)가 있는 인간들은 죽고 그러지 않은 인간들만 남아 활보하는 것 같다. 악화가 양화를 구축한다. 그레샴의 법칙이다.

사회의 안녕질서를 위해 죄질이 무거운 중범과 경범을 분리하여 재범 또는 그 이상의 죄를 저지른 자는 남녀를 불문하고 거세시키면 어떨까? 단순한 교통질서 위반이나 사상범, 양심수 등은 제외하고 중범죄에 한하여 적용한다면 어떨까? 인간의 기본권을 말살한 생명권을 침해한 무식한 파쇼적 조치라 할까?

예를 들면 2008년 12월 14일 법무부가 발표한 상습 성 범죄자에게 항우울제나 여성호르몬을 투입시키는 방법 등으로 끝내지 않고 영구 피임시킨다는 말이다. 그들은 자제력이 부족하기 때문에 재범할 우려가 높고 그들의 2세 또한 문제다. 폭력전과가 있는 노숙인을 겪어보면 본인 스스로 송속보손에 대한 본능이 거의 없다. 오히려 젊은 날에 낳았던 자식을 후회하고 있다. 아마 상대 여자도 마찬가지일 것이다. 그런 아들딸들이 과연 행복하게 살까? 거세를 당하느니 발등을 찍히고 마는 어렸을 때 봤던 '뿌리'라는 영화 속 주인공과 다르다. 따라서 거세는 충분히 고려해 볼 수 있는 방법이다.

실시방법은 주사로 고환을 위축시키는 화학적 거세방법을 취하지만, 텍사스 주에서는 수술로 고환을 없애는 사례가 실제로 1997년과

2007년에 실시되었다고 한다. 여자는 불임시술을 하면 된다. 이러한 시술은 최근 성폭행 후 젊은 여자를 280조각이나 낸 정신이상자나 친구가 험담을 한다고 집단폭행하여 죽인 뒤 암매장하는 10대 여학생에게 적용하면 된다.

고대나 중세가 아닌 지금 거세를 형벌로 실시하는 나라는 없지만 미국의 일부 주에서는 범죄자의 희망에 의해, 또는 징역형과의 선택 같은 형태로 거세형이 실시되고 있다고 한다. 성범죄뿐 아니고 살인, 고의성 사기, 무고, 횡령 등도 여러 번 하면 처벌받게 해야 한다. 가령 먹을거리에 문제를 일으키는 자에게는 당대 아니라 후대까지도 책임질 수 있는 무거운 벌금이나 형벌을 가해야 마땅하다고 생각한다. 영업정지 며칠이나 몇 달은 너무 가볍다.

21. 대통령 리더십

세계 역사를 보면 국가지도자의 중요성은 아무리 강조해도 지나치지 않다. 뭇 나라의 흥망성쇠는 곧 그 나라 지도자에 의해 결정되곤 했다. 물론 오랜 다스림으로 그렇게 됐다. 그러나 오랜 다스림은 역작용도 많아 현대에 와서는 투표에 의해 짧은 기간으로 바뀌었다. 짧은 기간, 그래서 그 어느 때보다 훌륭한 리더십을 가진 대통령을 선출하는 것은 중요하다.

가. 우리나라 대통령 리더십의 중요성

특히 우리나라 대통령에 대해서는 두말할 나위도 없다. 막강한 권력을 쥐고 있기 때문이다. 짧은 기간에 국가의 근간을 바꿀 수 있는 힘이 주어져 있기 때문이다. 견제와 이익집단이 없는 것은 아니지만 그분의 일거수일투족은 곧 법이나 다름없고 국가대사의 방향을 결정해준다. 따라서 대통령의 사고방식과 경험은 국가경영에 지대한 영향을 미친다. 그래서 한국 대통령 리더십은 국민에겐 특히 중요하다.

나. 리더십의 원형

리더십이란 다른 사람의 마음을 움직여 따르게 만드는 것이다. 리더가 하고자 하는 일을 하게 하는 것이다. 그러나 요즘 시대엔 말처럼 쉽지 않다. 예전에는 카리스마를 갖춘 전제형 리더가 존경받았으나 지금은 시대가 달라져 포용과 관용, 베풂과 희생을 필요로 한다. 또한 도덕성이 없으면 신뢰가 생기지 않아 통솔이 불가능하다. 한결같은 마음으로 이중성을 차단하고 끊임없는 소통으로 설득해야 한다. 때론 상대를 압도할 수 있는 목소리와 무게감도 필요하다. 신언서판(身言書判)도 한몫 한다.

리더십의 바이블로 평가받는 영국인 '어니스트 섀클턴'은 1914년 27명의 대원을 이끌고 남극대륙에서 조난 634일 만에 단 한 명의 낙오자 없이 전 대원을 이끌고 돌아온 인물이다. 당시 캐나다 탐험대가 11명의 희생자를 낸 것에 비하면 대단한 성공이었다. 통신수단도 변변치 못했던 시절 그는 부빙(浮氷)에 갇혀 꼼짝달싹 못하는 영하 40도가 넘는 얼음 위에서 2년이라는 세월을 버텼다. 생존이라는 처절한 극한상황 앞에 원수지간이 되어가는 대원을 하나로 통솔하여 살아온 인물이다. 재난이 일어나고 모든 희망이 사라졌을 때 무릎을 꿇고 섀클턴은 기도했다. '리더십을 달라고!' 자서전에서 그는 '우리는 한 번도 희망을 포기한 적도 서로 미워한 적도 없다'고 적고 있다. 영국 BBC 방송이 선정한 지난 천 년 동안의 최고 탐험가 중 칼럼부스, 제임스 쿡, 닐 암스트롱, 마르코 폴로에 이어 5위에 랭크된 인물이다.

다. 리더십의 유형

『리더들의 생각을 읽는다』(크리스토퍼 호에닉)에는 리더들의 유형을 6가지로 나누고 있다.

- 이노베이터형 : 혁신적 리더다. 미지의 세계로 도전 황무지를 개척한다.

- 의사소통형 : 부하들과 실패를 공유하고 많은 대화를 나눈다. 중
  국의 마오쩌둥이 그 예다.
- 창조자형 : 대안능력이 뛰어나다. 예를 들면 빌 게이츠.
- 발견자형 : 전문가에게 자문을 구하고 연구해 지도를 만들어낸다.
- 선도자형 : 우선순위를 본능적으로 알고 목적지를 향해 가는 여
  정을 잘 기획 실행한다.
- 실행자형 : 특유의 추진력과 직관에 충실하여 생각에서 실행까지
  오래 걸리지 않는다.

그러나 위 6가지로 리더의 유형을 나누는 것은 무의미할 것 같다.
왜냐하면 사람을 어떤 유로 나누는 것도 어렵지만 훌륭한 리더에겐
위 여섯 가지가 다 필요하기 때문이다.

라. 리더십의 조건

리더의 유형을 나누고 거기에 맞는 키워드를 새기고 대통령학을
편집하는 체계적 번거로움은 어떤 때는 머릿속 지식으로 남는다. 그
런 여러 가지 팁을 외우느니 다음과 같은 마음으로 앞에서 실천하면
그게 리더일 것 같다. 사심 없이 공익을 우선하고, 진정성을 갖고 소
통과 설득에 힘쓰며, 홍보보다 실적으로 말하고, 국민을 하늘같이 섬
기는 사람이다. 과거의 잘못을 용서하고 따뜻한 마음으로 품어주며,
억울한 사람이 없게 하는 강인함과 정직으로 신뢰를 쌓고 정의가 바
로서는 사회를 만들면 된다. 한마디로 그럴 만한 능력과 자세가 있으
면 된다. 차가운 머리, 뜨거운 가슴, 뚝심의 배가 다 같이 발달해야 한

다. 그러면서도 변방을 넓힌 세종대왕의 리더십이라면 금상첨화다. 현재 우리가 겪은 가장 가까운 두 분의 예를 보자.

마. 노무현 대통령의 리더십

지금도 많이 회자되고 있는 노무현 대통령의 리더십에 대한 피로 감은 왜 생겼을까? 대통령이라면 어느 정도 권위가 필요하다고 생각 하는 사람들에게 그의 소탈한 언행은 오히려 깔보는 마음을 심어줬 을 것이다. 거기에 보수언론은 매일 식상한 표현으로 그를 공격했으 므로 대통령의 표현이 솔직하고 유머러스하다고 생각하는 국민은 많 지 않았던 것 같다. 권위를 싫어하고 천진함마저 깃들인 그의 진솔함 은 오히려 역공을 당했던 것 같다.

기업도시, 혁신도시, 행복도시 건설은 오히려 혼란을 초래했고 부 동산 가격 상승은 서민들의 반감을 샀으며, 반감을 극복하기 위한 종 부세 등에서는 부유층의 반발을 일으켰다. 개혁에 대한 호기를 놓쳤 다는 사람도 있었고 말년에는 보루처럼 여겼던 청렴성과 도덕성에도 흠집이 생겼다고 했다. 한마디로 좀 까불었다고 조선일보의 유명한 (?) 주필 김대중은 말한다.

『대통령리더십 총론』(최진, 730쪽)이라는 책에는 "쉴 새 없이 주먹 을 내뻗는 검투사 같다. 천대받으며 살아온 데다 고졸 학력에 비주류 의 길을 걸어온 그의 삶은 안티 포플리스트다. 어린 시절 부잣집 아 이의 새 가방을 몰래 면도칼로 찢고 30여 일을 결석하는 등 어렸을 때부터 기득권과 규범적인 조직체계를 거부하는 모습을 보인 마이너 리티 콤플렉스와 불안심리, 청년기의 빅맨 콤플렉스는 부적절한 언행

으로 나타났다"고 논평하고 있다. 그러나 과연 부적절한 언행으로 나
타났는지 보는 시각에 따라 다를 수 있다. 왜냐하면 국가와 자신을
방어하기 위해 비정상적으로 권력을 이용하지 않았고 억울한 마이너
리티를 위해 '진실화해를 위한 과거사정리위원회'를 만들어 11,000건
이 넘는 사건을 조사 마무리했기 때문이다.

따라서 대통령 후보들을 검증하기 어렵다면 그의 성장과정을 자세
히 보면 된다. 지금까지 살아온 과정이 머릿속에 축적되어 국가운영
에 그대로 반영되기 때문이다. 대선 후보의 살아온 경험과 과정을 읽
어야 할 필요성이 여기에 있다.

바. 이명박 대통령 리더십

이 대통령 리더십 유형은 한마디로 CEO형이다. CEO 리더십의 특
징은 효율성이다. 결과만 좋다면 과정은 무시해도 된다. 과정에서의
위규, 위법, 혼란과 혼돈, 절차 등은 소홀해도 된다. 마치 군대에서 시
각을 놓치면 전쟁의 패배를 의미하듯 실기를 하는 것도 정책의 실패
라고 한 말이 그것을 나타낸다. 수단과 방법을 가리지 않아야 한다.
그는 현대건설 CEO가 된 후 불도저식으로 일을 성공시켜왔다. 속전
속결을 기반으로 실패해도 금방 방향을 바꿔 복구했다. 임기 초반 그
런 정신으로 국정을 수행하려 했던 것 같다. 그러나 CEO 리더십으로
대응한 1년의 성과는 대체로 별 볼 일 없었다는 데 의견이 일치한다.
'어륀지'로 대표되는 영어열풍, 고소영, 강부자로 대표되는 신라공화
국, 쇠고기 파동으로 인한 촛불집회, 세계 금융쇼크로 인한 경제위기,
합리적 평등을 무시한 자유경쟁 등으로 사회는 혼란했다. 그러나 중

도실용을 표방한 2년차의 성적은 그런대로 효율적이었다는 데 일치한다. 4대강 살리기에 대한 반대여론, 세종시로 인한 국론분열에도 불구하고 3, 4년차 성적은 경제의 외형성장에서 판가름날 것이라고 필자는 예측했다. 비교적 성공했지만 외화내빈일 수 있다. 마지막은 레임덕을 얼마나 잘 넘기느냐에 달려 있을 것이다.

그의 리더십은 효율성과 실리 중심이기 때문에 과정보다는 결과 중심이다. 일사분란을 요구한다. 남들이 소득 없는 데모와 소모적 논쟁으로 시간을 허비할 때 그는 건설현장에서 이리 뛰고 저리 뛰었다. 국민들은 그것을 좋아했다. 그러나 주식회사 CEO와 민주국가의 통치행위는 차원이 다르다. CEO는 전문경영인으로서 수익이 최대 목적이므로 맘에 안 들면 해고하면 그만이고 그 조직이 망하면 그것으로 끝난다. 그러나 국가는 다르다. 대통령은 국가를 시험할 수 없다. 맘에 맞지 않는다고 국민을 해고할 수도 없다. 망하면 자신만 망하는 것이 아니라 전 국민이 망한다. 따라서 정치도 행정도 기업가 정신으로 할 수는 없다. 조만간 대통령도 그것을 잘 알게 될 것이다. 그래서 또 효율을 발휘할 것이다. 4년을 지나고 나니 사실 그 말이 맞는 것 같다. 말썽 많은 대표적 논쟁을 한두 가지 들여다보면,

1) **인사** - 법이 바뀐 뒤 모든 장관자리에는 청문회를 연다. 그런데 청문회에서 오가는 말들은 대중이 알아듣기엔 도저히 믿기지 못할 말들이 튀어나온다. 욕지거리는 보통이고 일반인은 알 수 없는 과거 행적이 나온다. 안 될 만한 분을 논공행상이나 외형을 보고 추천했기 때문이다. 아니 그보다 더 적절한 사람이 주변에 없다는 뜻도 된다. 선거에 따른 논공행상도 나라의 장래를 망치는 것 중 하나다. 사실

360

이러한 인사는 당선을 위한 '기브 앤 테이크'니까 안면몰수할 수도 없다. 따라서 선거 전 무조건 사람을 받아들이는 것도 생각해볼 일이다. 선거 전부터 가려야 하고 국민들 스스로 삼가야 한다. 그래서 선거 후에는 상당한 주요 보직을 미국처럼 공채해야 한다.

2) business friendly – 공단 입구에 있는 전봇대 하나를 뽑는 데 몇 년이 걸린 것을 MB는 단번에 뽑았다. 잘한 일이다. 서로 얽히고 설킨 권한을 쥐고 있으려니 관리도 문제가 있고 이중삼중 둘러 처진 법규나 행정규제도 고치기 어렵다. 이런 걸 자율에 맡기는 상층부에도 문제가 있다. 그런 걸 한 번에 했으니 잘한 일이지만 문제는 대기업 프렌들리에 있다. 반기업가 정서가 팽배한 가운데 대기업 프렌들리를 외치는 대통령이 밉다. 반기업가 정서는 바로 그들 때문에 싹텄는데 양극화를 심화시키는 정책을 어찌하여 계속 밀고 가는 것인가. 근로자는 먹고살 만큼만 주면 되지 주인의 수익에는 넘보지 마라는 기본 개념 속에 반민주적 소유구조와 불투명한 회계처리, 폭리, 비자금, 불법, 탈세, 불공정, 담합, 정경유착 등 윤리적이지 못한 기업가에게 왜 더 많은 기회와 이익을 주는가? 속전속결의 외형을 우리 국민이 좋아하기 때문이다.

지지 측과 비판 측 – 대학을 나와 취직을 못하고 대학원을 다니는 아들을 둔 지인은 '무슨 소리야 이명박을 찍어야지. 세상에 한두 가지 잘못 없는 사람 어디 있나. 빨리 경제를 살려야지.' 또 다른 지인은 '우리나라에서 그 정도면 됐지 도덕이 밥 먹여주나 능력만 있으면 됐지' 했다. 그런 풍조가 많기에 전 유권자 지지율은 약 30%밖에 안 됐지만 그는 역대 최고 표차로 당선되었다.

비판적 측면에서 본 이 대통령에 대한 최대의 우려는 언행일치가 되지 않는다는 데 있다. 한때 인터넷에 올라온 여러 가지 희화적인 소리는 그것을 반영한다. '동업은 했지만 모르는 사람이다. 주소는 옮겼지만 위장전입은 아니다. 정보를 이용해서 땅을 샀지만 땅 투기는 안 했다. 전(前) 대통령 아래에서 일하던 사람들 임기는 보장하겠지만 사퇴압력은 넣겠다. 서민을 위하는 정부지만 1%를 위한 종부세는 반드시 폐지하겠다. 언론의 자유는 보장하지만 방송사는 장악하겠다. 외환보유고는 충분하지만 외화 모으기는 하겠다' 등 그래서 신뢰가 안 간다는 소리다.

국정의 책임자로서 절망적인 사실을 인정하더라도 희망을 잃게 해서는 안 된다는 것은 상식이지만 사탕발림 식은 곤란하다. 그런 오리발을 내미는 사람이 우리 사회에는 너무 많다. 지금까지 그렇게 누적돼 왔으니까. 그러나 아직 아무도 모른다. 차라리 일찍 매를 맞는 게 나을지. 역대 대통령들도 언행불일치야 식은 죽 먹듯 했으니 앞으로 남은 1년을 잘 버티면 우리나라 국민들 언제 그랬냐는 식으로 지지율은 떨어지지 않을 것이다. 참 인정 많은 국민이다.

두 분을 비교해보면 어렸을 때 고생한 건 똑같은데 한 분은 긍정적인 생각으로 경쟁과 차별을 근간으로 하는 자본주의관으로 인간을 바라보고, 한 분은 비관적인 마음을 가지고 평등과 협력을 근간으로 하는 사회주의관으로 세상을 바라보는 것 같다.

세상엔 3부류가 있는 것 같다. 부지런히 일하고 열심히 공부해서 이 고생을 탈피해야지. 아끼고 돈 모아서 나도 남들처럼 잘살아야지

하는 측과 왜 이렇게 사는 게 힘들지, 다른 사람들은 잘도 사는데 나만 왜 이러지, 빌어먹을 세상 바꿔야 돼 하고 불평하는 부류가 있다. 그러나 좀 더 들여다보면 힘들어 하면서, 행동도 못 하고, 말도 못 하는 조용한 다수가 제일 많다. 나도 한번 도전해보자. 자존심 상하게 이렇게 살 수는 없다. 하지만 내가 성공하면 불쌍하고 힘없는 사람 도와야지, 그래서 그들에게 희망과 긍정을 심어줘야지, 세상은 생각보다 밝고 아름다운 거야 하는 사람은 별로 많지 않은 것 같다.

사. 역대 대통령 스타일

참고로 역대 대통령 리더십에 관한 스타일을 한마디로 줄인 한 대학 보고서를 소개한다(2008.2.27). http://blog.naver.com/peterhsh/110021885669 [출처] 대통령 리더십 | 작성자 그루터기 - 필자가 보기엔 리더십이라기보다 성격적인 측면이라 해야 맞을 것 같다.

1. 이승만 - 가부장적 권위형 *필자가 보기엔 정치외교가형
2. 장면 - 민주적 표류형
3. 박정희 - 교도적 기업가형 *필자가 생각하기엔 야심가형
4. 전두환 - 저돌적 해결사형
5. 노태우 - 수극적 상황적응형
6. 김영삼 - 공격적 승부사형
7. 김대중 - 계몽적 설교형

대통령 관련 어록 5가지를 적어본다.

1. 신익희 - 대통령이 하늘에서 떨어진 것도 아니요 땅에서 솟은 것도 아닙니다. 주인이 잘못했으니 나가라면 나가는 것이 대통령입니다.

2. 박정희 - 만일 후대가 우리에게 무엇을 했냐고 물으면 우리는

조국근대화의 신앙을 가지고 일하고 또 일하고 일했다고 전합시다.

3. 김영삼 - 닭의 모가지를 비틀어도 새벽은 온다.

4. 김대중 - 행동하지 않는 양심은 악의 축이다.

5. 노무현 - 제 장인은 좌익활동을 했습니다. 그렇다고 제가 아내를 버려야 맞습니까! 여러분이 선택하여 주십시오.

덧붙이고 싶은 것은 뱃심이 가장 약한 대통령은 아마 최규하 대통령이었을 것 같다. 국가라는 무거운 짐을 짊어지고 갈 뱃심이 없으면 본인의 건강을 해친다. 감당할 수 있는 그릇이어야 한다.

아. 앞으로 요구되는 대통령 리더십

우리 국민이 요구하는 대통령의 공통된 자질이나 특성을 찾는다면 아마 강력한 카리스마일 것이다. 그러나 강력한 카리스마도 좋지만 이제는 좀 더 친근감을 주는 생활 정치인이 나왔으면 좋겠다. 그래서 카리스마로 갈등을 해결하는 것이 아니라 설득으로 이해타산을 해결했으면 한다. 원래 정치란 특히 자유민주주의에서는 여러 방면의 각종 이익집단을 어떻게 조화롭게 융화시키냐 하는 것이 매우 중요한 임무라고 생각하기 때문이다.

2010년 초 중앙일보에서 조사 발표한 정치인 34인이 본 우리나라 대통령 리더십의 제일 조건은 갈등을 통합으로 묶는 것이었다. 그들이 본 우리나라의 문제점은 갈등이었고 해법은 통합이었다. 각종 이익집단의 갈등, 지역갈등, 계층갈등, 이념갈등, 세대갈등이 쏟아내는 각종 분열의 고리를 끊고 통합할 수 있는 리더가 나와야 한다는 것이었다. 2012년 대통령 선거에는 한반도 공동체적 조화를 이룰 수 있는 통합의 정치가가 절실히 필요하다. 정치는 현실이다. 말로 하는 게 아니다.

맞다. 2012년 대선 키워드는 각종 갈등을 통합할 수 있는 '사회통합, 국민통합, 정치통합'이 될 것이다. 그것은 곧 우리 세대가 요구하는 시대정신이다. 이런 시대정신을 구현할 사람이 과연 누구일까?

22. 손학규와 박근혜

서울시장 보궐 선거전이 치열하다. 두 후보의 경쟁이 뜨겁
다. 나는 그중 한 사람을 조금 안다. 막걸리를 같이 마셔본
결과 그는 정말 괜찮은 사람 같다. 적어도 입으로 정치를 하
는 사람은 아니기 때문이다. 그래도 그들은 서로의 열세를
만회하고 상대를 누르기 위해 거목을 끌어들인다. 모두가
내년 대통령 선거를 의식한 대리전 양상을 띤다고 한다. 누
가 뭐라 해도 그 뒤에 손학규와 박근혜가 숨어 있다.

중앙일보가 2010년 초 우리나라 원로 정치인 34명을 상대로 차기
대통령 선거에서 당선 가능성이 큰 인물을 1, 2 순위로 적어 달라는
질문에, 절반이 넘는 18명이 아직 예측하기 어렵다고 답했지만 나머
지 16명의 답변에서 가장 많이 꼽힌 사람은 박근혜 전 한나라당 대표
와(16명) 손학규 전 민주당 대표(6명)였다. 당시 손 대표는 야인이었
다. 그래서 두 사람의 인물평을 해보고 싶다.

'나는 언제나 한결 같은 사람이다. 중요한 것은 국민의 마음속에
신뢰라는 더 큰 법을 만드는 것이다.' 이 한마디는 나로 하여금 박근
혜를 좋아하는 사람으로 만들었다. 함부로 떠들지 않는 그녀의 태도
는 신뢰감을 준다. 언제나 한결 같음은 곧 신뢰다. 과거에도 싫어하지
는 않았지만 아버지가 박 대통령이라는 점과 지역이 다르고 여자이
기 때문에 뱃심이 적을 것 같은 선입견이 그녀를 좋아하는 데 주저하
게 했었는데 이 한마디로 필이 꽂힌 것이다.

그렇지만 말 한마디로 대통령으로 뽑는다는 게 얼마나 위험한가는

우리나라 기성세대면 다 안다. 그만큼 우리나라 정치인들의 언행은 여태까지 믿음이 가지 않게 했다. 언행불일치야말로 국민에게 정치를 가장 염증 나게 만드는 것이 아닌가 한다. 그러나 그녀는 믿음과 신뢰의 정치를 말로만 하는 게 아니라 실천으로 보여주려고 한다. 앞뒤가 다르지 않다. '국가와 민족을 위해서 바르고 옳은 일이면 언제든지 한다'는 그녀의 말에서 나는 그것을 느낀다. 그녀의 홈페이지를 보면 젊어서부터 인간의 고뇌에 대해서 그리고 이 겨레와 국가의 안위에 대해서 항상 걱정하고 있다. 만약 그녀가 대통령이 되어 훌륭한 정치가가 된다면 그녀는 16세기 대영제국과 결혼했다고 말한 영국의 엘리자베스 1세처럼 대한민국과 결혼한 최초의 여성대통령이 될 것이다. 그녀의 캐치프레이즈는 '한국의 엘리자베스'다. 아버지의 권력욕과 어머니의 좋은 점을 닮은 것 같다.

그러나 그녀에게도 약점은 있다. 그중의 하나는 암탉이 울면 집안이 망한다는 우리 속담이다. 사람에 따라 다르지만 아직은 우리 사회가 여성 대통령을 받아들이기엔 이르다는 견해 때문이다. 지역적인 측면과 국정경험의 부족, 한 번도 시련을 겪어보지 않았다는 점 또한 켕긴다. 독재권력의 틀 속에서 자라고, 3억 이상 부자과세에 참여하지 않았다는 점은 시사하는 바가 크다.

경기지사 시절 74만개의 일자리를 창출하고 한때 언론인으로부터 대통령 적격후보 1위에 등극한 손학규를 보자. 우선 당 내에서 그의 지위는 탄탄치 못하다. 정치에서 꼭 필요한 계보나 계파도 별로 챙기지 않는다. 당신이 깨끗하면 날 팔아라 하는 게 전부다. 그러니 잘 팔리지도 않는다. 정치와 가까워 본 적이 한 번도 없는 나는 그런 손학규를 좋아한다. 한나라당에서 이적할 때도 정치인이 대망을 품고 한 번쯤 그럴 수 있다고 그를 받아들였고 자신을 위한 변절이라기보다 나라를 위해 일해보고 싶은 처절한 욕망으로 간주했다. 탈당에 대한 아킬레스건 때문에 많은 사람들이 반대했지만 그럼에도 불구하고 그는 충분히 대통령 후보가 될 수 있다고 내심 자부했다. 그리고 그런 사람이 대통령이 돼야 이 나라가 좀 깨끗하고 품격 있는 국가가 되지 않을까 생각해왔다. 한나라당을 거쳐 경기도 지사 시절까지 그는 남다른 행보를 보여줬기 때문이다. 소신 있게 언행했고 밤낮없이 뛰어다녔으며 경기도민을 위한 거라면 물불을 가리지 않았다. 지금의 단체장들이 외자유치에 열을 올리고 일자리를 창출하는 것도 따져보면 다 그 아류다. 특히 그는 지역감정에서 자유롭다. 그런데도 불구하고 대통령 후보, 국회의원 선거에서 거푸 낙선하는 것을 보고 나와 다른 생각을 하는 사람들이 많구나, 표심이란 나와 다르구나, 깨끗한 생활 정치인으로 실사구시 이미지만으로는 힘들구나 하고 느꼈었다. 어떤 민주당원이 끝까지 챙겨주지 않는다고 음해하는 이야기를 들은 적도 있지만 지금도 나는 그를 여전히 좋아한다. 그가 살아온 일생을 보면 조국과 겨레를 위한 마음이 전부이자 그의 철학이었다. 보통 우리나라에서 양명한 사람들이 고시에 합격하거나 외국 박사학위를 갖고 나타나서 한 자리 하거나 아니면 줄을 타고 올라가는 게 보통이지만 그는 좀 달랐다. 젊어서부터 본인만의 인생관을 세웠고 그것을 달성하려고 평생 노력해왔다. 깊은 고뇌와 방황 속에서 쌓아올린 철학을 지금까지 한 번도 바꾼 적 없이 지켜왔다. 생각해보라, 국가와 미래를 꿰뚫어보는 혜안을 기르지 못하고 어찌 국가를 경영하고 국민적 리더가 될 수 있겠는가. 그것은 젊어서 세운 고뇌와 번민으로 뭉쳐진

철학없이 되지 않는다. 자신의 철학을 바꾸거나 단순히 입신양명을 위해 처신하는 여느 정치인들과 사뭇 다르다. 남들은 한나라당에서 녹을 먹은 뒤 변절한 걸로 이야기하지만 김영삼 대통령의 개혁정치를 보고 뛰어들었다가 '아니다'고 판단한 순간 고민 끝에 시베리아 벌판으로 뛰쳐나온 것이다. 그에게 약점이 있다면 '너무 깨끗해서 탈이야, 정치란 원래 구린 것인데 표가 붙을까' 하고 생각하는 부류가 있다는 점이다.

회사 다닐 때의 이야기다. 대그룹의 계열사도 아닌 중견회사에서 신설 지점장을 하면서 어려움을 겪고 있을 때 오너는 항상 주인의식을 강조했다. 처음엔 주인의식만 갖고 어려운 난관을 어찌 헤치느냐고 욱 했지만 정말 지점을 내 집같이 생각하고 뛰었더니 곧바로 일어설 수 있었다. 수처작주(隨處作主)! 손학규의 좌우명이다. 어디서나 이 나라의 주인이 되라는 그의 좌우명이 좋다. 우리 국민 모두가 주인의식을 갖고 살아간다면 못해낼 게 없고 세계가 부러워하는 행복한 나라를 만들 수 있다.

정부와 정치가는 국민에게 주인의식을 줄 수 있는 깨끗한 손과 뜨거운 마음으로 정책을 펴야 한다. 2008년 뜻하지 않게 쇠고기 정국에 휩싸였을 때도 '나 혼자라면 언제라도 등원할 수 있다. 나중에 정국이 바뀌고 새로운 국면이 들어섰을 때 우리를 비판하는 국민에게 책임을 떠넘길 수는 없다. 당장의 전투에만 급급할 게 아니라 역사와 국민 앞에 책임지는 정당이 돼야 한다'고 야당 대표로서 자성론을 역설했다. 리더는 미래를 내다볼 줄 알고 정치가는 국민이 잘못하드라도 항상 책임을 덮어쓸 줄 알아야 한다. 그런데 그에게서 나는 그런 점을 발견한다. 광복 65주년을 맞아 2년여의 공백을 마치고 하산하는 복귀의 변에는 처절한 자기반성과 지도자로서 고민한 그의 정치철학이 담겨 있다. '진보란 한마디로 국민을 편하고 잘살게 해주는 것이다. 21세기 동북아의 주도권은 한반도 공동체가 잡아야 한다.' 그는 세종대왕의 리더십을 추구한다. 그런 그가 지금은 야당 대표로서 범야권 통합에 애를 태우고 있다. 평소 그의 소신이 서울 시장 보궐선거를 기화로 발현되고 있는 것이다. 그리고 그는 그것을 해냈다. 그의 손은 마이다스다.

우리는 뒤끝이 없어 무슨 일이든지 쉬 잊는다. 그런데 의리 배반이나 변절만큼은 쉬 잊지 않는 것 같다. 이상하게 정치인 손학규의 탈당이 그렇다. 그분의 의리와 지조를 비난하는 자를 나는 하나는 알고 둘은 모른다고 생각한다. 개인적 의리와 지조가 선비처럼 꼿꼿하지만 대의를 위해 정말 아깝지만 버려야 할 것은 버릴 줄 아는 사람으로 나는 본다. 지나친 명분주의로 보다 나은 목적을 달성하기 위한 발전적 자기 변화를 변절이나 의리배반으로 몰아붙이면 안 된다. 윈스턴 처칠도 당을 옮긴 적이 있다.

그를 바라보는 3부류는 대충 이렇다.

한 부류는 아예 그를 모른다. 그저 한나라당에서 대통령 되려고 민주당으로 뛰쳐나간 사람 정도다. 그분이 인권과 소외계층을 위해 민주화 운동을 했고, 파주 LCD단지의 유치를 위해 얼마나 열심히 노력했는지도 모른다. 당시 많은 일자리를 창출했다는 점은 더욱 모른다.

또 한 부류는 그를 비방한다. 그런 사람 대통령 되면 안 된다고 한다. 이유가 석연찮다. 노무현 대통령을 비난하면서도 이명박 대통령의 위법사항은 이야기하지 않는 부류다. 머리는 고정관념과 선입관으로 가득 차 있고 가슴은 비논리와 배타적 감정으로 가득 차 있다. 두 부류 다 경제가 성장만 하면 좋은 것으로 안다. 발전이라는 단어와의 차이를 모른다.

마지막 한 부류는 아까운 사람인데 하고 애절하게 생각한다. 언론인이 뽑은 대통령에 가장 적격한 인물이라는 것도 안다. 하지만 세가 없고 뿌리가 없다고 이야기한다. 그렇지만 희망의 끈을 놓지 않는다.

손학규의 약점 중의 하나는 적극적으로 조직을 구성하지 않는다는 데 있다. 돈을 끌어다 자기 사람을 심지 못한다. 내가 당신을 책임질 게 하는 소리를 하지 못한다. 훌륭하고 좋으면 스스로 주인의식을 갖고 의사 결정할 것이라고 순진하게 생각한다. 그에게 필요한 것이 있다면 마키아벨리의 군주론이다. 그의 깨끗한 인격과 역량이 묻히는 게 다른 후보의 비리나 전향을 눈감아주는 것보다 더 안타깝다. 그 점을 인지하지 못하는 많은 국민들에게 자숙하는 심정으로 그는 자연으로 돌아가 대룡산 골짜기에서 지냈다. 젊었을 때 양명을 위해서 또는 막무가내 식의 단체에서 좌 편향, 우 편향 한 많은 정치인은 용서할 수 있지만, 원대한 포부와 좋은 목적을 위하여 자신의 이상과 철학을 쫓아 어려움을 뚫고 용단을 내린 사람을 전적으로 자기 이익을 위한 변절로만 치부한다면 형평에 맞는 말일까? 한 번쯤 재고해볼 일이다.

그 후 떠오른 여타 후보의 등장은 관심을 기울이고 싶지 않다. 준비되지 않은 갑작스런 후보의 등장은 혼돈을 일으킨다. 특히 정치에 있어서는 최소한 10년 경력은 돼야 막중한 후보 자리에 오를 수 있다고 판단한다. 국가라는 막중한 짐을 짊어질 대통령이라는 자리를 감당할 수 없는 자유인 기질을 갖고 있는 사람이나 정치라는 난관에 당당히 맞서지 못하는 인물에 대해서 나는 더 이상 왈가왈부하고 싶지 않다. 맞지 않는 옷에 몸을 맞추려면 건강을 해칠 수 있는 사람이나 강연정치를 하는 사람에게 정치란 쉽지 않은 생물이다. 부단히 경험하고 실패하여 심신을 단련해야 한다. 그래야 국민이 안심하고 맡길 수 있다. 국가를 운용할 수 있는 기회는 단 한번 뿐이기 때문이다.

신호재

1951년생
연세대학교 경영학과 졸업
대신증권 근무
사회복지사 1급
방송통신대학교 대학원 행정학과 졸업

E-mail: 24011027@naver.com
휴대폰: 010-5214-1703

애들아! 너는
어떤 나라에서
살고 싶니?

초 판 인 쇄 | 2012년 8월 10일
초 판 발 행 | 2012년 8월 10일

지 은 이 | 신호재
펴 낸 이 | 채종준
펴 낸 곳 | 한국학술정보㈜
주   소 | 경기도 파주시 문발동 파주출판문화정보산업단지 513-5
전   화 | 031) 908-3181(대표)
팩   스 | 031) 908-3189
홈 페 이 지 | http://ebook.kstudy.com
E - m a i l | 출판사업부 publish@kstudy.com
등   록 | 제일산-115호(2000. 6. 19)

ISBN   978-89-268-3640-8 03370 (Paper Book)
          978-89-268-3641-5 05370 (e-Book)

이담 Books 는 한국학술정보(주)의 지식실용서 브랜드입니다.